政府开放数据：整合、融合与利用

段尧清 等 著

科学出版社
北京

内 容 简 介

本书基于全生命周期理论，创新性地提出了政府开放数据的全生命周期理论模型，并在此基础上从数据整合开放、数据融合利用和数据利用评价角度详细地论述了政府开放数据各个环节所面临的理论与实践问题，分析了政府开放数据服务失误的类型及成因，构建了可行的失误补救演化博弈模型和政府开放数据质量评价模型，探讨了政府开放数据质量、政策运行效率、成熟度和用户满意度。

本书可作为高等院校数据管理和公共管理专业教学参考书，也可供在政府开放数据领域有建设和管理需求的相关政府部门与企业，以及管理研究人员参考。

图书在版编目（CIP）数据

政府开放数据：整合、融合与利用 / 段尧清等著. —北京：科学出版社，2023.12
ISBN 978-7-03-075009-9

Ⅰ. ①政… Ⅱ. ①段… Ⅲ. ①电子政务－数据管理－研究－中国
Ⅳ. ①D63-39

中国国家版本馆 CIP 数据核字（2023）第 037863 号

责任编辑：王丹妮 / 责任校对：姜丽策
责任印制：张　伟 / 封面设计：有道设计

科学出版社 出版
北京东黄城根北街 16 号
邮政编码：100717
http://www.sciencep.com
北京中科印刷有限公司 印刷
科学出版社发行　各地新华书店经销
*
2023 年 12 月第　一　版　开本：720 × 1000　1/16
2023 年 12 月第一次印刷　印张：14 1/2
字数：290 000

定价：152.00 元

（如有印装质量问题，我社负责调换）

序

当今世界正经历百年未有之大变局，科学技术的迭代创新层出不穷，大数据、5G 技术、云计算、人工智能、元宇宙等新兴技术为人类社会的发展注入活力，加快了数字政府的转型步伐。数据是继土地、资本、劳动力和技术之后第五个关键生产要素，是数字经济发展的基础，数据的开放共享为进一步释放数据的生产力和治理价值提供了保障并指明了方向。近年来，政府开放数据（open government data，OGD）作为我国行政改革的基本内容，已成为数字政府建设的核心内容，政府开放数据因其蕴含的巨大价值，已引起政、产、学、研各界的重视。

我国政府开放数据运动起步较晚，但发展速度快。自 2009 年兴起以来，我国政府从 2015 年至 2023 年先后印发《促进大数据发展行动纲要》《中共中央 国务院关于构建数据基础制度更好发挥数据要素作用的意见》《数字中国建设整体布局规划》等国家层面重要文件 15 项，要求“建设国家数据统一共享开放平台”，深化政府信息公开、推动政府开放数据。截至 2021 年 10 月，我国已有 193 个政府开放数据平台。2022 年，政府工作报告进一步强调“加强数字政府建设，推动政务数据共享”。因此，对我国政府开放数据活动的理论和实践经验进行总结，形成符合我国国情的理论体系既是我国学科建设与学科发展的必然要求，也是我国学者的应有使命。

政府开放数据共享是我国实施国家大数据战略最为关键的一环。本书从数据层面出发，聚焦政府的开放数据，探索政府开放数据新的研究视角，对政府开放数据的整合开放、融合利用、利用评估进行研究。本书的研究主要有以下几个特点。

首先，本书将政府开放数据研究中的现实问题转换为科学问题，在章节的分布上，将理论研究、实践研究、应用研究、案例研究环环相扣。本书研究基于全生命周期的政府开放数据整合开放模式、融合利用模式、服务模式，构建了政府开放数据服务失误补救时机策略的概念模型，阐述了政府开放数据质量及效果评价。本书为政府开放数据实践、提升政府数据价值、优化政府数据服务、规范化管理政府数据服务、防范并化解服务失误带来的负面影响提供了理论指导；为提升政府开放数据质量、政府开放数据政策运行效率与政府开放数据成熟度提供了方法指导。

其次，在理论基础上本书基于全生命周期理论，对政府开放数据的周期性进行研究，探讨了政府开放数据全生命周期（government open data full lifecycle，GODFL）的概念，构建了政府开放数据全生命周期的“三阶段”模型，即政府开放数据的整合开放、融合利用、利用评价三个阶段。

最后，在研究方法上，本书融合了多种研究方法，按照提出问题—分析问题—解决问题的逻辑，将理论研究与实证研究相结合。一是将文献分析和文献计量相结合；二是将网络调研、数据挖掘和数据分析方法相结合；三是将算法假设和机器学习方法相结合；四是将系统动力学模型构建与仿真研究方法相结合。

本书是国家社会科学基金重点项目“基于全生命周期的政府开放数据整合利用机制与模式研究”（项目编号：17ATQ006）的成果之一。项目主持人：段尧清，项目核心成员：刘宇明、王蕊、郑卓闻、陈玲、尚婷、姜慧、姚兰、何思奇、周密、林平、何俊雨。

我们希望本书能够对政府开放数据领域有建设和管理需求的相关政府部门与企业，以及有研发需求的科研机构有所帮助，能为数据人才的培养起到积极的作用。

感谢国家社会科学基金和华中师范大学社会科学处的资助。感谢笔者的华中师范大学信息管理学院 2018 级、2019 级、2020 级、2021 级的硕士和博士学生们参与本书相关章节的撰写、数据处理、文本校对等工作，感谢科学出版社的徐倩老师，正是因为他们认真负责的工作态度才能使得本书顺利出版。

我们力求“精益求精”，但书中难免存在一些不足之处，欢迎业内同仁提出宝贵意见和建议。

段尧清

2023 年 2 月 28 日于桂子山上

目　　录

第 1 章　政府开放数据全生命周期模型

本章梳理了政府开放数据的相关研究文献，借鉴国内外学者提出的数据生命周期相关模型，从系统论视角出发提出了政府开放数据全生命周期的概念，并构建了政府开放数据全生命周期的概念模型。在此基础上，进一步分析了政府开放数据全生命周期模型的因果关系，运用系统动力学方法构建了系统流图，进一步厘清了系统的内部功能和子系统之间的关系。通过系统论的视角，本章对政府开放数据全生命周期进行了系统、深入的研究，建立了政府开放数据全生命周期系统动力学模型，分别讨论了三种策略下政府开放数据的演化趋势，重点研究了各参数对开放数据演化进程的影响。研究结果显示，应系统地看待政府开放数据全生命周期，充分考虑政府开放数据全生命周期各阶段的影响因素，重视内部子系统之间的互动和反馈，关注系统运行的内部规律。

1.1　政府开放数据全生命周期基本理论

1.1.1　政府开放数据全生命周期的定义

政府开放数据有其自身的生命周期，根据生命周期理论，结合政府开放数据的特征，分析政府开放数据全生命周期的内在规律和系统结构，有助于推动政府开放数据系统的良性发展。政府开放数据全生命周期是指政府部门或公共部门通过不同的渠道将其掌握的非隐私和非机密数据进行开放时，数据从生成到价值消失的完整、动态的全过程①。本书认为，政府开放数据全生命周期包括数据整合开放、数据融合利用与数据利用评价三个阶段，具体可分为数据生成

① 段尧清，姜慧，汤弘昊. 政府开放数据全生命周期：概念、模型与结构——系统论视角[J]. 情报理论与实践，2019，42（5）：35-40，50.

采集期、数据整合开放期、数据融合利用期、数据价值评估期、数据再生期五个时期。

政府开放数据全生命周期各阶段的运行状态共同决定了政府开放数据的整体水平。通过政府开放数据全生命周期的迭代循环，有助于提升数据的利用率，厘清政府数据资源与各利益相关者之间的关系，分析系统各阶段之间的有效集成，找到系统结构、协调与保障机制中可能存在的问题。政府开放数据处于相对复杂的数据环境中，利益相关者众多，其参与政府开放数据的能力、动机与背景存在差异，导致政府开放数据的管理与利用是一个动态、复杂的过程。学术界对政府信息资源及开放数据的生命周期进行了较多研究与探讨，生命周期模型大都包括数据收集、处理、发布和利用阶段，但较少包括整合和再利用及增值阶段，缺少对政府开放数据生命周期的系统性特征的研究。Attard 等认为政府开放数据生命周期是一个环状的循环结构，各个阶段之间存在反馈①。通过参与数据的生成采集、整合开放、融合利用、价值评估及再生或消亡等过程，利益相关者为数据潜在价值的实现提供了可能。政府开放数据生命周期的各阶段之间互相联系，并存在一定的反馈，共同构成一个环状的、动态的循环结构。在这个过程中，新的数据可能产生，并跃迁到下一个生命周期开始新的循环。政府开放数据全生命周期的定义对梳理政府开放数据各阶段特征、促进政府开放数据运动良性发展具有重要的理论意义。

1.1.2 政府开放数据全生命周期特征

在大数据环境下，每个政府开放数据生命周期阶段的特征和状态共同决定了政府开放数据的整体开放水平，各个数据生命周期的阶段存在数据的流动和利益相关者的反馈，共同构成了一个完整的政府开放数据系统。总的来说，政府开放数据全生命周期包括数据整合开放、数据融合利用与数据利用评价三个阶段，各阶段的流程和特征分别阐述如下。

1. 数据整合开放阶段

1）数据生成和采集

数据生成和采集的主体是各级政府部门，该时期可分为数据的记录、搜集、筛选三个阶段。在数据的生成采集期，政府部门可以发挥重要作用，刺激由数据生产者、创新者和数据用户组成的生态系统的发展。首先，政府是流经生态系统

① Attard J，Orlandi F，Scerri S，et al. A systematic review of open government data initiatives[J]. Government Information Quarterly，2015，32（4）：399-418.

的数据的来源。如何选择、准备、发布和推广数据，对外部用户可用的数据数量、类型和质量有很大的影响。政府采集数据的技术格式和质量标准可以确保数据集的有用性与可用性。明确责任和法律法规框架是政府开放数据项目成功的基础。同时，行政机构能力和做法的差异性可以促进内部文化的建立，鼓励公开的数据更加多样化。各级政府部门还可以通过不同的方式来获取相关数据及其使用的输入与反馈，包括平台反馈和数据请求、磋商、会议、研讨会（如虚拟和面对面的讨论）。此外，当政府部门本身是一个活跃的数据使用者时，它将更了解外界数据使用者的需求并能更好地应对各种挑战，有可能提供更多可理解和使用的数据。在数据的生成采集期，政府部门的工作流程如下：政府部门在日常业务中创建了大量的数据，或收到社会各界发送到政府部门的多源异构数据，这些数据具有规模性、高速性、多样性和价值性的特征；各级政府部门在全面审查创建或收到的数据之后，按照统一标准对分布式环境中的数据进行收集、描述、标识、归类，包括“政府持有”的数据和“非政府源”的数据；政府开放数据部门将涉密数据和私有数据进行初步筛选，从可开放数据源中排除。在该过程中，政府部门的开放数据服务能力较为重要，关系到政府透明度和运营效率等目标。Chatfield 和 Reddick 对澳大利亚地方政府开放数据进行研究后提出以下建议①。

（1）地方政府应该制定政策并加大开放数据政策的力度，因为这将刺激更多的创新应用，通常会有更多四星级的数据集被放到网上。

（2）地方政府应该尝试投资自己开放的政府数据门户，而不是外包给其他级别的政府。在某些情况下，由于缺乏财政资源，外包可能是一个很好的短期解决方案，然而，随着时间的推移，拥有一个本地的政府开放数据平台，显然会让更多的本地人参与本地政府开放数据。

（3）地方政府在门户网站上发布公开数据是有经济效益的，因为最先发布数据的地方政府将领先于其他地方的政府。因此，地方政府应通过自己开发的政府数据门户积极主动地共享公共数据。

目前，我国部分政府部门以保守的策略来应对国家层面的数据开放要求，即不开放或尽量少开放数据，开放数据的数量普遍偏少、格式单一，这将影响政府开放数据后续的生存和发展。数据的生成采集期是数据组织和发布的基础阶段，生成采集期采集的数据数量和质量将影响全生命周期后续各时期的数据状态。政府部门应培养开放数据意识，增加开放数据的部门和领域。近几年，国内已有部分省市开始重视数据的生成采集工作，如 2018 年贵州省、上海市、青岛市等相继

---

① Chatfield A T，Reddick C G. A longitudinal cross-sector analysis of open data portal service capability：the case of Australian local governments[J]. Government Information Quarterly，2017，34（2）：231-243.

发布了政府开放数据清单，给出了政府开放数据采集的具体内容及所属部门，旨在规范开放数据的生成采集工作[①]。

数据的生成采集期需要注意以下问题：第一，由于隐私立法，可以追溯到的个人数据不应公开。第二，发布资源有限，如果发布公开数据不会带来好处，这可能是不开放数据的原因之一。第三，数据质量可能参差不齐，而且有可能过低。公众希望政府能够对数据的质量负责；开放低质量数据可能导致混淆、透明度降低，甚至是对政府信任度的降低，可以用这样一个事实来解释：当开放数据质量较低时，公共资源被浪费，只能产生模糊甚至不正确的决策结果，这也适用于政府开放数据系统。第四，数据结构的复杂性和数据的不易理解可能会降低公开数据对公众的吸引力，除非降低复杂性或指导公众使用数据。第五，法律可能会阻止某些数据的公布，即公共组织为某一目的收集的信息可能不被允许开放。第六，数据集为一些公共组织带来收入，即基于向用户收取访问费而产生的收入，不加区别地公开所有数据将会损害这个业务模型。因此，保持对数据的独家控制的能力可以显著影响这些公共组织的运作能力，对各种类型的开放数据业务模型进行更多的研究。第七，任意开放一些数据可能导致偏见，即如果只提供某个视图的数据，那么数据使用者可能会得出错误的结论。例如，某些学校的数据被收集和公布，以向公众展示各学校的办学成果，但开放的指标不是质量，而是在任意的、易于度量的标准上的得分。基本假设是学校的绩效可使用一组指标来衡量，而这些指标需要仔细解释，并且可在上下文中查看。只有对解释提出警告，才能降低数据不完整的风险。因此，最基本的问题是，公开数据隐藏了什么[②]。

2）数据整合与开放

数据整合与开放的主体是负责开放数据工作的政府开放数据组织机构，如贵州省大数据发展管理局、北京市经济和信息化局等。要想成功发展开放数据产业，政府开放数据组织机构扮演着重要的角色。除了为该行业提供主要的投入（公开的政府数据）外，政府还应该像其他行业一样制定完善的政策来支持其增长。为了实现增长，政府需要发展能力、制定法规和战略来支持企业，如下所述。

（1）提供高质量数据的技术基础设施（通过面向需求和供应的平台等模型）；

（2）制定数据使用和重用的法规，监控数据产品或服务的定价；

（3）确保提供数据的格式，使数据可被重复使用，以方便独立分析和确定政府政策，提高政府的透明度和公众的政治信任。

政府开放数据的政策制定者更喜欢简单地提供数据。最好可直接删除数据，

---

① 曹雨佳. 政府开放数据生存状态：来自我国 19 个地方政府的调查报告[J]. 图书情报工作，2016，（14）：94-101.

② Janssen M，Charalabidis Y，Zuiderwijk A. Benefits，adoption barriers and myths of open data and open government[J]. Information Systems Management，2012，29（4）：258-268.

而不必担心数据来源和内容是否丰富等。然而多源异构的政府数据通常不能立即开放：首先，需要进行质量评估和原始数据的修改与处理；其次，如果是没有必要的元数据（如发布者、作者、及时性等），那么很难找到数据。因此，数据的整合开放期需要注意的一个关键问题不是自底向上的链接，而是在链接中也使用元数据。元数据是克服如搜索、解释等障碍所必需的。这类似于在图书馆找书，有时按作者进行搜索（如查看是否有作者更多的书籍可用），有时按主题进行搜索（搜索类似类型的数据），有时按日期进行搜索（在一定时间内发布的所有数据）。方法的标准化和元数据的开发可以增加未来的数据访问量，其中，数据访问量少的根本原因可能是没有可用的反馈机制来显示对开放数据的处理情况。开放数据集的政府部门面临着大量的批评，如可用性差、管理水平薄弱、缺乏数据反馈和改进机制及元数据不足等。应考虑这些批评，并提供资源来确保数据集不但是简单开放的，而且是对用户友好的。

数据的整合开放期可分为整合和开放两个阶段。在开放数据环境下，政府数据简单地被发布在网上并不足够，数据需要根据统一的元数据标准以一致的形式、统一的标准存在，才能确保数据对公众有意义并可用①。在数据整合阶段，政府开放数据主管部门需要不断完善数据开放的统一格式及开放标准，最大限度地释放公共部门持有的大量数据源。政府开放数据平台的开放内容应包括数据、接口和应用三个方面，功能包括可按照内容主题和发布机构等标准提供查找索引，为开发者提供围绕数据下载与操作的应用程序接口（application program interface，API），提供以各类开放数据为应用目标的 App（application，应用程序）等。开放数据集的数量、元数据机器可读取数据（二星及以上格式数据）比率将影响用户对数据的获取。目前，国内大多数政府开放数据平台已开放了大量的数据与接口。笔者对四个地区的政府开放数据平台进行调研（调研时间为 2018 年 10 月和 2021 年 1 月），调研结果见表 1.1。

表 1.1　四个地区政府开放数据平台基本情况

地区及开放平台	相关部门数量/个		数据集数量/个		App 数量/个		API 数量/个	
	2018 年	2021 年	2018 年	2021 年	2018 年	2021 年	2018 年	2021 年
北京市（政务数据资源网[1)]）	55	93	1 087	9 073	42	42	1 043	1 290
上海市（公共数据开放平台）	43	49	1 111	5 115	90	43	445	2 278
青岛市（公共数据开放网）	65	60	2 654	10 182	11	23	5 232	5 619

① Chorley K M. The challenges presented to records management by open government data in the public sector in England：a case study [J]. Records Management Journal，2017，27（2）：149-158.

续表

地区及开放平台	相关部门数量/个		数据集数量/个		App 数量/个		API 数量/个	
	2018 年	2021 年	2018 年	2021 年	2018 年	2021 年	2018 年	2021 年
香港特别行政区（资料一线通）	56	109	9 499	19 907	27	32	180	415

1）2022 年 3 月升级为北京市公共数据开放平台

在以往的研究文献中，对开放政府数据积极效应的重视较多，而对消极效应的重视较少。负面影响如下：发布含有隐私信息的数据从而侵犯隐私，大量政府开放数据发布导致的信息超载和错误，不准确数据的发布等。负面影响或正面影响的实现高度依赖于信息的发布和共享方式①。从长远来看，不考虑和不处理政府开放数据的使用障碍可能会适得其反：政府部门认为只要提供可访问的数据就足够了，而不提供任何处理数据和克服障碍的方法，这将使数据的开放毫无用处。因此，不要过于强调数据供应方而对数据使用方的关注不足，降低政府开放数据的使用门槛也应是政策的一部分。此外，开放不准确数据时会发生什么，以及谁对不准确数据的开放决策负责，也需要政府开放数据组织机构加以考虑，制订预警方案。当出现不准确数据或侵犯隐私事件时，政府开放数据失误出现，相关政府部门应及时进入失误补救决策环节。

2. 数据融合利用阶段

数据融合利用阶段的主体是不同类型的数据用户，该时期包括用户对数据的获取、融合利用和重用三个阶段②。政府开放数据本身没有什么内在价值，价值是由它的使用者创建的。政府开放数据的用户包括大中型信息技术公司、普通公众，以及以公众为主导的社团或社群③。政府部门强调公民参与的重要性，通常意义上的政府开放数据用户不仅是普通意义上的公民，还包括技术熟练的数据分析师或 App 开发人员。他们可以熟练使用各种技术格式的开放数据，有时完全依赖政府开放数据，有时将政府开放数据与其他来源的数据进行比较或组合，以生成新的 App 或服务，由此产生的产品可以免费提供给公众（如公交来了、天气预报等 App），也可作为商业基础进行盈利。此外，政府开放数据不仅惠及外部用户，还可以改善政府的内部运作。政府机构的工作人员在公共平台上提供数据的好处如下：打破内部数据壁垒，减少《信息自由法》对数据的要求，在准备元

① Matheus R，Janssen M. A systematic literature study to unravel transparency enabled by open government data：the window theory[J]. Public Performance & Management Review，2020，43（3）：503-534.

② Vries M，Hittmair G. Open data is fact now-when does the reuse start?[EB/OL]. https://www.w3.org/2013/share-psi/wiki/images/a/a3/Lisbon_deVries_hittmair.pdf，2020-03-15.

③ 李平. 开放政府数据从开放转向开发：问题和建议[J]. 电子政务，2018，（1）：85-91.

数据时提高数据质量（关于数据的数据，如时间、变量和数据字典），并进行更多的数据检测和错误识别。类似美国 DATA.GOV 的集中数据开放平台，可作为有价值的数据资产清单，可促进数据共享并找到联合数据，从而产生新的 App。

从以公众为中心的视角来看，政府部门开放大量数据的最终目的是方便数据使用者及时获取和利用，从而满足使用者的数据需求。因此，政府部门应在开放数据平台开放满足用户需要的数据，尽量减少公众获取和访问数据的限制与障碍。政府开放数据的使用者要求政府以更易获取、易理解及可读等形式提供更优质便民的数据与服务，提升政府开放数据的利用率和重用率，促进数据的再生。通过对表 1.1 中的四个地区政府开放数据平台的调研发现，各地政府开放数据平台发布的 App 数量有待进一步提高，其中，香港特别行政区政府资讯科技总监办公室提供的资料一线通（DATA.GOV.HK）数据利用条件较好，提供了地理空间数据，用户还可通过 API 构造器添加规则提取数据，可生成 CSV、JSON 或 XML 格式的数据结果。

政府开放数据对于正在兴起的开放数据生态系统至关重要。通过提高政府开放数据的可发现性、可访问性和可用性，拥有不同技能和想法的新的数据消费者可以创造出政府机构没有时间或能力在内部完成的创新。美国已有的政府开放数据具体应用如下：①将旧金山食品安全检查数据与 Yelp 餐厅评级程序相关联；②一款名为 Caral Driver 的 App，利用公共数据告知司机应何时挪车可以避免被开罚单；③医学热点定位，找出纽约医院的最高溢价；④使用来自 HealthData.gov 的联邦数据，向患者提供更准确的信息，说明当地医生“过度治疗”、进行了不必要或不恰当的治疗；⑤根据纽约养老院的床位普查数据，在飓风艾琳灾难期间疏散和转移病人；⑥通过数据分析提高旧金山行人安全性。

开放数据成为一项常规的政府活动，是政府开放数据项目取得成功的关键。“Health Data NY”是美国第一个致力于健康状态的开放数据门户，最初是一个拥有五个数据集的小型网站。纽约州长安德鲁·库默（Andrew Cuomo）发布了第 95 号行政命令，要求如下：①所有州的政府机构将其数据发布在集中的“开放纽约门户”（open NY portal）上；②倡导制定一份开放数据手册，以提供愿景并建立标准和出台治理办法；③设立首席信息官的新角色。

“Health Data NY”成为一项常规的公共卫生活动，是纽约州卫生部质量管理和病人安全办公室的永久组成部分，由专门的工作人员来管理。政策层面上的变化，使得“Health Data NY”项目在其创始卫生专员于 2013 年离开该州的服务工作后，仍便于获取政府健康数据并保持其可见性。

基于不同视角，政府开放数据的利用模式不尽相同。本章研究从区域视角、主题视角和需求视角分析政府开放数据的利用模式。政府开放数据的最终目的是实现和促进数据的开放和利用。基于区域视角，对政府开放数据的利用现状和模式进行分析、评估和总结，通过利用行为各个方面的耦合协调分析，发现数据利用中存在的问题，并提出对策建议；以数据本身作为切入点，从主题视角出发，运用浏览总量、数据浏览率、单一样本数据浏览率、整体样本数据浏览率、下载总量、数据下载率、单一样本数据下载率、整体样本数据下载率 8 个研究指标，分析把握不同主题政府开放数据的利用现状，以及不同主题数据之间的利用差距；基于需求视角的政府开放数据利用是面向价值释放的利用模式，以政府开放数据平台为抓手，激发需求、降低数据开发与利用的技术门槛，实现政府数据价值，推动数字经济发展，进行开放数据再利用体制创新，从而更好地激发各类社会组织与公众参与政府数据增值开发利用的积极性，如图 1.1 所示。

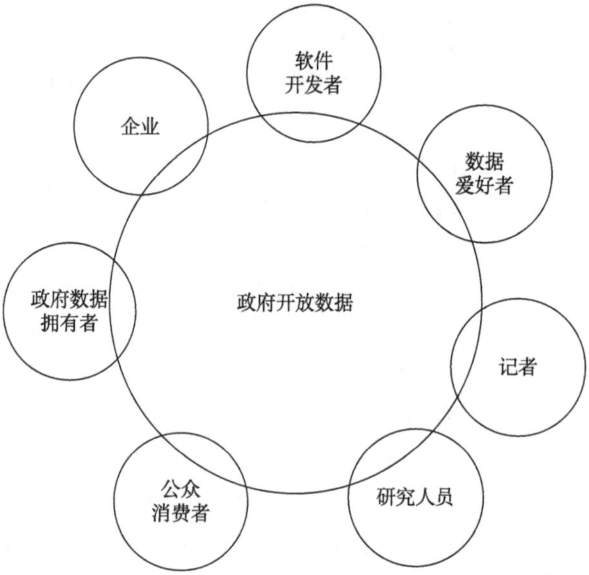

图 1.1 政府开放数据的使用者和消费者

3. 数据利用评价阶段

数据利用评价的主体是社会组织、公众及相关政府部门。欧盟委员会估计，政府开放数据每年可带来的经济效益达 400 亿欧元。为了挖掘政府开放数据的潜在价值，越来越多的企业通过政府开放数据为它们的利益相关者创造和获取价值。

1）数据评价

通过政府开放数据，政府部门允许企业和开发者开放数据产品，其也可以与私营部门建立伙伴关系并从中获益。因此，政府部门应明确开放数据如何为公众提供价值、提供何种价值并进行价值的捕获与管理，从而促进数据商业产品的发展。该时期应选择合适的评估指标体系（如开放数据晴雨表、全球开放数据指数等）对政府开放数据的质量和价值进行标准化评估，同时应注重收集社会组织和公众的意见，保证政府开放数据的质量，提升公众对政府开放数据的利用率，从而实现价值最大化的目的。另外，数据价值评估应结合用户的反馈。上海市公共数据开放平台对每一个数据集的准确性、及时性、满意度和可用性进行评级，并提供投诉功能。北京市政务数据资源网在 2014 年进行了网站易用性调查，2017 年进行了数据检索服务、分析及可视化服务调查，2017 年和 2018 年分别进行了政务数据资源开发需求调研，显示了北京市政府对数据价值评估的重视。政府部门应设法查明政府开放数据为公众提供了什么价值，如何提供价值并促进数据服务产业的发展。

黄如花等认为，由于政务数据的独特性和复杂性，利益相关者、开放共享过程、价值创造机理尚未明确，如何实现政府开放数据的价值与驱动力、开放共享的模式尚未明确①。业务模型和业务架构是描述政府开放数据如何为客户创造价值、获取价值和产生收入的理想工具。Zeleti 等借鉴已有的业务模型框架，开发了一个政府开放数据 6V 业务模型框架，包括以下 6 个核心元素②。

（1）价值主张。价值主张界定业务提供的价值，价值主张包括产品、服务、分销渠道、信息和价格。

（2）增值过程。提供价值所需的增值过程，包括关键的活动和资源，如物质资源、人力资源、供应链管理、伙伴关系和技术。增值过程分为三个阶段：①运营，包括活动、组织结构、技术和物流系统、收入模式、资源与资产及财务模式；②战略规划，包括市场或目标客户、能力、定价和成本控制、品牌、差异化、法律问题、使命和信任；③知识管理，包括创新和文档。

（3）回报价值。从增值过程中获得的货币或非货币价值即回报价值，其包括收入、广告空间、未来合同和机会、租金或佣金等。

（4）价值捕获。价值捕获是保留交易中产生价值的一定百分比的过程，其允许业务用输出的价值反向思考和设计，以支持价值主张。一个组织能获取所产生价值的程度取决于它与合作伙伴和客户之间的竞争力及谈判能力。

（5）价值管理。高层管理者在整个过程中扮演着重要的角色，价值管理包括思维模式、组织、治理、利益相关者和股东。

（6）价值网络。所有的商业活动都是在价值网络中完成的，价值网络包括客户、供应商、信息流、产品流、服务流和合作伙伴业务。

---

① 黄如花，李白杨，周力虹. 2005~2015 年国内外政府数据开放共享研究述评[J]. 情报学报，2016，35（12）：1323-1334.

② Zeleti F A，Ojo A，Curry E. Exploring the economic value of open government data[J]. Government Information Quarterly，2016，33（3）：535-551.

在数据的价值评估期，政府部门应对数据质量、政策运行效率、成熟度和用户满意度进行评估。本章研究通过梳理政府开放数据质量评价相关文献及具有社会影响力的专业报告，利用 App、评分量、浏览量、下载量、下载量与浏览量的比值等指标构建基于数据与用户视角的政府开放数据质量评价指标体系，研究数据的发布情况与利用情况，更加全面地反映政府开放数据的开放质量。在数据质量评估的同时，政府部门应定期进行政策实施效果的评价，对正在推行的政策效果进行评估，判断政策与初始预期有无偏离，如公众满意度、政策运行效率和采纳程度等。另外，还应对政府开放数据的成熟度、用户满意度进行评估，以确保政府开放数据运动的整体质量，促进用户的持续使用行为。

2）数据再生

数据再生/消亡期的主体是数据用户，数据用户对数据的利用情况决定了数据再生或消亡的生命过程。2018 年，开放数据晴雨表显示，各国政府开放的数据集只有不到 10%的数据以机器可读形式发布，大量数据没有被合理利用①。政府数据开放后的利用和价值实现研究逐渐引起了国内外学者的关注。学者们研究了公众的政府开放数据使用动机，发现英国公民对政府开放数据网站的绩效、对数据的接收和使用情况与潜在价值存在差异，政府开放数据的潜在影响和现实影响之间存在脱节②。从信息资源管理视角来看，政府开放数据利用的本质是数据资源的有效配置和使用，我国不同城市的政府开放数据利用现状存在不均衡现象。数据生产者创建数据并存储它们，数据发布者处理并发布数据之后，数据用户使用并重用这些数据并创造价值，从而实现数据的再生。

该时期是实现政府开放数据全生命周期螺旋上升的关键时期。政府开放数据经过价值评估之后，可能会被长期保存并加以维护、慢慢消亡，或者产生新的可预测或可消费的数据，称为数据的“再生”。数据能否再生取决于上述四个时期（生成采集、整合开放、融合利用、价值评估）数据的状态。例如，香港资料一线通每年由香港机电工程署发布“香港能源最终用途数据”（2004~2019 年）③，每项数据资源包含 20 多个数据表，按类别、组别或用途等划分了每年香港能源的最终用途。根据该数据资源，香港特别行政区政府统计处进一步统计汇总，生成新的数据“香港能源统计数字”，共包括 16 个数据资源，实现了数据的再生。在数据再生的过程中，原始数据收集的粒度、完整性，开放数据的质量都决定了数

① 吴金鹏，韩啸. 开放政府数据何以成功？——生态关系理论视角的跨国实证研究[J]. 图书馆论坛，2020，40（8）：87-95.

② Weerakkody V，Irani Z，Kapoor K，et al. Open data and its usability：an empirical view from the citizen’s perspective[J]. Information Systems Frontiers，2017，19（2）：285-300.

③ 香港机电工程署. 香港资料一线通[EB/OL]. https://data.gov.hk/sc-datasets/search/香港能源最终用途数据，2020-10-25.

据再生的可能性。

综上，政府开放数据全生命周期可分为数据整合开放、数据融合利用和数据利用评价三个阶段。根据三个阶段的主要功能，可将政府开放数据系统分为五个子系统，分别如下：生成采集子系统、整合开放子系统、融合利用子系统、价值评估子系统及再生子系统。它们之间的 15 种关系和行为如表 1.2 所示。

表 1.2　政府开放数据全生命周期模型子系统关系和行为

子系统	生成采集	整合开放	融合利用	价值评估	再生
生成采集	①生成采集与生成采集				
整合开放	②生成采集与整合开放	⑥整合开放与整合开放			
融合利用	③生成采集与融合利用	⑦整合开放与融合利用	⑩融合利用与融合利用		
价值评估	④生成采集与价值评估	⑧整合开放与价值评估	⑪融合利用与价值评估	⑬价值评估与价值评估	
再生	⑤生成采集与再生	⑨整合开放与再生	⑫融合利用与再生	⑭价值评估与再生	⑮再生与再生

1.1.3　政府开放数据全生命周期作用机制

从数据价值生成的过程出发，本章研究把政府开放数据全生命周期划分为整合开放、融合利用、利用评价三个阶段。为了完整地理解系统运行的规律及各个子系统之间的关系，先构建政府开放数据全生命周期系统流程，如图 1.2 所示。

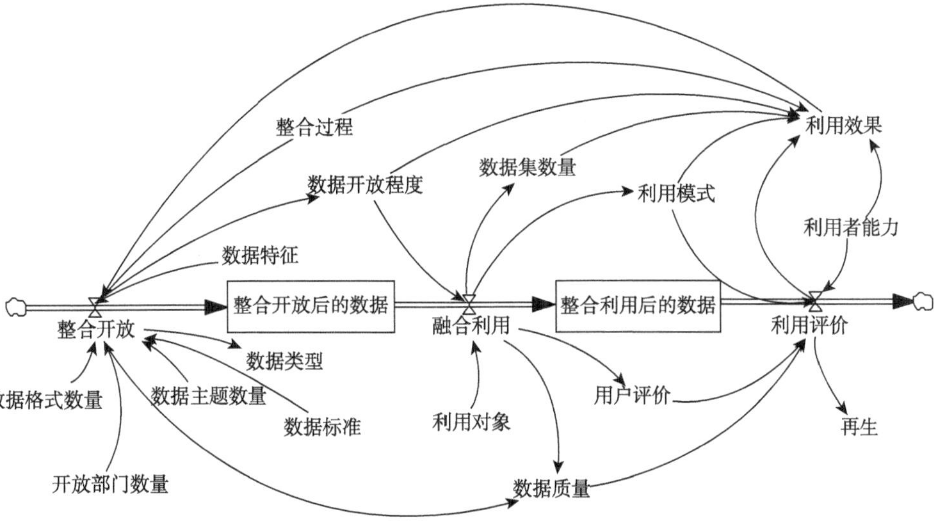

图 1.2　政府开放数据全生命周期系统流程

从系统动力学角度出发，可将政府开放数据全生命周期的三个阶段分别看作三个子系统，各个子系统互相影响，存在反馈。现分别阐述三个子系统的作用机制和逻辑关系。另外，失误补救作为特殊事件，为其他阶段可能出现的失误进行弥补，产生新的数据。

1. 数据整合开放子系统

数据的生成采集子系统主要面临的问题是如何收集多源异构的数据。虽然有许多不同的开放数据来源，但是政府数据的开放尤为重要，因为数据的规模、广度较大，是公共部门信息的主要和广泛的来源。政府开放数据是开放数据的子集，是向公众公开的政府相关数据①。由于政府从多个来源收集数据，作为开放数据的政府数据越多，利益相关者重用它们的机会就越大。另外，并不是所有的政府数据都可以公开发布，一些涉及国家安全和个人隐私的数据并不能完全公开，其访问也会受到多种限制②。从数据管理的角度来看，Dwivedi 等解决了这些挑战：发现和处理大型数据集，集成不打算集成的数据集，或为不同专业水平的利益相关者构建可用的数据管理 API。他们认为，未来的研究需要揭示如何处理数据集成的有效技术和数据模型②。同时，Hardy 和 Maurushat 对于为关联数据分析收集大量不相关的、完全不同的数据的研究持谨慎态度，因为使用预测分析可能会导致政府有争议的越权行为③。收集和分析的数据越多，通过交叉引用重新确定个人身份、泄露隐私的风险就越大。同样，应考虑如何访问这些数据以解决安全问题，尤其是对敏感数据和隐私泄露的担忧，从而可以提高对数据的信任，促进进一步使用数据并实现政府开放数据价值。

很多研究表明，尽管开放数据政策要求政府参与相关举措，但政府机构可能仍不情愿开放其数据集。政府机构倾向发布相对安全的数据，无意获得关于数据使用的反馈，忽视用户对开放数据的需求④。制定能够继续促进和刺激公开政府数据发布的政策是至关重要的⑤。政府机构需要致力于搜索它们的数据存储库中

---

① Attard J，Orlandi F，Scerri F，et al. A systematic review of open government data initiatives[J]. Government Information Quarterly，2015，32（4）：399-418.

② Dwivedi Y K，Janssen M，Slade E L，et al. Driving innovation through big open linked data（BOLD）：exploring antecedents using interpretive structural modelling[J]. Information Systems Frontiers，2017，（19）：197-212.

③ Hardy K，Maurushat A. Opening up government data for big data analysis and public benefit[J]. Computer Law & Security Review，2017，33（1）：30-37.

④ Janssen M，Charalabidis Y，Zuiderwijk A. Benefits，adoption barriers and myths of open data and open government[J]. Information Systems Management，2012，29（4）：258-268.

⑤ Zuiderwijk A，Janssen M. Towards decision support for disclosing data：closed or open data? [J]. Information Polity，2015，20（2-3）：103-117.

拥有哪些数据集，并评估它们是否可以以更高的优先级打开数据集。数据也可能存在于不同部门或不同政府机构的信息系统中，而不同部门发布数据的过程缺乏标准化的方法，因此创建、收集、清理、转换和发布数据集的过程可能不清晰，而且非常耗时①。此外，开放数据可包含最初没有考虑用于开放数据目的的数据集。在数据集已经创建之后，制订适当的元数据方案可能变得非常复杂。此外，在此过程中，机构还需要努力安排会议，并与现场专家进行咨询，以解决个人数据重新识别等隐私问题。研究人员指出，需要额外的人力和资源来实现政府数据公开。为了在生成采集数据子系统的组织过程中获得政府部门的广泛接受，需要从基本面入手，各种障碍可能会增加政府机构公开数据的难度。

政府部门应建立一种开放数据的文化，将开放数据作为政府机构工作流程的默认标准②。还应指定负责任的上级政府机构作为协调机构，在政府机构处理有关问题和公开数据遇到困难时，积极提供帮助。此外，还可以建立一个网络，鼓励政府机构在如何收集、准备和分发数据集以及与公众合作方面分享知识和经验。这种关于如何嵌入来自同行组织的开放数据过程的知识和经验共享，对于缺乏经验的政府机构来说是非常有价值和实用的。从战略上讲，其他机构的协助可以帮助政府机构提高其信息化水平和开放数据实施所需的能力。各机构的组织能力也可通过其他机构的协助来加以改进。

政府部门拥有的数据具有大数据的 4V 特征：规模性（volume）、高速性（velocity）、多样性（variety）和价值性（value）。大数据只有经过处理和提炼才能成为具有更强的决策力、洞察发现力和流程优化能力的高增长率与多样化的信息资产。如何将海量、不断增多、多源异构的政府数据进行整合开放，从而实现其中蕴含的价值，是数据整合开放阶段要解决的问题。

首先，分析我国政府开放数据的数据现状和整合程度，基于开放数据处理流程的整合开放子系统分为数据整合规范、数据预处理、数据去重、数据消歧和数据脱敏等步骤。通过提取数据特征，将数据格式分为五个等级（等级一：PDF/HTML；等级二：Excel；等级三：CSV/XML；等级四：URI；等级五：关联数据）标准，建立数据整合规范。

其次，增加政府开放数据元数据元素，基于数据中台规范数据描述，以便于数据的融合利用。国外政府为了方便用户获取以及利于机器识别，提供多种元数据格式存储和发布开放数据。王芳提出“中国政府信息资源元数据核心集建议方

① Zuiderwijk A，Janssen M. Open data policies，their implementation and impact：a framework for comparison[J]. Government Information Quarterly，2014，31（1）：17-29.

② Zuiderwijk A，Janssen M，Choenni R，et al. Design principles for improving the process of publishing open data[J]. Transforming Government：People，Process and Policy，2014，8（2）：185-204.

案”，对政府开放数据元数据具有指导意义①。该方案分为5个方面，分别是“资源内容元数据”、“资源责任元数据”、“资源表示元数据”、“资源获取元数据”和“资源管理元数据”，全集共23个元素。

最后，根据数据整合实践情况，基于个性化需求进行推荐，进行整合开放。统一元数据的格式，构建在整合规范下的整合过程与分类算法相适应的数据整合开放模式，实现多源异构的政府数据一体化整合开放。采用国际通用的元数据格式建设我国政府开放数据平台，有助于构建多元化数据格式，满足用户需求，实现数据资源的价值。CSV、JSON、XML 格式具有轻量性、实义性、互操作性等特征，已逐渐成为开放政府数据元数据发布、存储、开发等的标准格式，几乎所有国外开放政府数据平台都提供这3种格式的数据②。然而，我国已创建的地方政府数据开放门户数据格式贫乏，鲜少使用上述 3 种规范的数据格式，至多提供 CSV 格式，存在机器读取障碍、所需内存较大而降低用户使用率及不利于记录数据变更等问题。

2. 数据融合利用子系统

政府数据的整合开放水平将影响数据的融合利用效果。在数据融合利用阶段，政府部门应以识别数据用户的需求为基础，根据不同数据利用主体的特点和数据需求，研究政府开放数据的融合利用模式。政府机构若按各自格式开放数据，数据标准不统一，将导致不同来源的数据因兼容性问题而无法被数据用户获取和利用。促进政府开放数据价值实现，推动政府、企业、社会数据的挖掘和融合利用，主要应从政府开放数据平台、公众参与及融合利用机制等方面进行探索。

1）政府开放数据平台

数据平台建设是政府开放数据的关键内容，是实现数据开放与利用的基本构件。近年来，中国政府在积极探索政府开放数据平台建设的道路上成绩斐然，截至 2019 年 3 月，已有 82 个地级以上政府上线了政府开放数据平台，其中包括 13 个省级政府。然而，平台数量的增加并不是政府开放数据的最终目的，开放数据被充分利用并实现价值才是其最终目标③。

2）公众参与

应鼓励第三方机构、开放社区、科研机构等利益相关者积极参与数据的组织、规范、转换和关联等工作，不断提升数据质量。面向社会公众，应提供语义

① 王芳. 我国电子政务元数据的构建及其基于 Web 服务的共享实现[J]. 情报学报，2007，26（1）：125-133.

② 黄如花，林焱. 国外开放政府数据描述规范的调查与分析[J]. 图书情报工作，2017，（20）：37-52.

③ 汤志伟，王研. TOE 框架下政府数据开放平台利用水平的组态分析[J]. 情报杂志，2020，39（6）：187-195.

检索、关联查询、数据预览、交互分析等数据服务。

从政府开放数据的社会化覆盖与利用成效来看，发达国家与地区利用政府开放数据开发的 App 已有一定的使用人群，在成效上表现为两个方面：一方面，依托数据平台提供的 App 的共建共享板块，提供确保 App 能够展示、浏览、获取和使用的基本途径；另一方面，从利用情况中的下载情况来看，在所调研国家与地区发布的 App 中不乏超百万次，甚至超千万次下载量的爆款 App，App 的利用主体包括公众、政府或欧盟机构及其工作人员、企业、社会组织等①。

3）融合利用机制

结合政府开放数据的现实背景和应用需求，应建立起跨界融合的多方协同式政府开放数据利用机制，以更好地理解政府开放数据全生命周期的作用机制。在以往数据和知识的转移过程中主体之间是单向的提供与接受关系，而在政府开放数据全生命周期的融合利用阶段，不同利益相关者是彼此互动、共建共享的关系。目前，不同的政府开放数据集之间难以做到互联互通。例如，目前以 API 方式开放的数据使用时存在限制，以 Web 页面为基础的政府开放数据门户网站难以利用机器智能对大数据进行智能化、自动化的分析处理及深度挖掘利用②。

基于全生命周期的政府开放数据全过程分为数据整合开放、数据融合利用和数据利用评价 3 个相互作用的阶段，共同支撑政府开放数据的运行，构成多方参与的开放机制。通过融合利用，可进一步挖掘政府开放数据的潜在价值，促进创新服务及成果的转化应用，进而满足政府、企业、科研机构及公众等利益相关者的数据需求。政府开放数据的价值随着数据融合利用的增加而得以实现，应调动多方利益相关者利用数据的积极性，形成数据整合开放、融合利用相统一的数据开放利用机制，实现数据“开放—利用—增值”的良性循环过程。

3. 数据利用评价子系统

政府开放数据的快速发展无法掩盖其存在的一些问题，如开放数据范围窄、数据规模小、数据实际使用率低等③。当前，国外具有代表性的政府开放数据评估工具如下：世界银行的“开放数据准备度”、万维网基金会的“开放数据晴雨表”、英国开放知识基金会的“全球开放数据指数”、联合国的“开放政府数据

---

① 周文泓，文传玲，许强宁，等. 面向政府开放数据利用的发达国家与地区应用开发调查及其启示[J]. 情报杂志，2020，39（2）：124-133.

② 赵树宽，孙彦明，张福俊，等. 基于跨界融合的政府数据开放共享模型研究[J]. 图书情报工作，2018，62（12）：21-29.

③ Ham J，Koo Y，Lee J. Provision and usage of open government data：strategic transformation paths[J]. Industrial Management & Data Systems，2019，119（8）：1841-1858.

调查”及英国知识开放基金会组织的“开放数据指数”等，旨在收集和反映各个国家的政府开放数据状况，基本考察的是国家层面的政府开放数据水平。然而，为了提升政府开放数据的整体利用水平，应将“数据利用”作为独立的研究对象进行分析，构建一套适用于地方政府组织的开放数据利用评价体系，揭示目前政府开放数据利用水平低下的深层次原因，研究各影响因素之间相互作用的复杂运行机制。

在政府开放数据利用评估研究领域，国内外学者进行了许多有益的探索。汤志伟和王研结合 TOE（technology-organization-environment framework，技术—组织—环境框架），运用模糊集定性比较分析方法研究发现，技术、组织和环境因素相互作用，生成高数据利用水平的三种模式为内外驱动型、技术—组织型和组织—环境型①。夏义堃认为，政府开放数据的效果尚不清晰，主要原因是方法不完善及现实测量中存在诸多复杂性因素②。范佳佳综合了国际重要研究机构的评估方法，并结合全评价理论框架，从形式、内容和效用三个维度评估了政府开放数据利用效率③。

在数据评估阶段，不仅应从数据发布者的角度考虑各种因素对开放数据的影响，还应从数据利用者的角度考虑用户对数据再利用创造价值的需求，并将两者结合起来，为政府部门设计数据整合开放的优先级，进一步促进数据的融合利用。该阶段从用户需求角度出发，更清楚地描述了政府开放数据整合开放和融合利用的具体情形。

数据再生是指通过政府开放数据的利用或重用，或失误补救之后产生新的数据。再生数据通过系统迭代进入下一个生命周期继续循环发展。这意味着可以从公共治理的角度理解政府开放数据全生命中后期为多参与者的过程，而不是将政府单独置于公共领域交互中心的角度。由于公共治理强调不同行为者之间的协作，公民生成开放数据的承诺是，在数据中介的推动下，公民生成数据作为社会问题协作治理的基础④，为协作治理提供了对公民生成的开放数据的理论理解，因为数据生产中的协作和集体数据基础上的协作是治理网络中协作的标志。生成新的开放数据的承诺是合作治理的基础，通过合作生产过程，公民生成的开放数据通过提供新的（数据）制衡，也加强了数据治理。基于经验探索，细微区分公民产生的开放数据在新公共治理中的作用是关乎协作和争论的。冲突在合作安排

① 汤志伟，王研．TOE 框架下政府数据开放平台利用水平的组态分析[J]．情报杂志，2020，39（6）：187-195.

② 夏义堃．国际组织开放政府数据评估方法的比较与分析[J]．图书情报工作，2015，（19）：75-83.

③ 范佳佳．政府开放数据利用效率评估研究[J]．图书馆论坛，2018，38（11）：107-113.

④ Meijer A，Potjer S. Citizen-generated open data：an explorative analysis of 25 cases[J]. Government Information Quarterly，2018，35（4）：613-621.

中的作用已得到承认，但是许多分析倾向把重点放在多角色合作上。本章研究强调，只有承认公共治理既包含协作又包含冲突，我们才能理解政府在开放数据过程中的作用。

此外，政府开放数据提供者与使用者的协作目标是通过刺激创新平台、工具和服务，来加强利益相关者之间的伙伴关系，这些平台、工具和服务已被证明在促进信息、数据与知识交流方面是有效的。协作对于通过创新、新产品和服务及决策模型来创造价值、生成新的数据至关重要。这也是促进资源共享、利用和部署、发展协同网络的重要途径。Hilbert 认为，协作推动了新的开放数据的生成①。合作意味着利益相关者提供这些倡议、战略、政策和资源。特别是，必须支持所有公共机构和其他机构之间的合作，尤其是在区域和地方一级，在这些地方协调活动并减少活动之间的重复、重叠和碎片化是很重要的②。公民之间更多的合作意味着更多的数据可以用于分析目的，这些数据应该被公共机构和其他机构用来调整它们的活动、服务和决策，以满足公民的需求，生成更多新的数据③。

1.1.4　政府开放数据全生命周期概念模型

根据上述分析，通过梳理政府开放数据全生命周期各阶段的特征和作用机制，分析政府开放数据从生成到消亡的生命周期的各个时期，并对各个时期之间的关联以及跃迁机理进行梳理，本部分研究构造政府开放数据全生命周期概念模型与结构，如图 1.3 所示。

政府开放数据全生命周期概念模型以政府部门或公共部门掌握的数据为核心，分为数据的生成采集期、数据的整合开放期、数据的融合利用期、数据的价值评估期和数据的再生/消亡期五个组成部分，呈现出环状、迭代循环的模型结构③。

政府开放数据全生命周期系统是一个迭代循环的环状结构，系统内各子系统之间、系统与环境之间具有相互作用、相互影响、不断发展变化的关系。

---

① Hilbert M. Big data for development：a review of promises and challenges[J]. Development Policy Review，2016，34（1）：135-174.

② Máchová R，Lnenicka M. Evaluating the quality of open data portals on the national level[J]. Journal of Theoretical and Applied Electronic Commerce Research，2017，12（1）：21-41.

③ Klievink B，Romijn B J，Cunningham S，et al. Big data in the public sector：uncertainties and readiness[J]. Information Systems Frontiers，2017，19（2）：267-283.

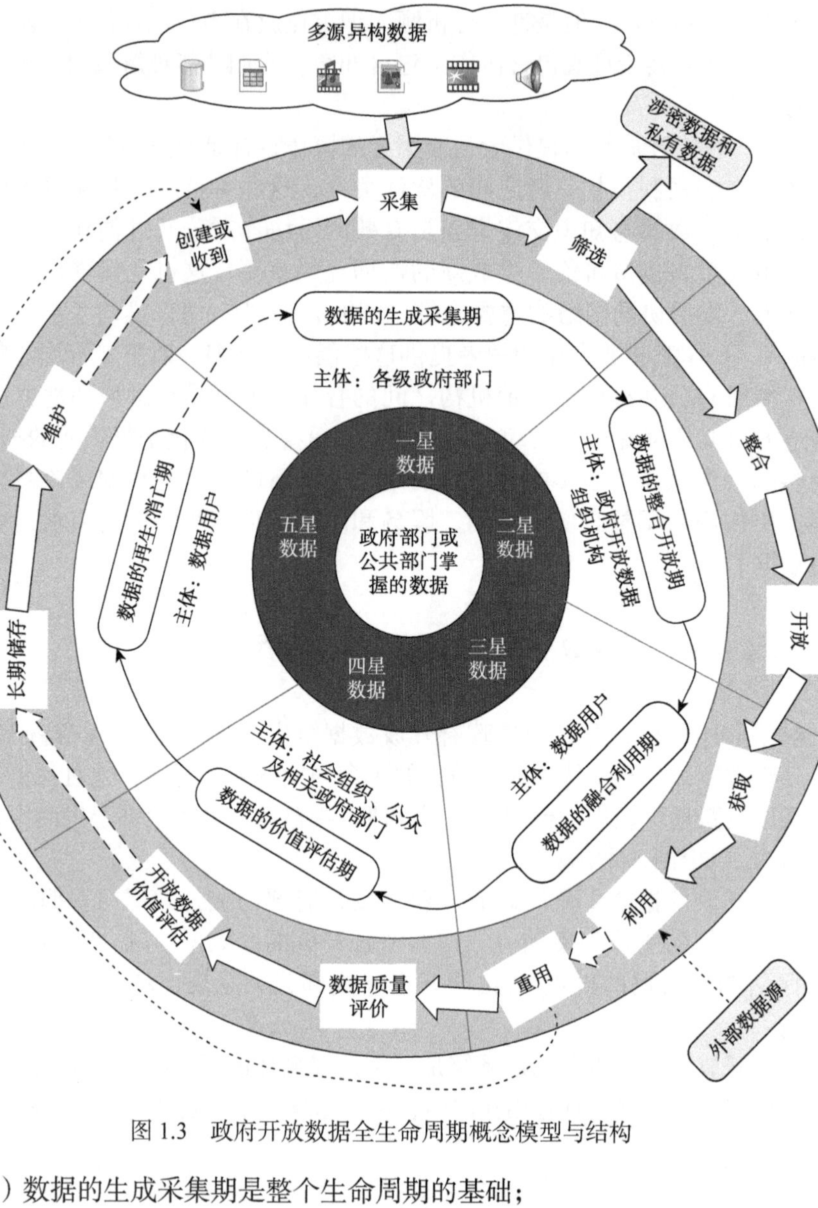

图 1.3　政府开放数据全生命周期概念模型与结构

（1）数据的生成采集期是整个生命周期的基础；

（2）整合开放期的开放水平决定了数据在融合利用期的利用效率和效益；

（3）数据在整合开放期经过利用或重用，可生成新的数据，进入下一个循环；

（4）数据的价值评估期受到数据的生成采集期、整合开放期和融合利用期的影响，共同决定了数据的再生/消亡期。

政府开放数据全生命周期的五个时期相互影响，构成一个整体，共同决定了政府开放数据全生命周期的长度以及政府开放数据的整体水平。Lnenicka 和

Komarkova 提出，开放关联大数据（big and open linked data，BOLD）分析的生命周期是由于受到政府开放数据运动的影响，收集了越来越多的可用数据并进行管理和准备、存储和存档、处理和分析、可视化和使用、公布及共享和重用等，将原始数据从数据仓库中转换为供用户免费使用和可链接的数据集，用户将重用这些数据集来创造价值①。通过描述这些步骤，BOLD 的独特优势、挑战和风险可能与特定的开放数据活动相关。这些活动可能很多已经出现在大多数的组织之中。分析政府开放数据全生命周期各阶段之间的动态关系，构建政府开放数据全生命周期系统动力学模型并分析模型的结构和功能，将为政府开放数据实践活动提供系统的理论支持。

1.2　政府开放数据全生命周期系统动力学模型构建

1.2.1　系统动力学建模的依据

为何许多极好的设想往往未能付诸实践？系统思考能帮助决策者与决策群体全面了解系统与环境的关系、系统整体动态结构及其主要行为模式，并帮助人们制定出正确的战略、方针和政策。系统动力学是一门交叉学科，若从管理科学的领域追溯其历史渊源，它是汲取经典学派、行为学派、系统理论学派和定量学派的精髓并加以提炼的结晶，是系统科学理论与计算机仿真相结合研究系统反馈结构与行为的一门科学，也是一门认识系统问题和解决系统交叉问题的综合性新学科，适用于研究复杂系统的结构和行为之间的动态关系。系统动力学认为，系统的行为模式与特性主要取决于其内部的结构。作为一种实用的工具，系统动力学能够使政策制定者解决他们面对的复杂问题，同时，系统动力学也是一种新的视角，能够帮助我们理解政府开放数据这一复杂系统的结构和动态行为特性。运用系统动力学进行严谨规范的计算机仿真模拟实验，可以帮助相关政府部门设计和制定出更有效的决策。构建系统动力学模型可深入探讨政府开放数据全生命周期模型中各个阶段的相互作用与反馈机制，从系统论视角系统完整地理解政府开放数据全过程，更好地指导政府开放数据的实践活动②。

---

① Lnenicka M，Komarkova J. Big and open linked data analytics ecosystem：theoretical background and essential elements[J]. Government Information Quarterly，2019，36（1）：129-144.

② 王其藩，蔡雨阳，贾建国. 回顾与评述：从系统动力学到组织学习[J]. 中国管理科学，2000，（S1）：237-247.

系统动力学的总体特征①表现如下：①研究问题注重从因果机制出发。复杂现象的因果关系是系统动力学分析的基础，层层剖析不同因素形成的因果反馈环，从多种纷繁复杂的外在表象中探寻其内在关系和运行机制，了解复杂问题产生的根源。②从观察系统结构入手。系统动力学是以状态变量（state variable）为中心，以速率变量（rate variable）为驱动的结构模型。通过速率变量改变系统状态，而速率变量的变化是决策的结果。从观察系统结构入手，系统动力学提出系统结构是其自身运行的动力之源，通过掌握系统结构和运行机制来实现对系统未来行为发展趋势的预判。因此，系统动力学模型也可以被视为结构依存型模型。③强调系统的内生化处理。系统动力学模型不会停留在外在问题的表象，而是深入内部探究系统行为中所蕴含的复杂规律特征，而这一过程中系统内部结构成为问题分析的重点。④非线性行为。通常情况下，系统动力学模型的应用对象都是具备显著复杂性特征的非线性系统，所以能够对社会经济系统等复杂系统进行较为深入的分析研究。⑤具有延迟特性。系统动力学模型能够更加准确地反映现实复杂系统的关键特性。系统动力学用回路描述系统结构框架，用因果关系描述系统要素之间的联系，用流图描述系统要素的性质及本质规律，用数学方法对系统进行数学描述，整个分析过程从定性到定量，最后又把定量的模型用于模拟分析。同时，系统动力学还可以较好地处理物质延迟和信息延迟现象，使模型最大限度地反映现实系统，更有效地解决社会经济系统中的实际问题。

政府开放数据全生命周期适合运用系统动力学建模，立足于整体视角，研究系统内部随时间变化的政府开放数据发展情况，可有效解决非线性问题和复杂的反馈问题。不同的国家和城市、不同的部门和数据领域都会对政府开放数据产生影响，周期性和不确定性等问题普遍存在。系统动力学方法可以通过仿真给出多个变量随时间变化的变化图和关系图，从而对周期性和变动性做出预测。运动的政府开放数据是全生命周期系统动力学的研究对象，从全局性视角出发将复杂因果关系的系统的内部结构和运行脉络清晰地表现出来是系统动力学的建模过程。系统动力学建模大致划分为以下 5 个步骤。

（1）明确建模目的。系统动力学的最终研究目的是要针对复杂系统解决实际问题，因此需要调查和收集系统的相关资料和数据，了解要解决的主要问题，以解决问题为建模导向。

（2）确定系统边界。系统动力学的研究对象主要受内部要素影响，明确建模目的需要界定系统边界，将内、外部要素进行划分，重点基于内部要素确定内、外生变量及输入量。

---

① Schiehlen W. Advanced Multibody System Dynamics：Simulation and Software Tools[M]. Norwell：Springer Science & Business Media，2013.

（3）系统结构分析。此步骤的主要任务是处理系统信息并分析反馈机制，基于因果关系分析构建因果图，在变量关系分析及变量定义基础上建立系统流程图。建立系统动力学模型要明确三个重要部分：变量、参数、因果图。首先，确定状态变量和分析变量，明确变量之间的相关关系；其次，对模型中的参数赋值，明确变量之间的数量关系；最后，将实际问题进行抽象，明确模型的反馈路径。

（4）建立模型及模型模拟。在上述结构分析完成的基础上，首先，需要建立数学规范模型，完成建立方程、确定及估计参数、函数赋值等内容，验证模型的合理性与有效性；其次，根据预设参数使用计算机仿真工具进行模型模拟，根据仿真结果找出重要反馈回路；最后，将路径映射于现实问题，提出针对性政策建议。

（5）模型检验与评估。此步骤并不是在前四个步骤完成之后才进行的，而是与上述步骤同时分散进行，主要的任务是以系统动力学理论为指导，在模型建立过程中不断发现新的矛盾及动态解决问题。

目前，系统动力学主流的仿真软件主要有 Stella、Anylogic、Powersim 和 Vensim 等，其中，Vensim 软件是系统动力学研究领域应用最广泛的建模和仿真软件，提供了功能强大的可视化建模工具，包含了系统动力学研究中的几乎所有标准函数。利用该软件可以将系统动力学的模型概念化和文档化，并能对模型进行仿真、分析和优化。Vensim 软件提供了简单而灵活的建模方式来绘制因果关系图、存量与流量图，模拟现有模型对历史数据的拟合情况，并进行仿真分析，使模型更趋合理。鉴于此，本书所涉及的系统动力学建模部分均采用 Vensim PLE 软件。

1.2.2　政府开放数据全生命周期关键影响因素识别

政府开放数据的目标是增加公共管理政策的透明度、提高效率和公众参与度。要达到该目标，政府部门必须考虑哪些因素可能有助于政府开放数据的发展，应研究相关变量如何对政府开放数据策略的发展和效果产生影响，从而制定正确的政府开放数据政策、打造数据开放文化。在这一过程中，政府开放数据应被视为一个复杂系统，研究各个子系统的互动过程。政府开放数据的规模、环境、数据质量等因素都将影响政府开放数据的整体开放水平，这些影响因素之间呈现动态互动关系，共同决定着政府数据开放的成效[①]。

① 徐慧娜，郑磊，Pardo T. 国外政府数据开放研究综述：公共管理的视角[J]. 电子政务，2013，（6）：2-7.

1. *政府开放数据运动效果影响因素*

国内外许多学者从理论与实证的角度对政府开放数据的效果进行了有益的探索。近年来，学界主要从数据的供给侧与需求侧、收益与风险、价值实现及生态系统等方面对政府开放数据开展了大量的研究。根据政府开放数据全生命周期模型，政府开放数据供给侧相关文献主要探讨政府机构在生成采集、整合开放数据时所采取的行动，需求侧相关文献考察公众和企业对政府开放数据的接受与使用情况，包括数据融合利用、价值评估及再生阶段存在的问题。

从数据的供给侧角度出发，国内外学者着重于研究如何实现数据的价值生成、价值获取和价值增值，侧重于数据链接、整合发布及融合利用等问题的研究。Kalampokis 等认为将分散的数据进行链接可实现数据价值最大化，提出了三角色六阶段模型，包括数据用户、一站式政府数据网站和公共机构（数据生成者）三种角色，将模型分为数据生产、数据利用、数据发布和维护、数据聚合和集成、数据搜索与数据收集六个阶段，其中，数据利用包括政府数据聚合，政府数据整合，政府和非政府官方数据的整合，政府数据、非政府官方数据和社会数据的整合等①。Zuiderwijk 等提出了一个比较不同政府层面开放数据政策的框架，将政府开放数据政策的绩效指标分为公开数据的使用、数据公开的风险（可能的负面影响）及数据公开的好处（可能产生的积极影响），能够影响性能指标的因素有政策环境和政策内容，包括 24 项内容②。Dawes 运用社会技术系统理论进行实证案例研究，分析给定的政府开放数据项目如何刺激和支持数据生产者、创新者和用户组成的生态系统。通过比较美国纽约和俄罗斯圣彼得堡政府开放数据项目，他发现政府内部供应数据的效率和质量及用户的参与和创新可以刺激由数据生产者、创新者及用户组成的政府开放数据生态系统良性发展，实现更高的效益和价值③。

从数据的需求侧角度出发，国内外学者着重于研究数据的价值获取和价值增值问题，侧重于数据的融合利用和公众参与等问题的研究。Wirtz 等研究了德国公民使用政府开放数据的决定因素，研究结果表明易用性、有用性、透明度、参与性和协作预期显著地决定公民使用公开政府数据的意愿，这反过来又对他们的

---

① Kalampokis E，Tambouris E，Tarabanis K. Open government data：a stage model[C]//Electronic Government：10th IFIP WG 8.5 International Conference，EGOV 2011，Delft，the Netherlands. Proceedings 10. Springer Berlin Heidelberg，2011：235-246.

② Zuiderwijk A，Helbig N，Gil-García J R，et al. Special issue on innovation through open data—a review of the state-of-the-art and an emerging research agenda：guest editors' introduction[J]. Journal of Theoretical and Applied Electronic Commerce Research，2014，9（2）：1-13.

③ Dawes J. Do data characteristics change according to the number of scale points used? An experiment using 5-point，7-point and 10-point scales[J]. International Journal of Market Research，2008，50（1）：61-104.

口碑意愿产生了积极的影响①。数据的大规模开放引发了一个问题：政府开放数据是否实现了预期的价值？2014 年，学术界开始研究如何改进政府开放数据的有限使用情况。Matheus 和 Janssen 认为，数据质量、系统质量、组织特征和个体特征是政府开放数据透明度的决定因素，需要进行更多研究以了解影响因素之间的相关性②。

2. 影响因素集与分析流程

影响因素的复杂性和数量对政府开放数据全生命周期系统动力学模型提出了挑战，分析各子系统影响因素及其关系，是构建政府开放数据全生命周期系统动力学模型的基础。本书在前人研究的基础上分析政府开放数据全生命周期模型的影响因素，归纳各子系统主要影响因素，如表 1.3 所示。

表 1.3 政府开放数据全生命周期子系统主要影响因素表

数据生成采集子系统	数据整合开放子系统	数据融合利用子系统	数据价值评估子系统	数据再生子系统
国家公共支出	主题数量	数据集浏览量	评估频率	可链接数据比率
地方公共支出	开放数据集数量	数据集下载量	用户评分	长期储存数据量
人口数量	数据容量	元数据缺失比	数据质量	App 数量
政府部门数量	更新频率	用户数量	政府数据开放度	数据再生率
涉及领域数量	可机读数据比率	用户需求反馈次数		
涉密和私有数据比率	数据整合开放的深度	API 链接数量		
政策法规数量	数据整合开放的广度	开放数据利用的广度		
生成采集水平	元数据数量	开放数据利用的深度		
	整合开放水平	融合利用水平		

以下对政府开放数据全生命周期的五个子系统分别进行影响因素分析。

1）数据生成采集子系统

政府开放数据的生成和采集主要集中于政府部门。以往研究表明，政府开放数据活动涉及多个主体多个阶段。与每个阶段被分配给某个参与者的传统数据制造系统范式不同，政府开放数据的多个主体将参与不同的生命周期阶段，其不同的行为可能产生更广泛的后果。在数据生成采集子系统中，相关决策者应主要考虑两方面问题：①谁拥有（维护）数据？可能是公共机构或政府开放数据平台。

① Wirtz B W，Weyerer J C，Rösch M. Open government and citizen participation：an empirical analysis of citizen expectancy towards open government data[J]. International Review of Administrative Sciences，2019，85（3）：566-586.

② Matheus R，Janssen M. A systematic literature study to unravel transparency enabled by open government data：the window theory[J]. Public Performance & Management Review，2020，43（3）：503-534.

这一点尤其重要，因为它直接关系到数据质量。例如，数据可能会过时，没有得到适当和及时的维护。②谁开放数据（以及相关的元数据）？可能是公共机构或平台，也可能两者都发布数据。同样，这个决定也可能会对数据质量产生影响。如果公共机构和平台都发布数据，可能会由于缺乏同步而在不同的位置出现数据不一致的情况，从而造成开放数据质量低下。

根据数据拥有者和数据发布者的不同情况，可将政府开放数据生成采集分为两类：①直接数据供给。“一站式政府数据开放网站”公布各公共机构的数据，我们将这种数据生成采集方法称为直接数据供给。②间接数据供给。不同的公共机构将数据以分散的方式发布（通常在它们的网站上），而门户提供了某种链接机制和/或元数据来识别实际数据集，我们将这种数据生成采集方法称为间接数据供给。结合技术和组织两种维度，我们可得到如表 1.4 所示的数据生成采集分类方案。

表 1.4 数据生成采集分类方案

技术的方法		直接数据供给	间接数据供给
可下载的文件	一星数据	存储可下载文件	记录可下载文件的链接
	二星数据		
	三星数据		
可链接的数据	四星数据	直接提供链接数据	间接提供链接数据
	五星数据		

开放数据集的部门覆盖率反映了政府各部门参与政府开放数据的程度和数据集来源的全面程度。平台只负责存储可下载文件，其主要优点是数据格式简单易用，容易被开发人员和客户（如公民和企业）广泛接受；但将所有数据放在一个地方（门户），意味着政府门户可提供数据的汇总、处理和增值，可维护性有限。例如，在数据随时间变化的情况下，必须设置有效的数据同步流程，以防止门户提供过时的数据。由数据生成者通过自己的官方网站开放数据，意味着数据是准确及时的，有助于提高数据的可信度和准确性。政府数据开放平台不能提供数据的聚合、处理和赋值，必须由数据生产者来执行。主要的数据处理过程如图 1.4 所示。

数据确权工作是生成采集系统高效运行的基础和保障。从图 1.4 可看出，公共部门是数据的生成部门，政府开放数据平台负责采集原始数据或元数据，相应的数据处理流程是不同的。我国 82.41%的政府数据开放平台为独立平台，即数据统一汇聚在一个专门的平台上进行开放，仅四川雅安、安徽阜阳等 12 个地区的政府数据开放平台为嵌入平台，这些地区的政府数据开放平台都嵌入当地人民政府官网的栏目中，平台的建设情况也存在差异，部分嵌入式平台具有完备的开放数

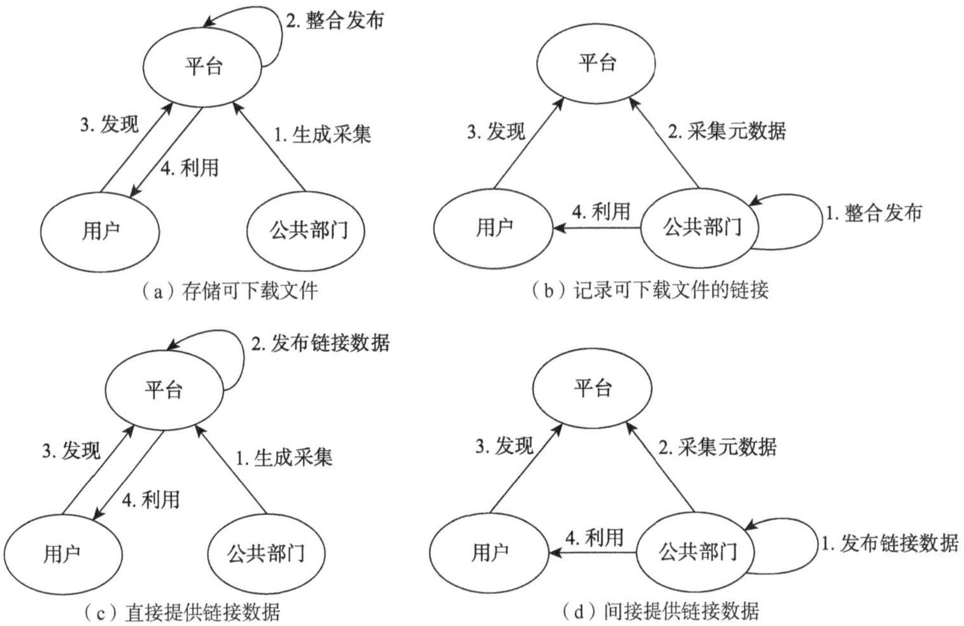

图 1.4　主要的数据处理过程

据主题分类、领域索引、数据接口及数据应用详情页面，但也存在部分平台建设较为粗糙、功能不全等问题①。数据生成与收集流程的复杂性和数据确权问题影响着数据生成采集的数量、质量，并对数据的进一步整合开放和融合利用产生巨大影响。

另外，政治、社会和经济环境对于政府部门生成采集子系统具有重要的影响和促进作用。Wang 和 Lo 研究发现，感知有用性、外部影响、促进条件、组织文化、组织能力和感知风险是影响政府机构开放数据实施意愿的正向或负向因素。外部环境对开放数据的生成采集有较大影响②。Dawes 等研究了纽约和圣彼得堡两个城市的政府开放数据生态系统，研究表明，政府在刺激由数据生产者、创新者和数据用户组成的政府开放数据生态系统良性发展的过程中发挥了重要作用③。政府是流经生态系统的数据的来源，它对如何筛选、准备、发布和营销数据，以及外部用户可用的数据数量、类型和质量有很大的影响。2019 年，我国各省份出台的省级政府开放数据相关政策共 124 条，同比 2018 年增长了 29%。综合上述研究，数据生成采集子系统的影响因素主要如下。

① 中国政府开放数据利用研究报告（2020）. http://sim.ccnu.edu.cn/info/1046/9746.htm.

② Wang H，Lo J. Adoption of open government data among government agencies[J]. Government Information Quarterly，2016，33（1）：80-88.

③ Dawes S S，Vidiasova L，Parkhimovich O. Planning and designing open government data programs：an ecosystem approach[J]. Government Information Quarterly，2016，33（1）：15-27.

（1）国家公共支出：中央政府每年的公共预算支出。

（2）地方公共支出：地方政府每年的公共预算支出。

（3）人口数量：当地人口普查数量。

（4）政府部门数量：提供数据的政府部门数量。

（5）涉及领域数量：数据涉及的领域数量，如上海市公共数据开放平台上有经济建设、城市建设、民生服务等 13 个数据领域。

（6）涉密和私有数据比率：政府部门掌握的涉密数据和私有数据占所有数据的比率。

（7）政策法规数量：当地政府部门出台的与政府开放数据相关的政策或法规总数量。

（8）生成采集水平：政府数据生成采集的总水平。

2）数据整合开放子系统

数据整合开放过程的挑战是政府部门开放数据的关键影响因素。目前的研究表明，政府开放数据运动面临着几个挑战，其中之一与数据发布过程相关①。政府部门整合开放数据过程复杂，涉及相关部门众多，整合开放效果的影响因素如下：①政府组织文化和能力；②法律和监管；③技术挑战，如缺乏标准、“脏数据”和遗留系统的基础设施不可用、政府机构数据管理人员存在技能与知识缺口等；④经济因素，包括政府机构管理和发布数据所需的资源等。

结合上述研究，数据整合开放子系统的主要影响因素如下。

（1）主题数量：政府开放数据平台的主题分类数量。

（2）开放数据集数量：数据集是由数据组成的集合，通常以表格形式出现。

（3）API 链接数量：政府开放数据平台往往以下载数据或 API 的形式开放数据集，API 链接数量是指政府开放数据平台上的接口数量。

（4）数据容量：每个数据集包含的平均数据量（数据集的数据量=行数×列更新频率：每个数据集的平均更新周期）。

（5）可机读数据比率（二星及以上数据）：二星及以上数据集数量占总数据集数量的百分比。

（6）数据整合开放的深度：每个数据集的平均数据数量。

（7）数据整合开放的广度：以开放数据平台提供的数据集相对于国家（地区）人口的比例来衡量。

（8）元数据数量：元数据的条数。

（9）整合开放水平：整合开放数据的整体水平。

---

① Gascó-Hernández M，Martin E，Reggi L，et al. Promoting the use of open government data：cases of training and engagement[J]. Government Information Quarterly，2018，35（2）：233-242.

3）数据融合利用子系统

政府开放数据实现预期的价值和效益，离不开适当地利用数据。数据融合是打破政府数据孤岛，释放数据价值的关键；数据利用是在数据流通融合的基础上，努力打造政府数据平台的利用行为，如开发服务 App、创新公共服务产出、增加数据利用者的类型以推动数据再利用等①。目前，许多城市开放数据的使用率很低。这一方面源于数据内容与公众期待之间的差异，另一方面是因为开放数据使用的门槛很高，普通公众很难具备数据分析和使用的相关能力②。Gonzalez-Zapata 和 Heeks 提出，政府开放数据的利益相关者分为主要利益相关者（即对开放数据规划和实施产生本质影响的利益相关者）与次要利益相关者（即影响或受开放数据影响但不那么正式和直接地影响开放数据的利益相关者）③。根据不同利益相关者的需求，应适当地提供不同的数据服务来降低数据使用门槛，从而提高公众对数据的使用率。de Ranitz-Greven 等探讨了荷兰私营企业使用政府开放数据的影响因素，发现明确的数据内容和来源、可用的开放数据许可及数据更新的连续性等显著影响企业的使用意愿④。Wirtz 等调查了德国公民使用政府开放数据的决定因素，研究发现易用性、有用性、透明度、参与性和协作预期显著影响公民使用政府开放数据的意愿，使用意愿又对口碑意愿产生了积极影响⑤。本研究组在《中国政府开放数据利用研究报告（2020 年）》中采用数据数量、可机读格式、开放格式、API 链接数量、动态更新、静态更新、App 数量、评分量、浏览量、下载量等指标来衡量政府开放数据的利用效益，从主体视角和区域视角分析了政府开放数据利用行为，发现各政府开放数据平台的平均浏览量和下载量参差不齐，与各平台开放数据的数量、主题、发布时间等有着密切的联系。

（1）数据集浏览量：所有数据集的浏览总次数。

（2）数据集下载量：所有数据集的下载总次数。

（3）用户需求次数：用户在数据开放平台提出的数据请求次数。

（4）开放数据利用的广度：已使用数据集相对于所提供数据集的比率。

---

① 汤志伟，王研. TOE 框架下政府数据开放平台利用水平的组态分析[J]. 情报杂志，2020，39（6）：187-195.

② 郑跃平，刘美岑. 开放数据评估的现状及存在问题——基于国外开放数据评估的对比和分析[J]. 电子政务，2016，（8）：84-93.

③ Gonzalez-Zapata F，Heeks R. The multiple meanings of open government data：understanding different stakeholders and their perspectives[J]. Government Information Quarterly，2015，32（4）：441-452.

④ de Ranitz-Greven W L，Kaasenbrood L，Poucki W K，et al. Advanced glycation end products，measured as skin autofluorescence，during normal pregnancy and pregnancy complicated by diabetes mellitus[J]. Diabetes Technology & Therapeutics，2012，14（12）：1134-1139.

⑤ Wirtz B W，Weyerer J C，Rösch M. Open government and citizen participation：an empirical analysis of citizen expectancy towards open government data[J]. International Review of Administrative Sciences，2019，85（3）：566-586.

（5）开放数据利用的深度：在所有数据集中已使用数据的平均数量。

（6）融合利用水平：政府开放数据融合利用的综合评价水平。

4）数据价值评估子系统

从政府开放数据全生命周期的过程考虑，数据价值评估子系统贯穿于生命周期的全阶段，影响数据的持续改进和提升，是政府开放数据全生命周期循环上升的关键。政府开放数据全生命周期中的数据价值评估子系统，强调的是数据价值的实现，面向的是生命周期的循环上升问题。此价值评估视角可借鉴经济合作与发展组织对其成员国中央政府的首席信息官颁布的“OURdata 指数”标准，从数据的可用性、可访问性和可利用性着手进行评估，可通过问卷、数据集评估和二手数据相结合的方式来获取不同指标的数据。数据的价值评估应强调数据提供及使用两个方面的影响因素，强调政府开放数据生态系统的良性发展问题。

数据价值评估子系统的主体是社会组织、公众及相关政府部门，主要从数据质量和数据利用情况等方面对数据价值进行评估。将数据简单地加以开放并不是政府开放数据的目的，开放数据的方式、方法、数量和质量等因素都影响着数据开放后的利用效果与价值实现。数据价值评估子系统对数据生成采集子系统、整合开放子系统、融合利用子系统和数据再生子系统都将产生一定的监督与刺激作用。该子系统的主要影响因素如下所示。

（1）评估频率：进行评估的时间周期长度。

（2）用户评分：用户对政府开放数据的满意度评分。

（3）生成采集水平：对数据生成采集的综合评价水平。

（4）整合开放水平：对数据整合开放的综合评价水平。

（5）融合利用水平：对数据融合利用的综合评价水平。

（6）政府数据开放度：整体开放程度。

5）数据再生子系统

赵需要等将政府开放数据生态系统进行如下定义：政府数据开放过程中以政府开放数据为中心形成的数据人之间、数据人与数据生态环境之间相互联系、相互作用而构成的有机整体①。政府主管部门作为供给方开放数据，数据利用者作为需求方利用数据，数据创新者通过开发创新 App 服务为社会公众提供数据服务，获益的数据利用者和社会公众又进一步推动政府开放数据的再生。因此，政府开放数据通过数据的生成、收集、整合开放、融合利用、价值评估，再到反馈、再生等一系列节点的流转，是一个良性动态往复循环的过程。

（1）长期储存数据量：需要长期储存的数据数量。

① 赵需要，侯晓丽，徐堂杰，等. 政府开放数据生态链：概念、本质与类型[J]. 情报理论与实践，2019，42（6）：22-28.

（2）App 数量：开放数据融合利用后产生的 App 数量。

（3）数据再生率：新生成的数据占原始数据的比率。

1.2.3　模型边界与系统因果关系图

政府开放数据全生命周期系统的各个子系统并不是独立存在的，各个子系统之间相互影响、相互促进。系统动力学认为系统行为源于系统结构，外部环境对系统行为模式的影响是通过内部结构起作用的①，因此合理确定系统边界及分析它的结构是系统建模的关键。

通过系统中存在的关键影响因素进行因果关系分析，确定系统框架和反馈回路，可以直观描述系统的内部结构。对系统影响因素进行梳理，运用系统动力学 Vensim PLE 软件绘制出政府开放数据全生命周期系统因果关系如图 1.5 所示。系统关键因素为生成采集水平、整合开放水平、融合利用水平和政府开放数据开放度，共同构成了系统因果关系中的主环路。其他系统影响因素又对系统关键因素产生影响，共同构成了系统的因果关系。

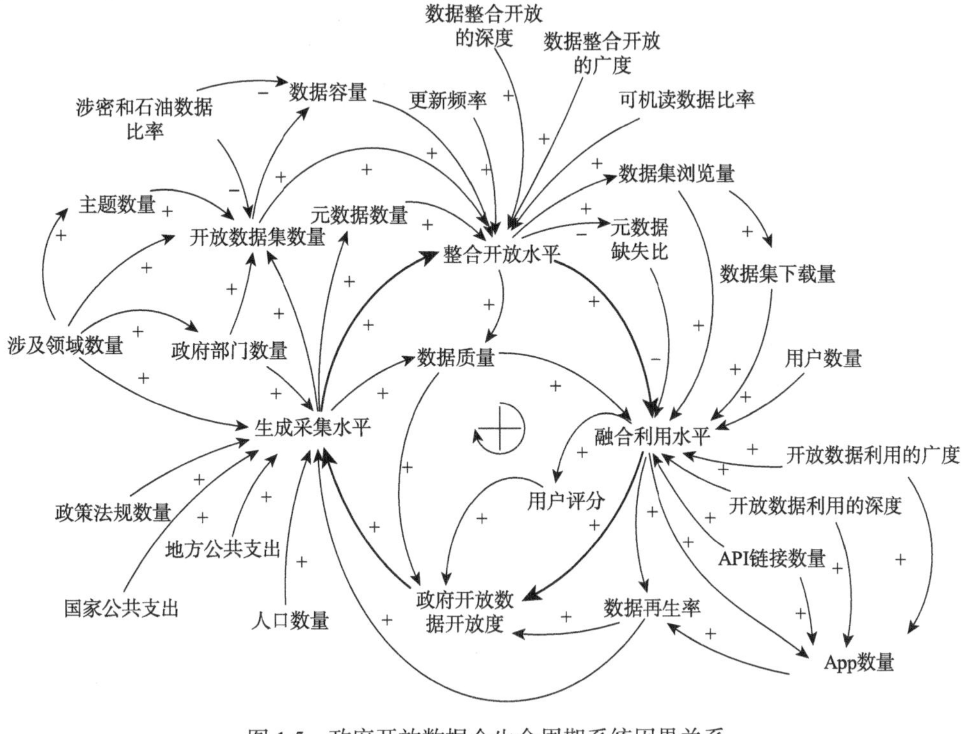

图 1.5　政府开放数据全生命周期系统因果关系

① 王其藩. 系统动力学[M]. 北京：清华大学出版社，1994.

系统中包含 3 个正反馈环（R_1、R_2、R_3）和 2 个负反馈环（B_1、B_2）。

R_1：生成采集水平提高→开放数据集数量增多→整合开放水平提高→数据质量提升→融合利用水平提高→政府开放数据开放度提高→生成采集水平提高。

R_2：生成采集水平提高→开放数据集数量增多→整合开放水平提高→数据集浏览量提高→数据集下载量增加→融合利用水平提高→App 数量增多→数据再生率提高→生成采集水平提高。

R_3：生成采集水平提高→数据质量提升→融合利用水平提升→用户评分提升→政府开放数据开放度提高→生成采集水平提高。

B_1：整合开放水平降低→元数据缺失比提升→融合利用水平降低→用户评分降低→政府开放数据开放度降低→生成采集水平降低→整合开放水平降低。

B_2：元数据缺失比提升→融合利用水平降低→App 数量降低→政府开放数据开放度降低→生成采集水平降低→整合开放水平降低→元数据缺失比提升。

从图 1.5 中可以看到，政府开放数据开放度与生成采集水平、整合开放水平、融合利用水平构成了一个正反馈环：数据的生成采集水平越高，数据的整合开放水平、融合利用水平就越高，整体的政府开放数据开放度就越高；政府开放数据开放度会反馈到生成采集子系统，提高数据的生成采集水平。系统各因素之间是相关的，但各因素之间的作用机理尚未明确，因此接下来进行系统流图分析。

1.2.4 系统流图分析

在对政府开放数据全生命周期系统进行了因果关系分析后，采用 Vensim PLE 软件进行系统动力学模型的仿真和模拟。首先，运用结构分析工具分析并实现系统结构图。构建政府开放数据全生命周期系统流图可完整理解系统运行的规律和系统决策应遵循的规律，反映出系统要素间的逻辑关系。本章研究使用 Vensim PLE 软件进行建模，变量和符号主要包括以下几个方面。

1）状态变量

状态变量是非固定值，其值由状态变量的过去值与速率变量的值共同决定，是随时间变化的累积变量，对时滞较为敏感。

2）速率变量

速率变量对状态变量有直接作用，是流入或流出状态变量的流的瞬时速度，是对状态变量变化过程的描述。该变量也可称为“控制变量”，在数值上可为零。

3）辅助变量

辅助变量（auxiliary variable）之间互不影响、互相独立，其值由系统内其他变量计算而得，不同时刻的值是相互独立的。

4）常量

常量（constant variable）的值是根据具体研究问题人为赋予的固定的值，不受时间或其他变量影响。

根据上文构建的政府开放数据全生命周期概念模型以及系统因果关系分析，现构建三阶段系统流图，如图 1.6~图 1.8 所示。

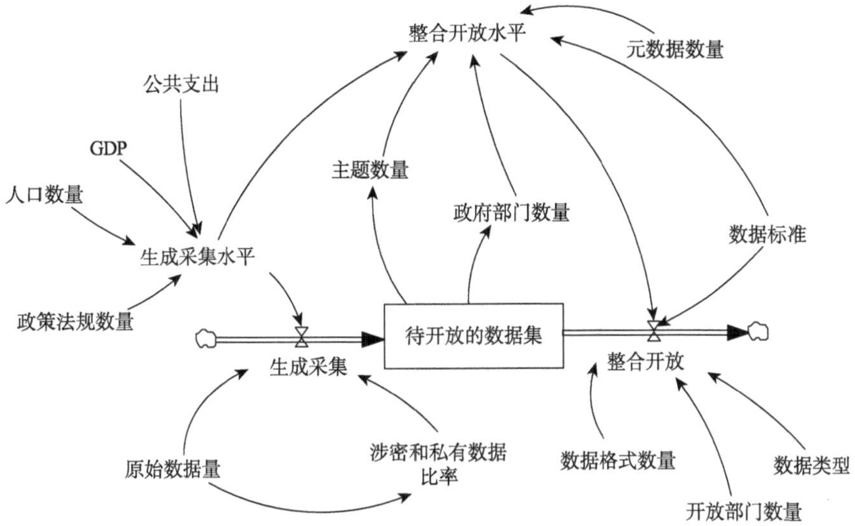

图 1.6　整合开放阶段系统流图

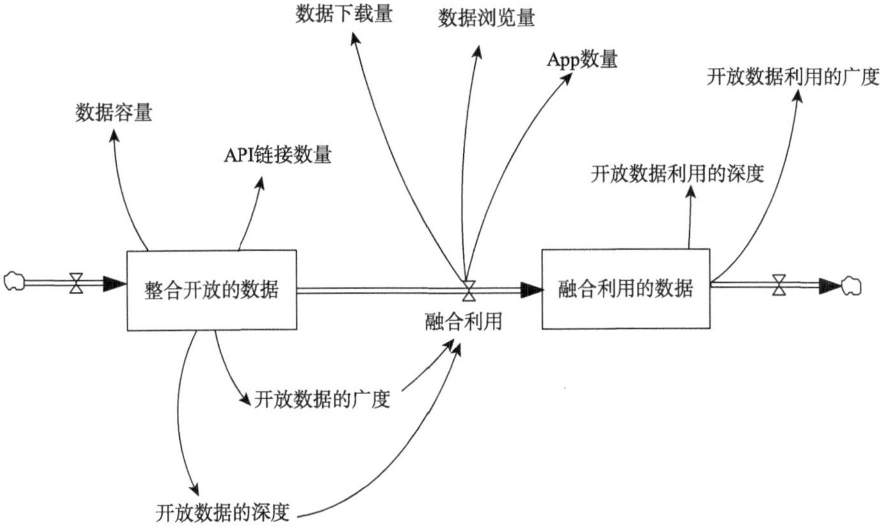

图 1.7　融合利用阶段系统流图

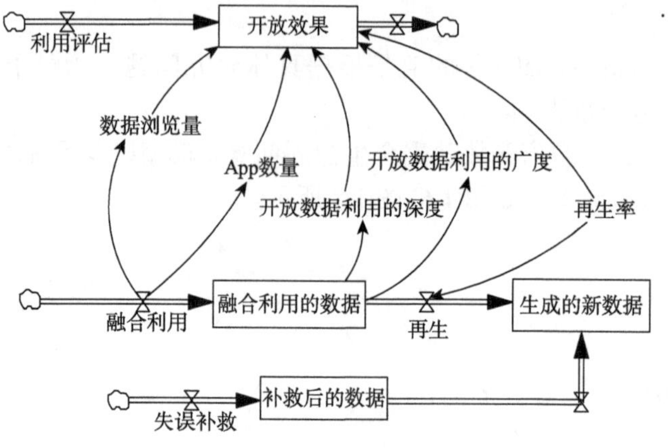

图 1.8 利用评估阶段系统流图

现构建政府开放数据全生命周期系统流图，如图 1.9 所示。本模型包括 GDP、人口数量、待开放的数据集、整合开放的数据集、融合利用的数据集和生成的新数据集 6 个状态变量；GDP 增长量、人口增长量、生成采集、整合开放、融合利用和再生 6 个速率变量；其余影响因素如用户数量、开放数据的深度、开放数据的广度等变量为辅助变量。

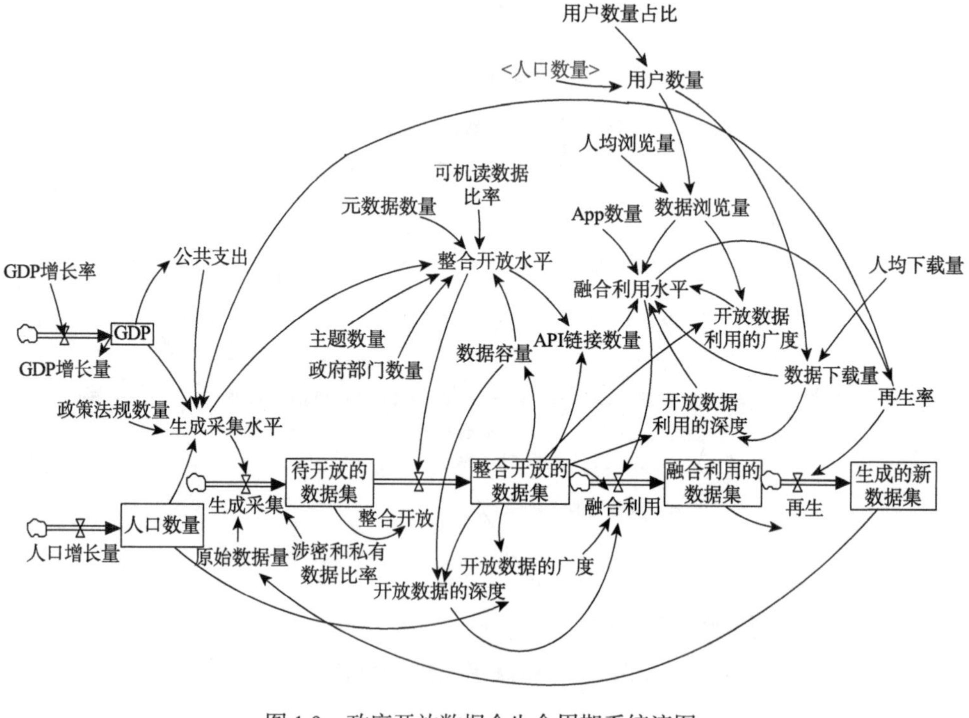

图 1.9 政府开放数据全生命周期系统流图

政府开放数据全生命周期系统流图以系统研究政府开放数据全生命周期、提高政府开放数据价值为研究目的，待开放的数据集、整合开放的数据集、融合利用的数据集、生成的新数据集作为存量，是决策和行动的指导标准。元数据数量、数据浏览量、数据下载量和 App 数量等为系统的辅助变量，生成采集、整合开放、融合利用及再生等为系统的流量，反映出随时间变化系统状态的变化，是系统运行时应重点关注的指标。

从图 1.9 中可以看出，政府开放数据的数量和质量（元数据缺失比）会影响用户获取和利用数据的数量，用户利用数据的情况决定了再生数据的比率，最终影响了政府开放数据的价值。通过构建各变量之间的方程、设定相关变量初始值，可对政府开放数据全生命周期进行仿真并模拟验证模型的有效性。政府部门可根据模型中的关键变量制定适当的政策法规和评价标准，推动和促进我国政府开放数据生态系统的良性发展。

1.2.5　模型方程式

系统动力学的性质决定了一些变量的变化关系很难通过定量方法得到，需要依靠研究人员的相关经验及对事物的观察来发现，因此在文献研究和调查研究的基础上，可采用经验观察法和趋势外推法进行推导，得到的政府开放数据的存量流量图方程式如下：

（1）API 链接数量=IF THEN ELSE（整合开放的数据集>0，整合开放的数据集×0.5×（1+整合开放水平×0.1），0）。

（2）GDP= INTEG（GDP 增长量，0.5）。

（3）GDP 增长量=GDP×GDP 增长率。

（4）人口数量= INTEG（人口增长量，5 000）。

（5）再生=再生率×融合利用的数据集。

（6）再生率= INTEG（融合利用水平×0.000 8，0.1）。

（7）原始数据量= SIMULTANEOUS（DELAY1（生成的新数据集，1），100）。

（8）可机读数据比率=0.8。

（9）App 数量=0.35。

（10）开放数据利用的广度=IF THEN ELSE（整合开放的数据集=0，0，数据浏览量/整合开放的数据集）。

（11）开放数据利用的深度=数据下载量/整合开放的数据集。

（12）开放数据的广度=整合开放的数据集/人口数量。

（13）开放数据的深度=IF THEN ELSE（整合开放的数据集=0，0，数据容量/整合开放的数据集）。

（14）待开放的数据集= INTEG（生成采集–整合开放，20）。

（15）数据下载量=0.5+人均下载量×用户数量×1 × 10^{-5}。

（16）数据容量= IF THEN ELSE（整合开放的数据集>0，整合开放的数据集×50，0）。

（17）数据浏览量=0.6+0.001×用户数量×人均浏览量。

（18）整合开放=整合开放水平×待开放的数据集。

（19）整合开放水平=[0.2×主题数量+0.2×元数据数量+0.2×政府部门数量+0.2×ln（数据容量）]×可机读数据比率+0.05×生成采集水平。

（20）整合开放的数据集= INTEG（整合开放，10）。

（21）涉密和私有数据比率=0.8。

（22）生成的新数据集= INTEG（再生，1）。

（23）生成采集=原始数据量×（1–涉密和私有数据比率）×生成采集水平。

（24）生成采集水平=[0.1×GDP+0.5×ln（人口数量/100）+0.3×公共支出+0.1×政策法规数量]/10+DELAY1（再生率×10，0.5）。

（25）用户数量=人口数量×用户数量占比。

（26）用户数量占比=0.2。

（27）融合利用=整合开放的数据集×{融合利用水平×0.2+ln[ABS（开放数据的广度+1）]+ln[ABS（开放数据的深度+1）]}。

（28）融合利用水平=0.1×API 链接数量+0.1×App 数量+0.2×ln[ABS（开放数据利用的广度+1）]+ln[ABS（开放数据利用的深度+1）]×0.1+0.1×数据下载量+0.1×数据浏览量。

（29）融合利用的数据集= INTEG（融合利用，5）。

1.3 仿真模拟分析

1.3.1 模型参数的确定

为了分析政府开放数据全生命周期的发展趋势，首先需要设定初始值，并将各个变量之间的关系转换为数学表达的形式。系统关键参数取值如下。

（1）用户数量。用户数量为政府开放数据使用者的数量，可用当地人口普查数量与政府开放数据用户数量占比来表示。因此，用户数量 M_u =人口数量 M_p × 用户数量占比 R_u 。在本章研究中，将用户数量占比 R_u 的初始值设为 0.2。

（2）开放数据利用的广度。为了评价政府开放数据的利用情况，需对整合开放的数据集的浏览率进行统计。开放数据利用的广度是指已使用数据集相对于所提供数据集的比率，可用数据浏览量和整合开放的数据集数量来表示。因此，开放数据利用的广度 B_u =数据浏览量 D_b /整合开放的数据集 D_o 。

（3）开放数据利用的深度。开放数据利用的深度是指所有数据集中已使用数据的平均数量。各政府开放数据平台的平均浏览量和下载量各不相同，根据数据下载量和整合开放的数据集数量可计算出政府开放数据利用的深度。因此，开放数据利用的深度 D_u =数据下载量 D_d /整合开放的数据集 D_o 。

（4）数据整合开放的广度。数据整合开放过程中遇到的挑战是政府开放数据水平的关键影响因素，提高数据整合开放的广度有益于政府开放数据的融合利用，可通过开放数据平台提供的数据集相对于该地区人口的比率来衡量。因此，数据整合开放的广度 B_o =整合开放的数据集 D_o /人口数量 M_p 。

（5）数据整合开放的深度。数据整合开放过程的复杂性和数据质量问题影响着数据融合利用的数量和质量，并对系统发展产生深远的影响。数据整合开放的深度有助于数据的创新与再利用。可用每个数据集包含的平均数据量（数据集的数据量=行数×列，更新频率为每个数据集的平均更新周期）和整合开放的数据集数量来衡量。因此，数据整合开放的深度 D=数据容量 C_d /整合开放的数据集 D_o 。

该模型可通过 Vensim PLE 软件直接进行仿真运行，获得因素之间的相互影响关系。

1.3.2　模型检验与仿真模拟

1. 系统边界测试

系统边界测试检查系统中主要的观测变量是否为内生变量，并测试系统的行为对系统边界假设的变动是否敏感。系统边界的确定主要取决于所研究的主要变量及时间跨度。本书针对政府开放数据全生命周期的动态系统，主要目的是分析数据的不同阶段特征对政府开放数据水平的长期影响。将时间问题纳入系统范围，结合信息生命周期理论、公共管理理论及政府开放数据价值实现的相关文献对系统的边界进行划分，对系统内的相关变量及变量之间的定性、定量关系给予界定，剔除不相关的外生变量。在确定各变量的因果关系和构建模型后，结合现有的理论研究，根据实际情况进一步对模型进行修正和完善，通过对模型的仿真可以发现，本书所构建因果关系的反馈回路和系统流图都较为合理。

2. 极端情况检验

极端情况检验是指通过模型对极端情况所做出的反应进行判断，将模型中的某个或某几个变量的值设置为极端情况，观察所构建的模型是否符合现实。本书考察开放的数据集和融合利用的数据集取值为极端值时，对生成的新数据集的影响。当开放的数据集和融合利用的数据集取值为 0 时，生成的数据集数量始终不变，因此极端情况检验通过。

综上，检验结果表明本书构建的系统动力学模型所描述的系统行为与实际情况基本相符，能够在一定程度上反映出现实中政府开放数据的运行情况。

3. 仿真模拟

模型有效性检验是为了验证模型能否反映现实系统的特征和变化规律。在系统流图经过有效性检验的基础上，通过对模型初始状态进行设定可以对政府开放数据的发展情况进行动力学模拟仿真。本书采用 Vensim PLE 软件，进行仿真模拟运算。参考系统动力学仿真周期的设定，在调研数据的支持下，设置 INITIAL TIME=0，FINAL TIME=120，TIME STEP=3，Units for Time=Month。

确保量纲一致性后运行模型。设初值如下：

用户数量占比=0.2；

App 数量=0.35；

再生率=融合利用水平×0.000 8；

公共支出=0.3；

政策法规数量=0.3；

数据容量=整合开放的数据集×50。

初始模型的仿真结果如图 1.10 所示。

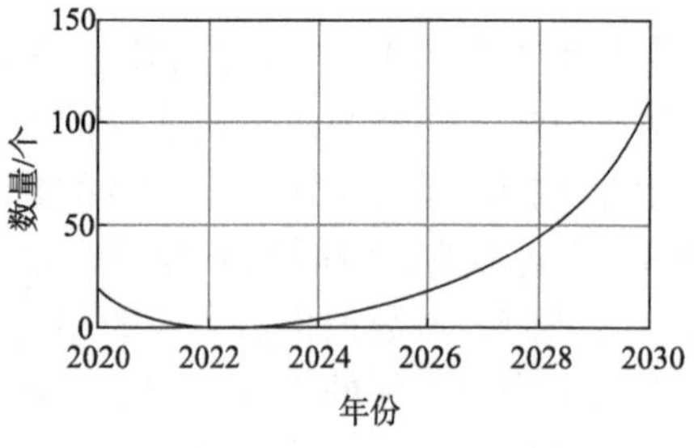

（a）待开放的数据集

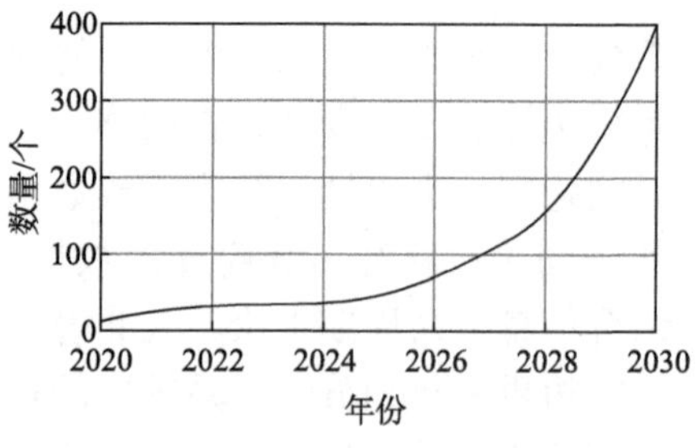

（b）整合开放的数据集

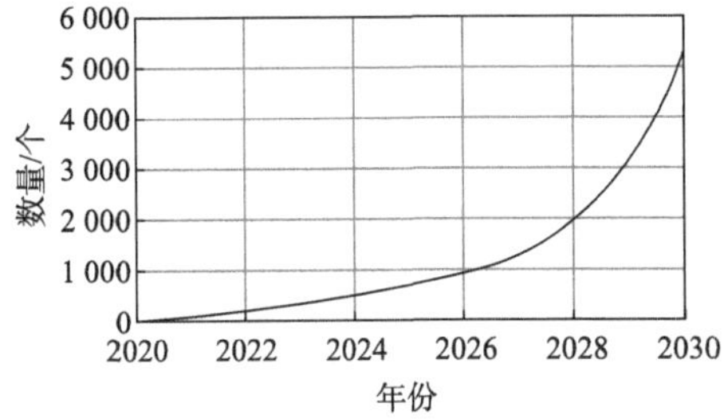

（c）融合利用的数据集

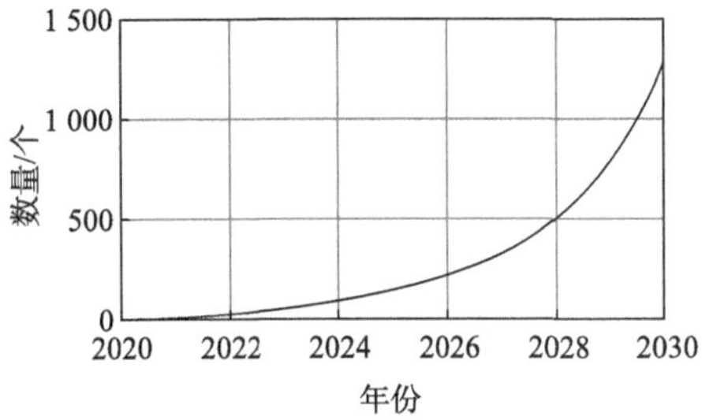

（d）生成的新数据集

图 1.10　初始模型的仿真结果

由图 1.10 可知，随着时间的推移，政策法规逐渐建立健全，待开放的数据集、整合开放的数据集、融合利用的数据集和生成的新数据集数量均逐渐增加。在系统的发展过程中，虽然待开放数据集在 2022 年有一个小幅度下滑，但整体上与整合开放的数据集类似，呈现缓慢增加的态势，如图 1.10（a）与（b）所示，融合利用的数据集数量的增长趋势与之相似，但融合利用的数据集每年增长的数量为待开放的数据集和整合开放的数据集数量的数十倍。这表明政府开放数据生态系统得到了良好的发展，从而促进了新生成的数据集数量的逐年增长。

1.3.3　不同情境下的系统仿真模拟

考察用户数量占比、App 数量、再生率、公共支出、政策法规数量和数据容量对政府开放数据发展的影响。通过改变参数取值，本书设定了三种情境进行仿真模拟：用户参与度提升、政府投入增加、用户参与度提升和政府投入增加。三种情境下的策略取值如表 1.5 所示。

表 1.5　在不同策略下模型仿真运行结果

初始	策略 1	策略 2	策略 3
用户数量占比=0.2	用户数量占比=0.6	用户数量占比=0.2	用户数量占比=0.6
App 数量=0.35	App 数量=0.6	App 数量=0.35	App 数量=0.6
再生率=融合利用水平×0.000 8	再生率=融合利用水平×0.008	再生率=融合利用水平×0.000 8	再生率=融合利用水平×0.008
公共支出=0.3	公共支出=0.3	公共支出=0.6	公共支出=0.6
政策法规数量=0.3	政策法规数量=0.3	政策法规数量=0.6	政策法规数量=0.6
数据容量=整合开放的数据集×50	数据容量=整合开放的数据集×50	数据容量=整合开放的数据集×100	数据容量=整合开放的数据集×100

将策略 1 的参数输入模型，运行模型后的仿真结果如图 1.11 所示。若用户数

量占比、App 数量、再生率显著上升，而公共支出、政策法规数量和数据容量不变，10 年之后各种数据集相较于初始策略的仿真模拟结果，数量增加了数倍。

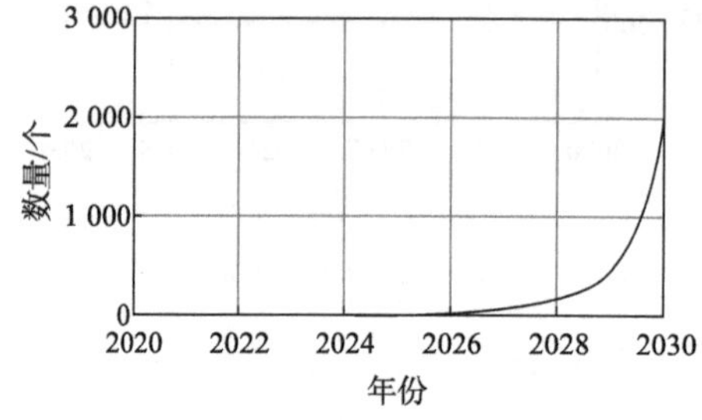

（a）待开放的数据集

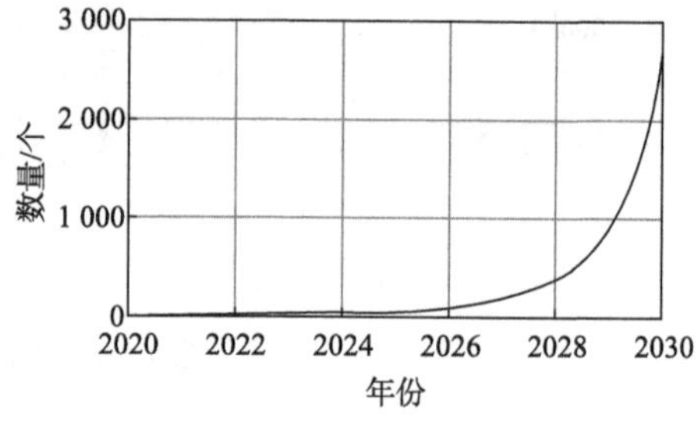

（b）整合开放的数据集

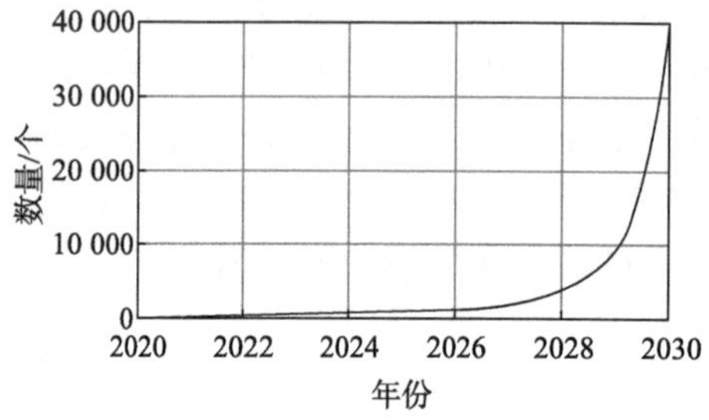

（c）融合利用的数据集

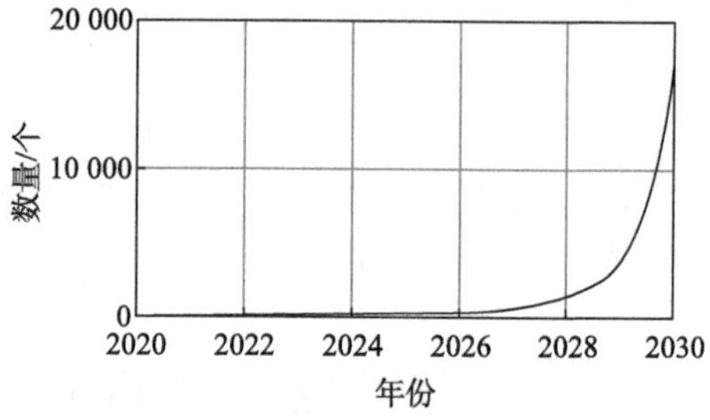

（d）生成的新数据集

图 1.11 策略 1 的仿真结果

将策略 2 的参数输入模型，运行模型后的仿真结果如图 1.12 所示。若用户数量占比、App 数量、再生率不变，而公共支出、政策法规数量和数据容量上升时，10 年之后各种数据集相较于初始策略的仿真模拟结果，数量增长较少，增长变化不显著。

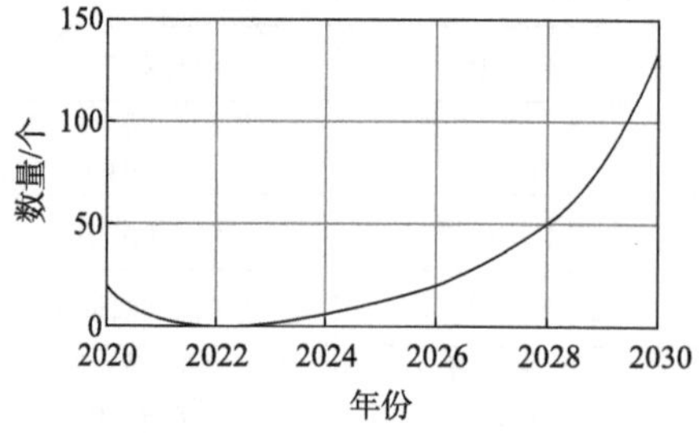

（a）待开放的数据集

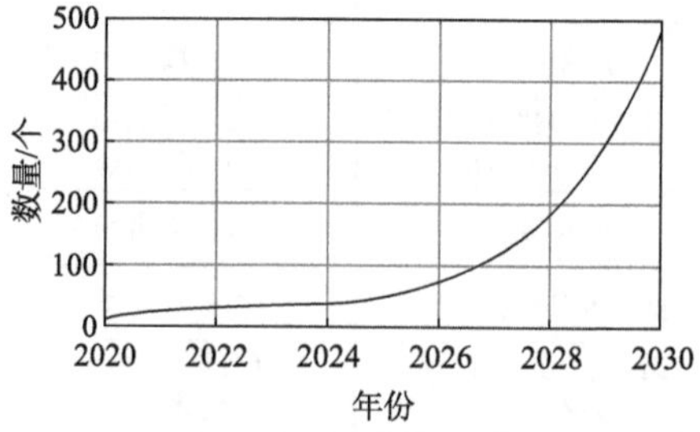

（b）整合开放的数据集

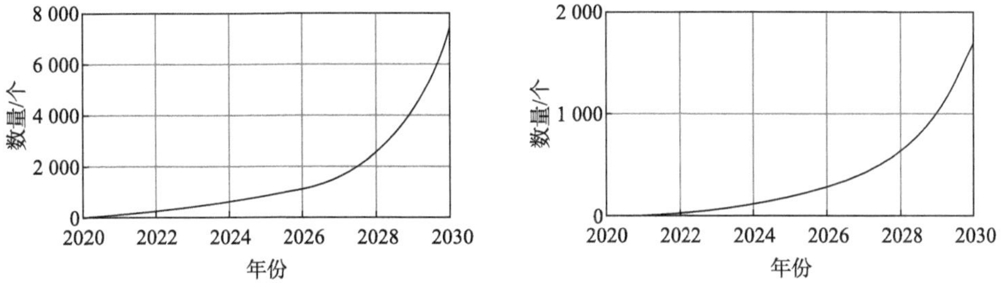

（c）融合利用的数据集　　（d）生成的新数据集

图 1.12　策略 2 的仿真结果

将策略 3 的参数输入模型，运行模型后的仿真结果如图 1.13 所示。当用户数量占比、App 数量、再生率、公共支出和数据容量均显著上升时，10 年之后各种数据集相较于初始策略、策略 1 和策略 2 的仿真结果，数量均显著增长。

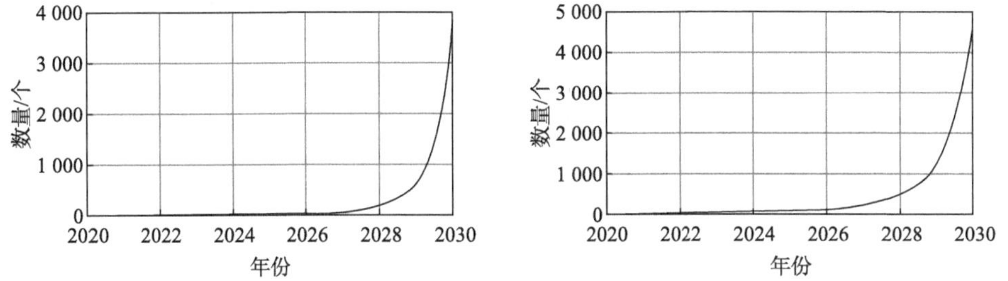

（a）待开放的数据集　　（b）整合开放的数据集

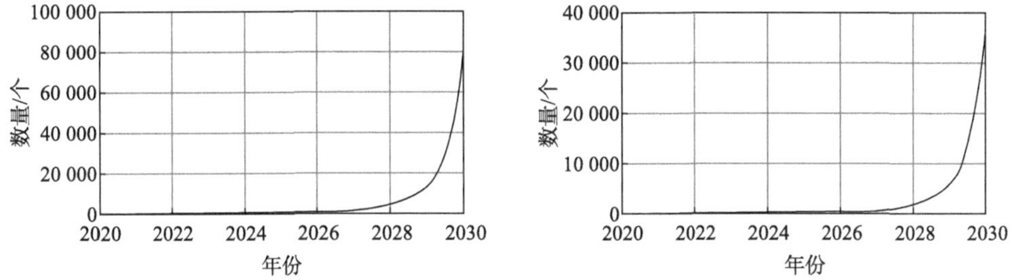

（c）融合利用的数据集　　（d）生成的新数据集

图 1.13　策略 3 的仿真结果

通过上述仿真模拟结果可看出，当政府投入不变、用户参与度提升时，各阶段的数据集数量均显著增长；当用户参与度不变、政府投入显著增加时，各阶段的数据集数量增长不显著；当用户参与度和政府投入均显著增加时，各阶段的数据集数量显著增长，并高于其他策略数倍。

1.3.4 仿真结果分析

通过对仿真数据进行分析发现：①当公众采取积极策略广泛使用政府开放数据时，用户数量占比、App 数量和数据再生率均有所提高，使得待开放数据集、整合开放的数据集、融合利用数据集和生成的新数据集的演化轨迹均发生了变化，相较于初始策略的演化结果均高出数倍；②当公众并没有积极使用政府开放数据，用户数量占比、App 数量和数据再生率未发生变化，而政府增加公共支出、积极立法并增加数据的开放容量时，待开放数据集、整合开放的数据集、融合利用数据集和生成的新数据集的演化轨迹也发生了变化，但相较于初始策略和策略 1 的演化结果变化不大，只有小幅增长；③当公众和政府均采取积极态度，公众积极使用开放数据、开发 App ，政府增加公共支出、完善政策法规并扩大开放数据的容量，各种数据集的演化轨迹将发生巨大的改变，从长远来看，数据集的数量有了长足的增长，有望形成可持续发展的政府开放数据生态系统。

从仿真结果可以看出，政府开放数据生命周期的各个阶段均离不开政府和公众的积极参与。要成功发展开放数据产业，政府部门扮演着重要的角色。除了为政府开放数据运动增加投入外，政府还应该发展自身能力，并像对待其他行业一样制定完善的法规和政策来支持其增长。

第 2 章　政府开放数据整合开放

政府开放数据的整合开放是政府开放数据融合利用的基础，也是政府开放数据全生命周期的重要一环。建立更为科学有效的开放数据处理流程，需研究梳理政府开放数据整合开放全流程，设计更符合大数据、人工智能、云计算、物联网等未来趋势的整合开放流程，从而实现更为高质、高效的政府开放数据整合开放。目前，如何解决政府开放数据缺乏统一政府数据整合开放流程指导的问题，实现有效整合开放、释放数据价值，仍是政府数据开放亟待解决的重大难题。

2.1　政府开放数据整合开放流程

2.1.1　政府开放数据整合流程构建

1. 政府开放数据整合规范

政府开放数据整合受到观念、技术、管理等多因素影响，目前各政府部门政府开放数据的元数据标准不一，导致出现数据重复采集、计算口径不一、多源异构、质量参差不齐、难以有效整合等问题，难以实现系统间的互联互通、信息共享，亟须建立标准统一的政府开放数据整合规范。近年来，我国加快发布各项政策法规对政府开放数据开放标准进行统一规范，以对各级政府开放数据发布主体提供参考与指导。中央与各地方政府部门颁布多条政府开放数据政策条例，制定了开放数据的名称、内容、类型、更新频率、开放属性等较为细致的规定，但缺乏统筹兼顾的政府数据开放共享标准体系，公众不仅难以有效利用，政府开放数据也难以成为市场有效流动、交换共享的要素①。

① 黄如花. 我国政府数据开放共享标准体系构建[J]. 图书与情报，2020，（3）：17-19.

2. 政府开放数据整合规范流程

政府开放数据政策重点关注数据资源的共建共享问题，以期为后续数据开放提供高质量和高整合度的数据储备[①]。为对政府开放数据进行完整的统筹与设计，需梳理政府开放数据整合流程，明确政府开放数据整合、数据发布、数据利用、数据评估等开放步骤与路径，如图 2.1 所示。

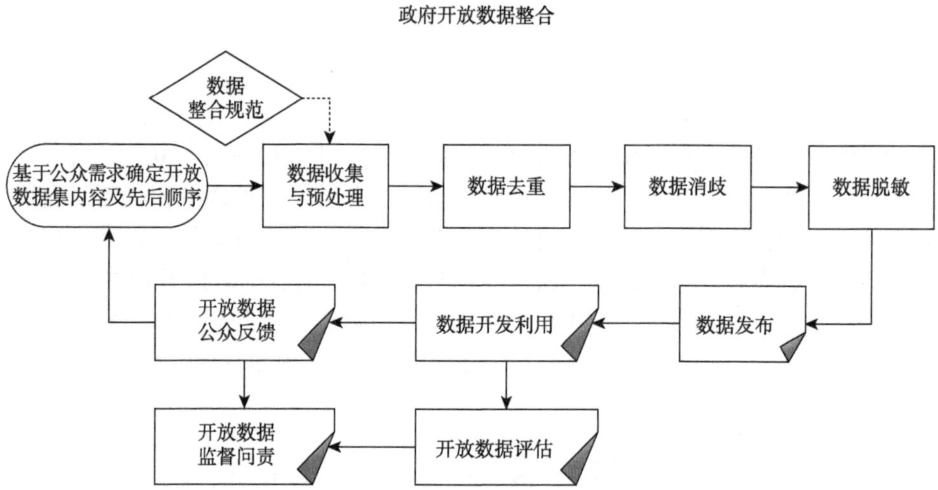

图 2.1 政府开放数据整合流程

政府开放数据全部流程需要多方主体参与，政府开放数据整合这一重要环节由政府部门主导。政府部门需确定开放数据集、API、App 服务等开放数据内容，基于统一标准的数据整合规范进行数据收集与预处理，通过数据去重减少冗余数据和拼接碎片化数据，并链接存在于多个系统中的同一实体以实现数据消歧，对敏感数据进行变形处理以避免泄露企业或用户隐私信息，对政府开放数据整合全流程进行控制，提升政府开放数据质量，提高政府工作透明度，促进法治政府建设。

2.1.2 数据收集与预处理

1. 数据收集

在解决政府开放数据采集整合规范的问题后，收集什么类型、范围的政府开

① 周文泓. 我国地方政府开放数据政策构建的进展与优化策略研究[J]. 图书馆学研究，2018，（15）：39-45.

放数据，以及如何高效采集相关数据成为政府开放数据整合开放极为重要的第一步。对于政府、企业、公众等各类数据来源的政府开放数据，应当确定政府开放数据的内容、范围，依据真实、准确、有用等政府开放数据原则，制定政府开放数据收集流程，通过数据确权界定数据提供责任主体，促进政府开放数据的高效收集。

政府开放数据来源较广，既有各级各部门政府行使行政职能时产生的政府内部数据，也有来自市场、社交媒体、物联网等的政府外部数据，需要将各类来源数据统一整合到各级、各部门政府数据库进行数据汇集处理。政府开放数据的目的是提供给公众、企业利用，促进数据价值释放，因此政府开放数据的内容与范围需依据社会需求进行更为全面、深入的开放，针对公众更为关注的民生类政府开放数据需扩大公开范围，保障公众的知情权、参与权、表达权、监督权，同时可以加强政府开放数据资源的宣传工作，促进公众参与，实现更为广泛的公众监督与开发利用。同时，需考虑采集数据面临的公众隐私问题，对于企业、公众等来源的数据收集需要确保信息安全，在之后环节需要进行脱敏等处理，在确保公众隐私安全的前提下保证数据的真实、全面。

确定收集什么类型、范围的政府开放数据后，政府数据开放收集政府部门应设计相应的数据采集策略，开展政府开放数据的具体采集工作。政府数据开放收集应遵循真实、准确、有用原则，在具体采集过程中需要设计科学合理的数据采集策略，针对不同类型数据特点制定相应的数据收集流程，不可捏造、篡改数据。政府部门需要对数据主体进行确权，建立政府部门数据提供问责机制，确保数据提供得真实、准确与及时，规范数据采集的流程，提升数据采集效率。同时，应统一政府开放数据发布口径，确保开放数据的信息规范性、准确性和数据一致性，实现各级地方政府部门的开放数据库之间的信息互通互联。

2. 数据预处理

政府公开数据来自横向政府部门和纵向各级政府，如何有效控制数据的全面性、准确性、及时性、可读性和可理解性，提高数据质量，是亟待解决的重大难题。政府开放数据不完整、不准确、不一致、不规范、机器不可读等数据质量问题，需在数据预处理阶段提前干预，清洗未被加工过的原始数据，以便后续进行整合、融合和分析等相关工作。政府开放数据主题涉及安全、环境、机构团体、信用、文化、经济等多个领域，现有数据清洗工具在使用时需要结合特定领域知识进行数据清洗，数据清洗框架可扩展性较低，因此大部分政府开放数据需依靠人工完成，耗费大量人力与时间，且效果较差，影响公众的开发与利用。

在政府开放数据整合过程中，现有政府部门过于强调开放数据共享的汇聚存储，忽略数据融合的清洗加工功能，需要针对政府待整合数据进行数据预处理，以提升整合开放政府开放数据质量。开放数据收集后需将多种来源、不同格式的数据存储成统一编码、统一格式，通过机器对80%~90%的数据（完整数据）进行初步清洗，保留较为完整的数据，剩下 10%~20%机器难以判别的数据（问题数据）需要人工+算法方式进行干预，完成数据预处理工作①。通过对数据预处理阶段需解决的较多类型数据质量问题进行分类（表 2.1），依据不同类型政府开放数据质量问题设计针对性数据预处理方案，以期提升数据处理效率与质量。政府开放数据预处理有助于后续开放数据开发利用，有助于提高开放数据质量，增加开放数据使用价值与数据挖掘效率。现有政府开放数据预处理一般针对具体对象，因而难以归纳统一的方法和步骤，需要结合开放数据特点提供相应的数据处理方法。

表 2.1 政府开放数据质量问题分类

序号	政府开放数据质量问题分类	资料来源
1	数据对用户必须是可信的，包括精准性、完整性、一致性、有效性、唯一性等指标；数据必须对用户是可用的，包括时间性、稳定性等指标	王日芬等②
2	单值、多值、元组、列和整个关系表	Almeida 等③
3	可访问性、准确性、完整性、时效性和一致性	Laranjeiro 等④
4	“对数据质量维度的共同理解”、“支持用户的质量感知”及“加强数据质量与使用之间的联结”	Sadiq 和 Indulska⑤
5	数据源问题、人为问题、专家可以解决的问题和开发者可以解决的问题	翟军等⑥
6	糟糕的模式设计，冗余、互相矛盾或者不一致的数据，拼写错误和命名冲突等	

2.1.3 数据去重

政府开放数据具有多源性，即同一个数据的不同来源会给这个数据赋予不同的值，同一个数据有不同的名称或者相同的名称代表不同的对象。因此政府开放数据在经过预处理后，需要进行去重操作。

① 侯鑫鑫，朱文佳，朱莉，等. 多源异构学术成果大数据的整合与揭示[J]. 情报理论与实践，2021，（4）：1-11.

② 王日芬，章成志，张蓓蓓，等. 数据清洗研究综述[J]. 现代图书情报技术，2007，（12）：50-56.

③ Almeida W D，Sousa R D，Deus F D，et al. Taxonomy of data quality problems in multidimensional data warehouse models[C]//Information Systems and Technologies（CISTI），2013 8th Iberian Conference on. IEEE，2013.

④ Laranjeiro N，Soydemir S N，Bernardino J. A survey on data quality：classifying poor data[C]//The 21st IEEE Pacific Rim International Symposium on Dependable Computing（PRDC 2015）. IEEE，2015.

⑤ Sadiq S，Indulska M. Open data：quality over quantity[J]. International Journal of Information Management，2017，37（3）：150-154.

⑥ 翟军，李晓彤，苗珍珍，等. 我国开放政府数据“脏数据”问题研究及应对——地方政府数据平台数据质量调查与分析[J]. 图书馆，2019，（1）：42-51.

1. 数据去重工作流程

数据去重（也被称为重复数据删除、实体匹配）技术是一种泛指在所有的数据集中检索到重复的数据后将其进行删除，并且只能保存唯一的数据单位的一种技术。数据去重技术可以有效地减少数据存储管理系统过程中的一些冗余数据，其存储利用率和存储性能都会得到显著的提高，其工作流程如图 2.2 所示。首先，将数据分成若干部分，选择特定的哈希函数对分割后的数据对象进行加密，得到唯一表示数据对象的哈希值，称为“数据块指纹”。相同的数据块可能存在于不同的数据中。其次，通过检索指纹流中的重复数据块指纹，删除重复数据对象，只存储唯一的数据对象。数据和数据块的映射信息存储在元数据中，便于数据恢复。

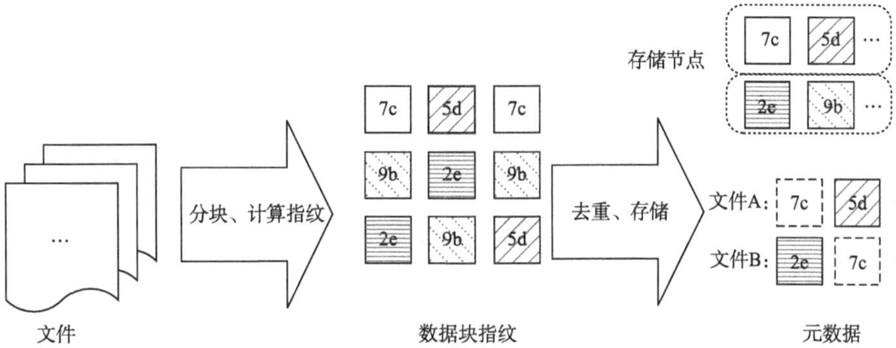

图 2.2　数据去重工作流程

2. 数据去重的类型

现有数据去重技术可按删除时机、删除时操作的位置、删除的不同粒度及重复数据删除的索引方式进行划分。

根据不同的分类原则可以对数据去重技术进行分类。按照删除时机，可以分成 In-line 去重和 On-line 去重；根据删除时操作的位置不同，又可以将其分成源端去重和目标端去重；根据删除的不同粒度，我们可以将其再细分为文件级去重、块级文件去重和字节/比特级去重。

文件级去重只能让文件保持不重复，重复数据消除效果较差，因为对于两个重复的文件，只要其中一个稍微改变一下，计算出的“文件指纹”就会完全不同，但文件级去重操作简单，系统开销小。块级文件去重是将文件分为大小相近的数据块进行比较，以便找到更多的重复数据。块级文件去重比文件级去重表现更好。字节/比特级去重是一种基于字节/比特级的重复数据消除方法，它只保存非重复部分。字节/比特级去重可以达到最佳的重复数据消除效果，但其系统开销也是最大的。

另外，根据重复数据删除的索引方法不同，可以分为两类：一类是精确重复数据删除，即对系统中的每个指纹进行全局检索，以牺牲系统开销为代价，找出整个系统中所有的重复数据。该方法的缺陷是受指纹数据量的影响，大量的指纹数据需要多次访问磁盘，磁盘的性能瓶颈成为系统的限制。另一类是近似精确重复数据删除，它利用数据的相似性或局部性来减少检索空间，节省系统开销。该方法的缺点是不能删除所有的冗余数据，因此需要同时平衡重复数据消除成本和重复数据消除率。

3. 典型的数据去重方法

数据去重技术有两个关键指标：一是重复数据消除率，即冗余数据与原始数据的比率；二是重复数据消除成本。目前，对重复数据消除技术的研究主要集中在提高重复数据消除率和系统性能上，如数据分块、磁盘瓶颈及 I/O（input、output，输入/输出）性能优化技术等。

在重复数据消除过程中，重复数据消除率主要取决于重复数据消除的粒度和数据本身的特性。通常，数据被分割得越细，重复数据消除率就越高，但重复数据消除带来的系统开销也会更大。目前主要有三种基于数据动态分块的算法：全文件分块算法、静态分块算法和基于内容分块的算法，其中基于内容分块的算法可以获得最佳的删除率。除了上述算法外，为了进一步提高重复数据消除率，许多研究者在变化数据捕获（change data capture，CDC）算法的基础上进行了优化。

（1）新的增量算法 DRabin 和改进的 TTTD（two thresholds two divisors，两阈值二除法）算法——TDOB（two divisors with optional backup，带可选备份的两个分区）算法。在CDC算法中，采用滑动窗口Drabin算法计算文件分块的位置。Drabin 算法是原 Rabin 算法的改进。Drabin 算法首先解决了基本数据类型溢出问题，其次取消了计算中的模运算，代之以加法和运算，从而减少了CDC算法的计算开销。TTTD 算法使用两个阈值和两个分配器来进一步分割较大的数据块。TDOB 算法在 TTTD 算法的基础上，解决了边界偏移和边界隐藏问题，使数据分割更加精确，提高了算法的重复数据消除率①。

（2）非对称极值分块（asymmetric extremum，AE）算法。AE 算法克服了 CDC 算法存在的分块大小方差大、计算量大、吞吐量低等问题。AE 算法的主要思想是在处理边界过渡问题时，非对称局部区域的极值不易被新的极值所代替。与现有的分块算法相比，AE 算法计算量小，分块长度差小，能够检测出更多的

① 俞善海. 基于 Hadoop 的重复数据删除技术研究[D]. 华东理工大学硕士学位论文，2015.

低熵字符。

（3）RAM（rapid asymmetric maximum，非对称快速极大值）。CDC 算法需要使用哈希算法来计算文件分区的切点，这样在重复数据消除过程中会浪费大量计算开销。RAM 算法以 AE 算法为基础，用字节值代替哈希值来声明割点，对 AE 算法进行了优化。RAM 算法的切入点是固定窗口和可变窗口，以此来寻找最大字节值。相比于现有的 CDC 算法，RAM 算法具有更高的吞吐量和每秒节省更多字节数的优点。

（4）分布式重复数据删除系统。它是一个近似精确、可扩展的分布式重复数据消除系统，可以以极低的 RAM 开销实现高吞吐量的重复数据消除，其主要思想是通过将相关性强的小文件切割成片段，然后将这些相似的片段重新聚合，以此来发现更多的相似性。同时，将连续的数据段划分为同一组，以保持数据的局部性。分布式重复数据删除系统采用基于位置的无状态路由，将数据块并行分布到多个数据节点上，可以保持高的重复数据消除吞吐量和整个系统的负载均衡。

（5）聚类分析抽取模型算法。该模型算法可能是一种新的用于解决非函数结构化类型数据库的聚类和函数去重的解决方法。它主要利用非具体结构化模型数据之间的具体数据类比映射空间关系，将数据映射关系生成的具体数据比较序列范围扩大以达到具有数据相似度的数据比较序列范围。再对分析获得的初始数据分析对象因子数据进行二次编码后生成初始数据种群，以便于提高不同数据分析对象之间的数据个体分析相似性和个体分析质量。在数据去重以后，对得到的数据个体再次进行多维聚类分析，实现细粒度局部分析和扰动，以加快数据种群的多维分析速度。

综上所述，我们可以通过充分运用数据之间丰富多彩的关联关系，从以下三个方面来提升数据去重的精确性与效率。首先，利用这种图像所具备的能够有效地表示各类数据对象之间存在拓扑关系的技术能力，把共享集成的结构化数据集直接构建成为各类数据对象的关系图，再基于该图迭代进行实体匹配；对于对象之间的相似度，我们可以通过综合各种属性相似度、结构相近度、语义路径相近度等因素进行计算；针对复杂数据记录匹配，可以根据各种数据之间的相互关联关系，来构建一个有向依赖图，按照所依靠的关系来确定被匹配的顺序，降低被匹配的次数。其次，可以通过融合采用哈希算法和位计算大大提高相位匹配的计算准确性与计算效率。针对时序数据，采用哈希算法将这些数据记录进行快速的排序分块，不但具有较高的发布效率和排序精度，而且不必进行全局数据排序。可优先选择识别度高的属性，对该属性进行哈希算法处理，提高在该分块中所有候选匹配的数量。至于块可匹配估计方法，可以通过融合哈希算法和位计算的方法，提高该块中所有候选匹配的计算精度、准确性和改善计算效果。最后，可以考虑通过分布式架构来改善实体匹配的效果。在充分利用分布式并行数据处理平台的基础上，尽量降低通信的代价，可以考虑采用多个属性的哈希算法来实现更精确的分块；均衡地划分各个节点上的处理任务，降低总匹配时间，可以考虑通过构建一个分层的分块模型和优化组合方法来均衡不同的处理节点上的匹配任务。

2.1.4 数据消歧

政府开放数据中的同一实体通常并不仅仅在一个系统中出现，而是存在于多个系统中，且互相链接与关联。因此政府开放数据在经过数据去重后，要利用实体链接技术，把存在于多个系统中的同一实体链接起来，实现数据消歧。

1. 实体链接工作流程

实体数据链接信息技术通过基于网络属性的数据模型和基于信息关系的数据模型，可以发现同一网络实体在不同网络系统信息中的不同描述或者记录，从而形成更全面的复杂实体链接信息，包括复杂实体信息链接、实体信息消歧和复杂实体数据之间的各种实体信息关联。实体关系链接与信息关联通过使用建立在知识库中指定知识项与被指定消歧信息实体之间的信息对应实体关系链接来有效实现信息消歧。实体候选链接生成任务的一个关键技术流程包括两个主要步骤：实体候选集链接生成和候选集的实体链接消歧。

候选集合的生成集合是指用户根据候选实体类和指称类来检索一个知识库，得到所有的同名候选实体，以便于生成候选集和实体类的集合。目前基于候选集检索生成的基本方法主要分为以下两类：基于特定信息类型检索的生成方法、基于信息查询类的表述及上下文的生成方法。一些研究通过计算 Wikipedia 等公共知识库中的实体表示和共现来解决候选集的生成问题。但此方法存在一些明显的缺陷，由于其不分领域，也不设上限，此方法会使得候选集中包含大量的噪声。

命名实体链接指称中的候选命名算法实体链接消歧就是通过算法计算命名实体链接指称与候选命名实体之间的相似度，根据其相似度进行排序来选择可能的候选实体①。

目前学界有不少关于实体消歧的研究，学者们也已经提出了许多不同的消歧解决办法，根据实践总结这些解决方法大致上可分为以下几类：基于有自动监督的各种消歧分析方法、无自动监督的各种消歧分析方法、半自动监督的各种消歧

① 李天然，刘明童，张玉洁，等. 基于深度学习的实体链接方法研究综述[J]. 北京大学学报（自然科学版），2021，（1）：91-98.

分析方法及基于云和深度机器学习的各种消歧分析方法。需要根据不同的对象选取适用的实体消歧技术。

2. 消歧方法类型

1）有监督学习

有监督学习（supervised learning）是指使用一个标记好的，已经被分类的模型样本对一个机器学习进行一次训练，通过不断调整这些参数可以得到最优化的模型，利用训练后的模型对输入的未分类数据进行分类和标记，并将所有输入映射到相应的输出。由于训练集可以事先进行调整，分类结果表现一般都比较好。然而，该模型需要确保训练集的代表性和完整性，需要对消歧模型进行多次学习和不断更新，以提高分类效果。因此，模型训练的时间一般较长。

2）无监督学习

无监督学习（unsupervised learning）的学习方法与其他监督训练学习模型相比，不再需要任何训练学习过程。它主要根据数据的属性特征计算两个文档之间的相似度，通过聚类算法得到最终的消歧结果。它适用于数据量大而无标签数据的情况。经典的聚类算法包括层次聚类、划分聚类和谱聚类。

3）半监督的消歧方法

在许多实际问题中，由于数据的标注是手工实现的，费时费力，而半监督的消歧方法通常可以同时通过使用数据标记和其他无数据标记的大量样本作为数据集来进行分析学习，仅仅需要极少的数据标记。该学习模型是一种介于有监督和无监督学习之间的方法，通过在学习训练进行阶段将少量的使用标记记录数据与大量的其他未使用标记记录数据相互地结合，使得模型更加准确且成本低①。

4）基于深度学习的消歧方法

深度机器学习方法是深度学习中的一种。深度神经学习方法的基础概念最初起源于人工神经网络的基础研究，多层次和隐层神经感知器结构是一种新的深度神经学习网络结构。深度机器学习方法将数据底层属性特征数据结合起来可以形成更抽象的数据属性。建立一个能够模拟分析人脑如何进行数据分析和机器学习的深度神经网络（deep neural network，DNN），是我们研究如何深度机器学习的重要动机，它用于模拟人脑的处理机制来对各种数据处理进行精确解释，如处理图像、声音和数字文本。深度机器学习方法为数据消歧任务提供了强大的工具，由于神经网络具有强大的特征提取和泛化能力，基于深度学习的消歧方法已逐渐成为研究数据消歧的主流方法。

综上所述，有监督消歧方法虽然较为准确，但在实际系统中，数据的稀疏性

① 池翔. 面向科研人员的多源异构信息消歧系统的研究与实现[D]. 北京邮电大学硕士学位论文，2018.

和训练数据集的构建却是更加重要且待解决的问题。许多用于分类的特征属性往往缺失，影响了分类模型的预期效果，导致消歧精度较低。对于海量数据，建立足够数量的训练数据集也是非常困难的。无监督消歧方法与有监督消歧方法相反，其有着广泛的适用性，无须提前进行训练，但其缺点是需要指定聚类的数目。然而，在实际的消歧问题中，聚类结果和聚类数目通常是很难被提前预知的。半监督学习方法一般在收集有监督和无监督两种方法的数据基础上，可以提出自己的方法改进，数据的分析训练主要采用了基于时间距离的半自动监督数据聚合分类学习方法和基于时间约束的半监督数据聚合分类学习方法。基于相似距离的半指导监督用户聚型分类学习方法可以采用自身所适应的相似度和距离聚类度量来训练它们分析监督聚类数据；基于指导约束的半指导监督用户聚型分类学习方法将指导无效的监督聚类学习与指导用户聚类反馈或具有引导性的约束学习相结合来训练指导用户聚类。但是，被消化词的覆盖面可能会受到一定的影响。在深度学习方法中使用的连续向量比手工定义的离散特征具有更好的表达能力，能够更好地利用待链接文本中的语义信息。在避免特征工程的前提下，深度学习方法的效果优于传统方法。

3. 典型的数据消歧方法

1）基于双词主题模型的半监督实体消歧方法

考虑到实体在一定的语义环境中具有不同的主题，同一文档中同时出现的其他实体在一定程度上有助于实体的消歧以确定引用内容，该方法采用命名实体的思想构造两个词，将协作实体关系集成到主题模型中，提出了一种基于 BTM（bitem topic model，词对主题模型）的半监督实体消歧模型。通过选择词对中的第一个词作为共现协同实体，有效地减少了 LDA（latent Dirichlet allocation，潜在狄利克雷分布）主题模型中的主题偏移现象，提高了命名实体消歧的准确性。这种方法也有一定的局限性，在处理不同大小的自有文本时，其性能不如 LDA 模型。

2）基于领域知识和词向量的词义消歧方法

该方法是一种基于词向量模型和关键词领域信息的词义消歧方法，该消歧模型可以通过使用领域未标记文本来训练。该方法利用深度学习得到词向量，但比其他基于深度学习的 WSD（word sense disambiguation，词义消歧）方法简单，在环境和金融领域取得了较好的效果。然而，对于文本中一些一般的词语进行消歧，目前仍然无法达到很高的消歧精度①。

① 杨安，李素建，李芸. 基于领域知识和词向量的词义消歧方法[J]. 北京大学学报（自然科学版），2017，53（2）：204-210.

3）半监督卷积神经网络的词义消歧方法

该方法是一种半监督学习卷积神经网络（convolutional neural network，CNN）中文词义消歧方法，其基本原理是提取歧义词左右四个词汇单位的词形、词性和语义类作为消歧特征，并利用词向量工具对消歧特征进行向量化，同时引入半监督学习思想，利用聚类方法从未标记语料中选取高置信度语料，扩展训练语料，优化CNN消歧模型，从而有效利用无标签语料中的语言知识。实验结果表明，半监督卷积神经网络的词义消歧方法的消歧性能优于监督 DBN 和 CNN①。

4）基于知识型的 WSD 算法模型

该算法模型将整个文档作为单词的上下文，而非像大多数 WSD 算法模型那样使用当前语句作为上下文，其主要思想是利用主题模型的形式设计一个 WSD 算法模型，该算法模型基于逻辑规范主题模型，包含同义词的先验语义信息。该算法模型与上下文中的字数呈线性关系，使得系统能够以与上下文中的字数呈线性关系的方式进行扩展。因此，系统可以将整个文档作为一个词的上下文进行消歧。该方法优于目前最先进的基于知识的无监督 WSD 算法模型②。

综上所述，为了大大提高网络实体之间链接和数据关联的处理效率，可以从以下四个主要方面对其进行具体改进。首先，结合当前政府信息领域、跨行业系统性的语料库结构变化与移动社交网络媒体短信和文本的应用特点，将每个用户行为特征抽象为关联时间、地点和具体主题的三维关联模型。通过对海量用户活动行为匹配各种多维度特征数据进行深度学习和分析训练，对海量用户行为的三维维度特征数据进行收集聚类，改进海量用户活动行为分类模式；为了有效提高海量用户行为匹配的数据准确性，建立基于海量用户行为数据聚集分类三维特征的相似度度量分析模型。其次，可以考虑采用一种深度学习方法，深入研究基于跨系统结构信噪化和非系统结构化噪声数据之间的参数实体信息关联应用技术，提高数据实体之间关联技术模型的鲁棒性和数据可持续扩展性，来克服复杂声音文本、噪声音频数据和半导体结构化噪声数据的复杂问题。再次，采用结合开放式的数据域基础知识、深度机器学习方法和基于结构化网络数据库的相似性模型判别分析技术，对同一网络实体的所有数据进行二次聚类，保证高内聚性和低模糊性。最后，可以根据各平台系统的实体数据质量情况来帮助解决一些跨平台系统间的实体数据链接和系统关联应用过程中可能存在的数据冲突等问题③。

---

① 张春祥，唐利波，高雪瑶. 半监督卷积神经网络的词义消歧[J]. 西南交通大学学报，2021，（1）：1-7.

② Chaplot D S，Salakhutdinov R. 2018. Knowledge-based word sense disambiguation using topic models[C]//Proceeding of AAAI Conference on Artificial Intelligence（AAAI'18）：5062-5069.

③ 金澈清，陈晋川，刘威，等. 政府治理大数据的共享、集成与融合[J]. 大数据，2020，6（2）：27-40.

2.1.5 数据脱敏

由于面向政府部门开放的大数据平台涵盖的信息内容广泛、范围较大，并且必须具有一定的敏感性和涉密性，因此，当政府开放数据在经过实时预处理、去重及实时消歧等操作后，需要依据相关国家法律法规和实际应用情况，对政府开放数据中可能存在的相关敏感信息和其他相关涉密信息全部进行实时脱敏和安全解密或者分离①。

数据特征脱敏，顾名思义，就是对用户敏感数据特征进行技术变形，即在充分保留信息管理系统敏感数据本身原有信息特征基础的同时，改变其部分信息特征的价值，以有效避免未经用户授权的任何人非法获取企业或用户个人相关隐私信息，其主要目的之一是保护用户隐私信息数据和其他个人信息的安全。脱敏目标确认、脱敏策略制定及数据脱敏实现是数据脱敏处理的主要过程。

1. 数据脱敏技术模式

数据脱敏从技术上来说可以细分为两种：静态数据脱敏和动态数据脱敏。两者之间的主要技术区别在于当使用这些敏感数据时，是否正在对其进行数据脱敏。

1）静态数据脱敏

静态数据脱敏一般应用于数据外发场景，如需要将生产数据导出发送给开发人员、测试人员、分析人员等，其敏感数据脱敏后再使用，不能存储脱敏后数据，一般用于解决排查问题或数据分析等。由图 2.3 可以看出，内部工作人员可以查看原始信息，而非内部人员只能获取库中处理后的数据集。

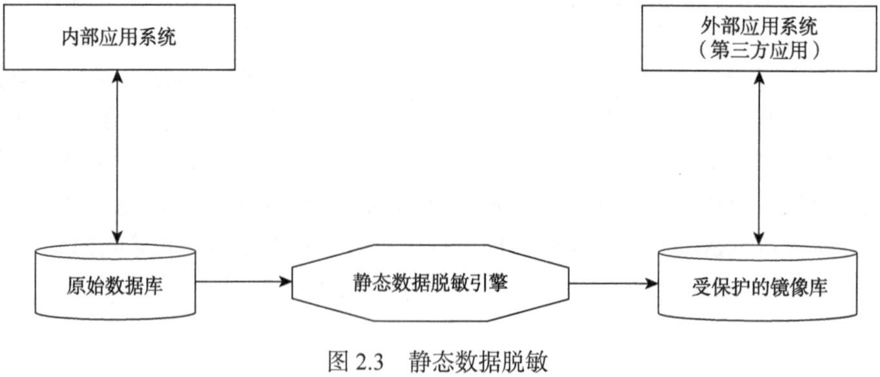

图 2.3 静态数据脱敏

① 张佳鑫，金明. 政府数据共享安全保障机制研究[J]. 现代商贸工业，2019，40（36）：110-111.

2）动态数据脱敏

动态数据脱敏在直接连接生产数据的场景中得到了广泛的应用。例如，运维人员在运维的工作中直接连接生产数据库进行运维，客服人员通过应用直接调取生产中的个人信息等。同时动态数据脱敏也被用于解决根据不同条件读取同一敏感数据时，出现的脱敏程度不同的问题。如图 2.4 所示，非内部人员可以直接获取引擎后的信息；不需要存储数据库，减少内存压力；目的性强，不需要对整个数据集进行处理，只对被访问的数据进行处理，减少运算时间。动态数据脱敏对算法要求非常严格，有时达不到静态数据脱敏的脱敏效果。

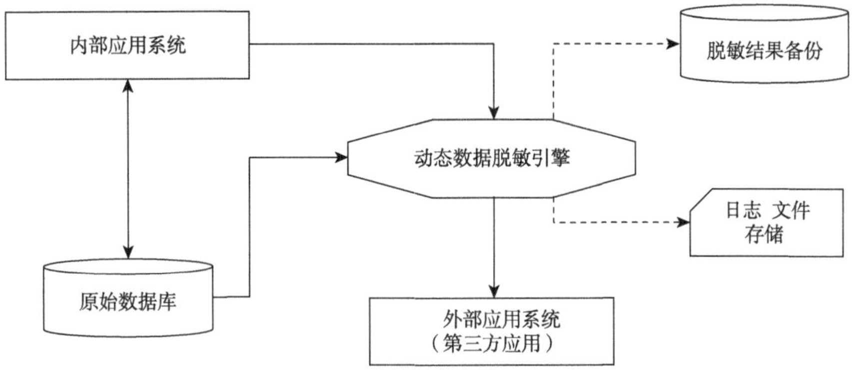

图 2.4　动态数据脱敏

2. 数据脱敏技术及分类

数据脱敏技术是指对敏感数据按规定进行处理，包括加密、变形或替换。原始数据的特征不变，但某些数据的值发生了变化，从而可以安全地访问和使用数据。数据脱敏技术包括加密技术、转换技术和访问控制技术。每个用户都可以根据自己的情况选择合适的脱敏技术，完善保护机制。

脱敏规则分为两种：可恢复与不可恢复。显然，可以看出原始数据是可以按照一定的规则恢复的，最典型的是加解密技术。相反，无法恢复原始数据集的规则是不可恢复规则。

目前的脱敏技术主要有三种：基于数据失真/扰乱的技术、基于数据加密的技术和基于数据限制发布的技术[①]。

1）基于数据失真/扰乱的技术

这种技术可以在发布数据前，通过干扰个人的初始数据，防止他人了解个人的真实情况，有助于保护个人隐私。但是，在使用这项技术的过程中，其他人必

① 周水庚，李丰，陶宇飞，等. 面向数据库应用的隐私保护研究综述[J]. 计算机学报，2009，32（5）：847-861.

须能够通过经过干扰处理后的数据了解数据背后的本质特征，从而使这些干扰数据能够为相关人员提供一定的参考价值。一般来说，很多开发人员都希望在发布失真的数据前，能够确保自己的原始数据已得到干扰，从而让数据得到有效的保护。在干扰过程中，该技术的操作具有一定的随机性，可以干扰多种数据。

2）基于数据加密的技术

这项安全技术将有助于有效保护人们在移动互联网信息平台上在线聊天时的个人隐私，使其不被他人轻易窃取。目前，很多年轻人都会选择利用网络信息平台与他人进行信息交流。在这个过程中，如何有效保证自己的通信安全，让自己的个人隐私不被泄露，已经逐渐成为当前的相关技术人员们必须认真思考的一个问题，而基于数据加密的隐私保护技术研究就是基于用户的实际使用需求进而开展的技术研究。在分布式的环境下，数据可以被基于数据加密的技术通过分布式的数据挖掘、安全查询、几何计算等方面来进行存储，但无法让别人理解原始数据，因此在我们发布个人数据的工作过程中，可以通过一种完全匿名的方式对其他人进行身份保护。

3）基于数据限制发布的技术

这种技术是指有选择地发布隐私权人的信息，或者选择不发布一些过于准确的信息，从而保护隐私权人的权益。基于数据限制发布的技术在一定程度上又被称为数据匿名化。这种匿名方式可以在一定程度上保护隐私权人的权益，使发布的数据得到有效利用，对相关研究者具有一定的参考价值。因此，相关人员在使用数据和个人隐私时需要遵循数据匿名化的原则，使个人隐私不被泄露，保护个人的合法权益。

3. 典型的数据脱敏方法

1）基于机器学习数据脱敏系统

对在线存量数据进行扫描分析可以通过在系统内置机器学习引擎，使用自然语义识别结合机器学习技术进行处理，然后建立学习样本，以实现敏感数据标签的动态学习过程，解决过去使用人工梳理分类烦冗效率低下的问题。同时，用向量匹配规则代替传统脱敏算法中所使用的正则表达式，对在线数据进行扫描分析，显示其中敏感数据的分布及分类。监控当前在线访问数据流量，实时跟踪发现其中的敏感数据，从整体上提高敏感数据的发现效率和准确性。另外，采用统一密钥管理中心对脱敏使用的脱敏算法密钥进行统一管理，实现了脱敏模块与统一密钥管理中心的无缝连接，解决了传统脱敏算法中脱敏密钥管理的问题①。

---

① 蒙杨. 基于机器学习的数据脱敏系统研究与设计[J]. 电子技术与软件工程，2019，（23）：178-179.

2）面向异构大数据环境的数据脱敏模型

为了更好地对当前异构大数据中的敏感信息进行精准定向、高效的脱敏，佟玲玲等提出了一种在异构大数据环境下的数据脱敏模型，该数据脱敏方法基本框架主要包括四个模块：源数据预处理模块、敏感数据标注模块、数据脱敏模块、数据输出及恢复模块①。在异构大数据环境下的数据脱敏模型集成了针对数据库、文本、图片和音频四种类型数据的多种脱敏算法，对于数据库脱敏，运用 AES（advanced encryption standard，高级加密标准）对称加密算法对数据源进行脱敏；对于文本脱敏，设计 8 种算法，分别是 K-匿名、L-多样、T-保密、差分隐私、对称加密、非对称加密、保形加密和全同态加密；对于图片数据，有针对人脸数据设计替换和高斯模糊方法两种脱敏方式；对于音频数据，设计用空白音替换敏感音频。

综上所述，针对实时性强的政府开放数据，不能用配置任务的方式进行静态脱敏，而要采用动态脱敏的方式。针对 JSON 格式的敏感数据，需要通过提供密钥识别的方式来帮助用户快速地定位这些敏感数据。由于目前我国并没有制定统一的数据脱敏处理标准，在进行数据脱敏处理前，还需要针对政府开放数据的特点制定专门的标准。数据脱敏处理需要有一个明确的衡量标准，要把握好数据脱敏的“度”，如果对某一用户数据进行过多的脱敏，可能会造成用户数据价值的巨大损失；如果数据脱敏度过低，很有可能直接导致用户个人隐私安全出现问题。

2.2　基于数据中台的整合流程

2.2.1　政府开放数据中台架构

我国的政府数据开放工作取得了一定成效，但在实践过程中也面临一些问题。从现实层面上看，政府各部门的数据标准不一，难以形成规范统一的政府数据标准体系。政府各系统之间相互独立，难以实现互联互通和高效的信息共享，各系统的数据也难以实现有效整合；政府数据的这种分散管理模式引发了数据重复采集、一数多源、质量参差不齐等问题。从发展层面上看，强调数据上云的集中管理架构，弱化了边云协同的数据处理架构；强调数据共享的汇聚存储功能，忽略了数据融合的清洗加工功能；有利于静态数据的可用可查可找，不利于动态数据的实时抽取分析；适用于扁平化的数据共享使用，有悖于层次化的数据运营

① 佟玲玲，李鹏宵，段东圣，等. 面向异构大数据环境的数据脱敏模型[J]. 北京航空航天大学学报，2022，48（2）：249-257.

管理。数据中台对海量数据进行采集、存储、开发、资产化管理和增值服务，打破数据烟囱，联通数据孤岛，实现数据资产化，并产生持续的服务能力。基于此，将数据中台的理念引入政府开放数据整合过程。

政府开放数据的中台架构主要包含五个层次：整合层、存储层、开发层、资产管理层和服务层，如图 2.5 所示。整合层主要对政府部门的业务、系统和数据进行整合，统一汇聚到中台；存储层以分层分类的多级云数据共享结构实现整合数据的存储，采用多种可用不可见技术方案，保障数据的安全可信，实现数据不触及条件下的有效使用；开发层对数据进行加工治理，实现数据资产化；资产管理层介于开发层和服务层之间，处于承上启下的重要地位；服务层实现数据的开放共享和对政府业务的支持。

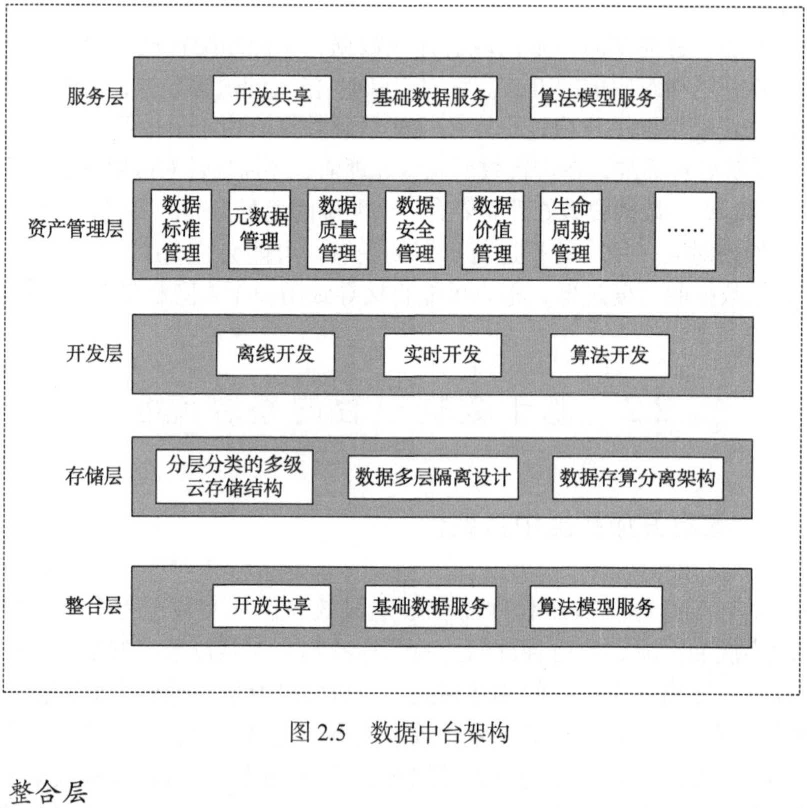

图 2.5 数据中台架构

1. 整合层

整合层打通政府内部各业务系统，规范业务流程，从物理层和数据层消除数据孤岛，主要通过整合和交换来实现。在数据汇聚过程中，需注意数据隐私和安全。存在于虚拟世界之中的数据极易被盗用和滥用，降低了数据融合共享体系中各主体参与共享并融合数据的主观意愿。要提高各主体参与数据融合共享的主观积极性，就必须保障不同主体在不同阶段中对数据的不同权益。数据中台汇集政府各职能部门的历史业务数据和当前业务数据，企事业单位所掌握的相关数据，市场主体、社会公众等在众多生产、生活、消费场景所产生的线上线下数据及互联网数据和舆情相关数据，并针对全域数据资源汇聚情况及数据质量评估结果，对各渠道数据采集力度、方式等进行动态优化①。

2. *存储层*

将数据汇聚整合后，首先面临的是存储问题。数据存储方式选择时，需考虑数据规模以及数据的生产和应用方式。政府数据种类繁多、容量巨大，常规的单层集中式云存储架构不利于数据的分层分类和权限管控。采用元数据描述模型、数据湖技术、分布式存储、主数据识别抽取等，构建元数据、主数据和全数据的分层分类存储架构。首先，该架构采用基于本体的语义模型，定义了数据统一描述标准；其次，按照国家级、省级、地市级的层次结构，规定了不同类型数据的交换共享原则，实现元数据的双向交换和主数据单向传递；最后，形成了国、省、地市、元、主等多层次多类型的，物理可分离、权限可管控的多级云数据共享结构，如图 2.6 所示。

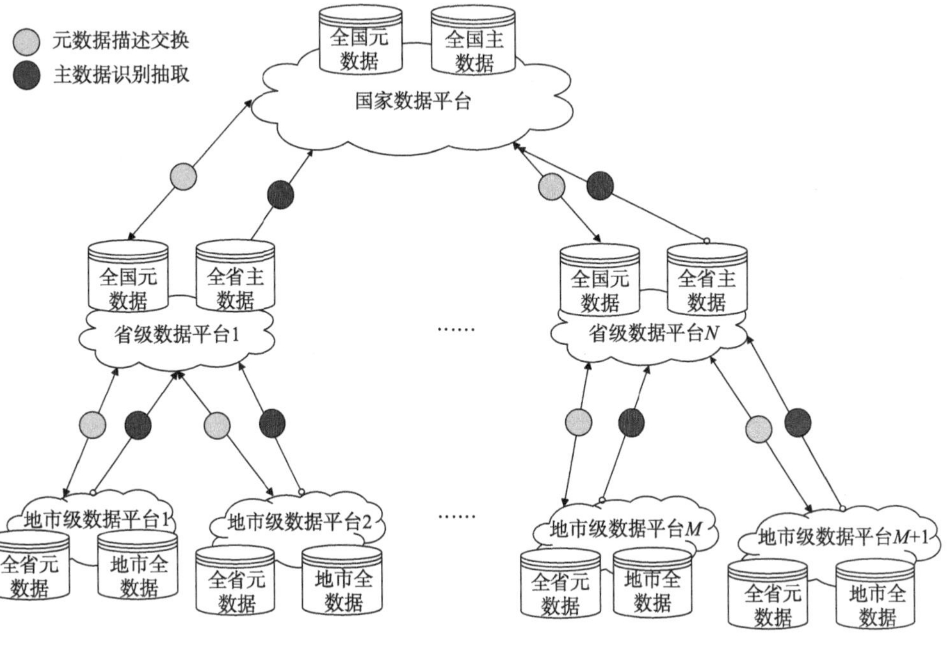

图 2.6 分层分类的多级云数据共享结构图

① 明承瀚，徐晓林，王少波. 政务数据中台：城市政务服务生态新动能[J]. 中国行政管理，2020，（12）：33-39，89.

采用多种可用不可见技术方案，保障数据的安全可信，实现数据不触及条件下的有效使用。具体而言，包括以下几个方面。

基于可信执行环境的数据多层隔离设计。多级云结构的政府数据中台要向社会提供服务，就必然需要与外部业务前端设备相连，形成一个多级边云互联网络。一方面，中台汇聚海量数据为数据的集中管理提供了方便；另一方面，也造成了数据更容易被监听、盗取和篡改。本章基于多层可信执行环境技术，从硬件设施建设上将国家、省、地方的多级云数据共享划分为多个数据安全隔离区域，确保敏感数据在被隔离、可信的环境中存储、处理和保护。图 2.7 描述了基于可信执行环境的数据多层隔离。该设计将多级云数据融合共享架构划分成了三个隔离带，每个隔离带中的所有设备使用从上向下兼容的可信软硬件技术，使得各级云保管的数据仅在云所处的隔离带中才能进行解密计算，数据在离开隔离带之前又会被自动加密。在该设计下，尽管业务前端与多级云结构的政府数据中台之间存在连接通道，但是数据只能在中台提供的可信执行环境中操作。可信执行环境可以通过可信软硬件技术事先规定数据能够被执行的操作，从而避免数据被篡改和破坏。

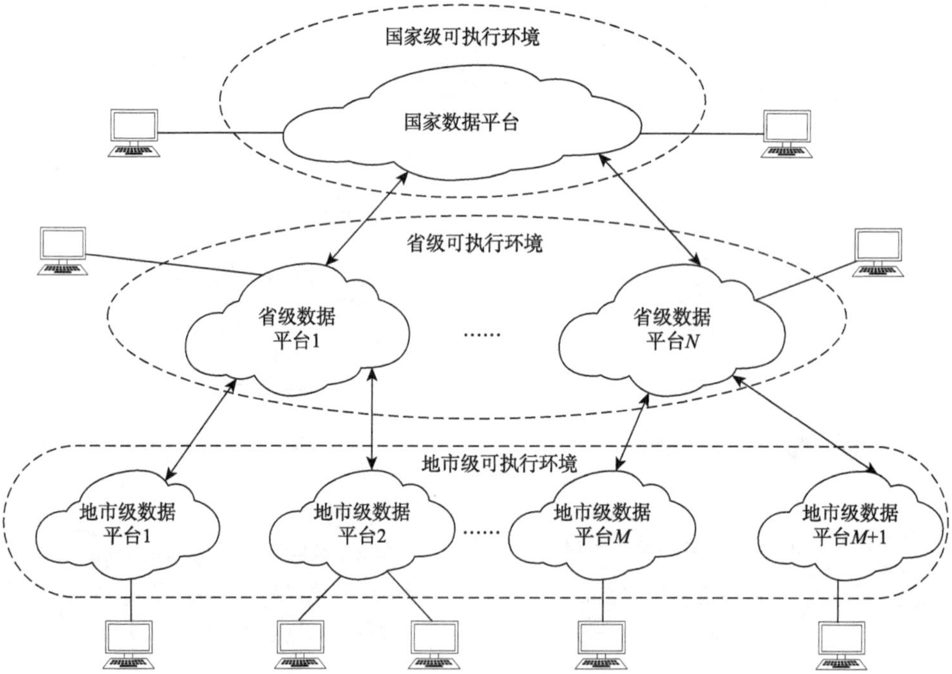

图 2.7　基于可信执行环境的数据多层隔离示意图

基于安全多方计算的数据存算分离架构。多级云结构的政府数据中台为数据融合共享提供了平台，非敏感数据可以直接汇聚到数据中台内部进行存储和使用。然而，一些拥有敏感数据的业务部门会害怕隐私泄露，选择将数据保存在本地业务系统中，这导致了一些需要敏感数据来进行协同计算的任务无法展开。本书设计一种基于安全多方计算的数据存算分离架构，在保证多个参与方隐私安全的情景下，实现数据协同计算。图 2.8 描述了基于安全多方计算的数据存算分离机制。在架构下，业务节点本地保存着各自的隐私数据。首先，当需要进行协同计算时，业务节点 1 将计算请求发送给数据中台；其次，中台分析需求找到保存所需数据的业务节点 2 和 3，并向它们发送协同计算请求；再次，各参与计算的节点在本地数据库中执行数据计算，且将本地计算结果发送回数据中台中的计算枢纽节点；最后，计算枢纽节点完成计算结果汇聚，并把最终结果返回给业务节点 1。

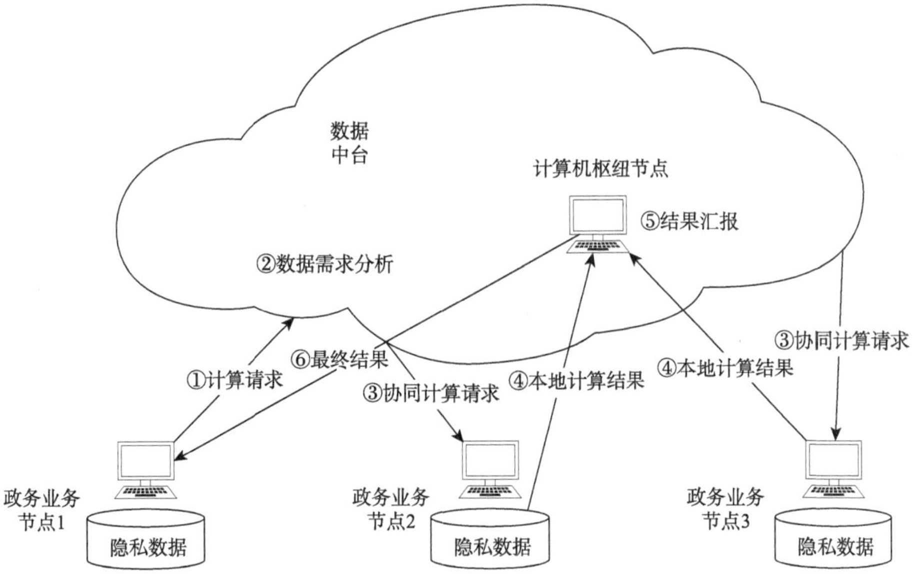

图 2.8　基于安全多方计算的数据存算分离机制

3. 开发层

数据开发是对整合后的原始数据进行清洗、标准化、融合的过程，是数据价值生产过程中的关键环节。数据开发是根据数据业务的需求，利用大数据开发平台和相应的开发技术，将业务需求构建为数据模型，并通过开发任务支撑数据模型，最终达到满足业务需求的过程。

在数据开发阶段，常见的大数据开发工具会提供 6 种对象：任务、脚本、资源、函数、流程、工作流。任务：任务是数据开发的主要对象，包含不同的任务类型，如 SQL、Shell、Python 等，任务配置包括周期属性、依赖关系、任务参数等，是数据开发过程中的主体部分。脚本：脚本是数据开发的辅助对象，一般用于临时性分析，不包含周期属性和依赖关系。资源：数据开发中使用的资源，如 IP 映射库、引用的第三方 JAR 包。函数：自定义函数、系统函数的分类介绍和使用说明。流程：任务和任务之间的依赖关系。工作流：多个任务之间形成的关系图，用来解决某一个子业务和模块的全开发过程。

基于多源感知的数据融合机制优化。现实情景下，同一个数据指标可能会由不同的部门、按照不同的口径、使用不同的方式进行收集，从而形成“一数多源”的情况。传统的数据融合共享方案采用的是“多源数据采集→数据清洗比对→数据质量评估→有效数据提取→数据融合应用”的数据融合处理流程。这种流程会导致不考虑业务差异性的数据质量评估和选择。基于数据对齐、数据清洗、特征选择、机器学习等方式，实现数据多源对比和动态最优感知，做到“一业多数多源”的非耦合式数据融合，即针对具体业务确定最优的数据指标组合，进而选择获取最优数据源，如图 2.9 所示。尽管业务 1 和业务 2 都需要使用数据 *A* 与 *B*，然而在基于多源感知的动态数据融合机制下，数据中台将以业务指标为优化目标，选择不同的数据源，为业务 1 和业务 2 提供最优的数据 *A* 与 *B*。

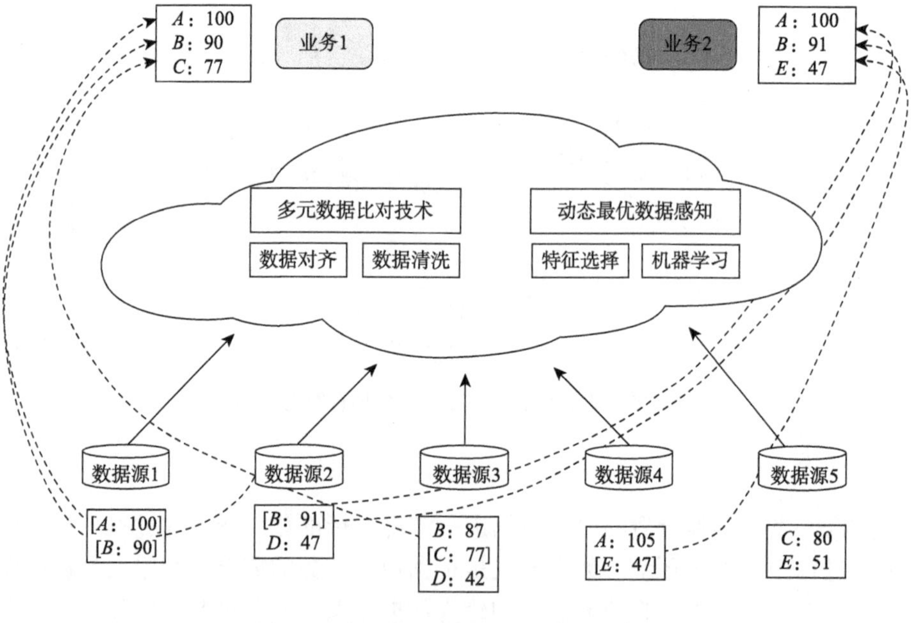

图 2.9　基于多源感知的动态数据融合机制
括号表示该数据被业务 1 或者 2 使用

4. 资产管理层

通过对数据资产管理实现对数据服务的支撑，以可视化的形式对下层数据资源进行合理管控，同时贯通从业务到数据再到业务的流程。数据资产管理的意义有两个方面：①能够保障数据资产的质量，提升数据资产的可信度；②组织良好的数据资产，既能为各类角色的用户提供数据资产的直观视图，方便用户浏览和应用，又能进行数据资产服务能力的输出，持续赋能业务场景。

在数据中台建设过程中，整合到中台的数据量越来越大，对各个业务部门和技术部门的支持力度也逐步增加，对庞大的数据进行标准化就显得十分重要。数据标准是数据资产管理的基础，涵盖层级命名标准、主题域命名标准、表命名标准、脚本、工作流命名标准、字段标准、数据标准、代码表标准、代码标准等各个方面。在进行标准制定时，可以综合考虑多种数据标准来源，如其他国家标准、行业标准及专家在相关的实践过程中总结归纳的标准，在此基础上结合政府内部数据的实际情况。在关键数据指标的梳理过程中，可采用文献资料分析、专业访谈、业务调研等方式，在后期的应用过程中可根据具体情况对标准进行修改和调整。

元数据的管理包含元数据的增删改查、变更管理、对比分析、统计分析等[①]。对元数据进行增删改查等操作，必须经过严格的审核流程才可执行，以免因随意修改造成标准不一的混乱状况。元数据变更管理主要是实现对元数据的变更情况的查询和比对。元数据对比分析主要是发现相似元数据之间的细微差异，比对的对象是相似的元数据。元数据统计分析用于分析各类元数据的数量情况[②]。

主数据管理描述的是一系列技术、规则和应用，用以管理和维护政府核心业务的系统记录数据，以保障主数据的完整性、一致性和精确性。依据前期建立的主数据标准规范，对主数据进行梳理和集成。依托政府开发数据中台，辅助相关政府部门将已有的主数据内容重新进行数据编码、数据转换、数据清洗等，形成标准的主数据库[③]。主数据与政府各部门的业务系统之间往往需要频繁的数据共享，因此主数据管理需要提供便捷高效的共享服务接口，保障能够实现数据的快速响应。由于主数据的特殊性，需要频繁地进行更新维护以保障其时效性，要建立科学高效的主数据维护流程，对政府内部主数据管理的相关流程进行梳理，明确各流程相应的责任主体，逐步实现数据维护的智能化落实。

---

① 北京亿信华辰软件责任有限公司. 元数据管理平台技术白皮书[EB/OL]. https://wenku.baidu.com/view/520bfdecae1ffc4ffe4733687e21af45b307feea.html，2018-04.

② 付登坡，江敏，任寅姿，等. 数据中台：让数据用起来[M]. 北京：机械工业出版社，2020.

③ 企业数字化. 主数据管理[EB/OL]. https://www.toutiao.com/i6880707767150215692/. 2020-10-08.

数据质量管理。数据质量管理是对数据从获取、存储、开发、维护、应用到消亡生命周期的每个阶段里可能出现的数据质量问题进行识别和预警等而进行的相关管理活动①。评价指标主要包括准确性、完整性、一致性、有效性、唯一性、及时性、稳定性、连续性、合理性等。数据质量管理是数据资产应用价值提升的关键，因此应逐步建立科学合理的数据质量评价机制，围绕数据质量管理，建立科学合理的考核机制，提升数据资产的应用价值。

《数据资产管理实践白皮书（4.0版）》对数据安全管理做了如下描述：数据安全管理是指对数据设定安全等级，按照相应国家/组织相关法案及监督要求，通过评估数据安全风险、制定数据安全管理制度规范、进行数据安全分级分类，完善数据安全管理相关技术规范，保证数据被合法合规、安全地采集、传输、存储和使用②。在数据正式开放共享时，通过对数据分层分类，与安全平台相结合进行数据的脱敏、加密，以提高数据开放的安全性。

数据价值管理。数据价值管理是从数据成本和数据收益两个维度对数据内在价值的度量。数据成本一般包括数据采集、数据存储和数据计算相关的人工费用、直接费用与间接费用等，以及业务操作和技术操作等的运维费用①。数据成本管理，首先需要确定数据成本核算的指标，并对其进行规范的定义，同时需要监控数据成本产生过程，以明晰如何进行数据成本的优化和对数据成本的有效控制。数据收益主要从数据资产的分类、利用对象、利用频次、利用效果和共享流通等方面进行衡量。与数据成本管理类似，数据收益管理也需要首先确定各个维度下合理的衡量指标，进而优化数据服务应用的方式，以最大限度地发挥数据的应用价值。

生命周期管理。任何数据都有其生命周期，其合理设定需要综合考量各方面的因素。在数据中台的实践过程中，数据往往会被分成两类：不可恢复数据和可恢复数据。一般涉及原始数据的，往往都会被定义为不可恢复数据，此类数据清除后无法找回；而一些中间数据或者结果数据，可以在原始数据和相应的处理流程基础上进行恢复，此类往往被定义为可恢复数据。由于两种数据的特性存在差异，两种类型数据的生命周期管理方式也存在较大不同。不可恢复数据一般的存储方式为永久存储，在实际操作过程中需要根据各方面因素来综合考量。数据的价值发掘受到技术、认知和场景等因素的制约，现下无价值的数据并不能否认其未来可能存在的价值。同时需要从管理成本等方面进行考量，避免对数据的存储造成较大的负担。可恢复数据在原始数据和相应的处理流程基础上即可

---

① 卞咸杰. 档案信息资源共享平台数据处理流程研究[J]. 档案管理，2018，（6）：33-35.

② 中国信息通信研究院云计算与大数据研究所. 数据资产管理实践白皮书（4.0 版）[EB/OL]. https://wenku.baidu. com/view/f197bf4d68dc5022aaea998fcc22bcd127ff423b.html.

进行恢复，因此此类数据生命周期管理往往会根据实际使用情况来进行灵活调整。可以根据数据使用情况，推荐具体的生命周期保留时长，以满足实际的需要。

5. 服务层

服务层主要是按照实际需求对数据中台的数据进行封装和模块化处理，让中台的数据可以支撑政府内部运作和公共服务，加速数据业务化的进程，数据服务产生的反馈数据可以通过数据整合流转回数据中台，并对现有的数据服务进行持续优化，让数据在业务中流动起来。

开放共享。建设统一的政府数据开放管理平台，政府数据开放平台开放了大量的数据集、数据接口和数据应用。一方面数据开放管理平台为其定义领域分类、主题分类、数据类型、数据格式、来源部门、开放类型等多个维度的数据开放目录体系，同时结合相关数据开放标准，形成统一的可公开数据目录，从而实现数据库资源的有序接入①。另一方面也可以对整个数据开放过程进行监督和管理。例如，对数据开放的情况进行实时监测，根据数据开放和利用的情况指导数据整合和开发，使政府数据开放工作更加贴合公众需求。政府数据开放服务平台的构建，可视化的展示目前全国已开放的政府数据开放平台，可从主题、部门、发布时间、标题等字段进行数据检索和数据标注，并提供后期的数据统计分析和可视化图谱及互动交流、咨询反馈等功能。

业务应用。在基础数据资源、大数据服务能力的支撑下，开展基于数据资产的智慧应用建设，为政府各条线、行业领域、社会企业提供数据、算法和算力，将大数据资源与能力充分融入各类智慧应用的建设中，不断创造与实现新价值，全面提升大数据应用水平和数据资源综合效益。按照数据与计算逻辑封装方式的不同，数据服务可分为以下三类：①基础数据服务，面向的对象是物理表数据，主要满足数据用户的数据检索和分析需求，用户可通过主题、部门、发布时间、标题等字段进行数据检索，生成自身需要的数据包。②分析服务，通过各种数据分析的算法，对生成的数据包做任意维度的分析和挖掘，同时支持用户自有数据和查询数据包的融合分析，以满足用户在不同应用场景下的需求。③算法模型服务，面向的对象是算法模型，主要面向的场景包括智能应用、个性化推荐等，主要通过界面配置方式将算法模型部署为在线API，支撑智能应用和业务。

---

① 日照市大数据发展局. 以中台架构搭建高质量政府数据开放平台[EB/OL]. https://mp.weixin.qq.com/s/fvHZB4bsPl4aMQLbiuH5sw，2020-09-21.

2.2.2 整合流程

从业务整合、信息系统整合、数据整合三个层次逐步实现整合层的目标。具体来说，将政府部门的业务系统数据、政府网站数据、政府数据库和政府资源库，以及与政府存在隶属或合作单位的系统数据和互联网数据统一汇聚整合到数据中台。

1. 业务整合

业务整合是实现信息系统整合和数据整合的基础。其目标在于通过数据流视角对政府的业务流程进行优化重组，使政府运作更加精简高效，也为后期的信息系统整合和数据整合奠定基础。业务整合过程中最重要的是要实现现有的行政管理业务与政府内部的办公业务的整合，打通政府网站、政府内部业务系统及相应的政府数据库和资源库①。

2. 信息系统整合

各级行政机关、事业单位、社会组织的信息系统，以及政府投资建设、政府与社会企业联合建设、政府向社会购买服务或需要政府资金运行维护的，用于支撑政府业务应用的各类信息系统，均在整合范围之内②。对系统应用与实际业务流程长期分离、功能可被其他系统代替、所占用资源长期处于闲置状态、使用范围较小及频度较低的信息系统进行清理。按照业务之间的耦合程度、服务对象的类型及网络运行环境等因素，将政府内部大量分布的系统整合形成少数的若干个核心业务信息系统。省、市级政务数据管理部门建设省市政务服务平台和数据共享交换平台，汇聚各核心业务信息系统中面向群众的服务事项，在省市平台形成统一的政务服务“一张网”，实现一次登录，全网通办。同时，建设统一的部门政务服务系统，对内连通各核心业务信息系统，对外实现和省市政务服务平台之间的统一对接，承接所有第三方渠道访问需求。推进垂直条线数据向上集中。“数据向上集中、服务向下延伸”③，大力实施垂直条线系统整合，先实现省级集中建设，提高系统管理层级，再过渡到全国统一建设。

---

① 施聪. 政府网站的业务一体化应用[J]. 信息化建设，2004，（12）：44-45.

② 国务院办公厅关于印发政务信息系统整合共享实施方案的通知[EB/OL]. http://www.gov.cn/zhengce/content/2017-05/18/content_5194971.htm，2017-05-18.

③ 孙柏林. 新时期政务服务系统整合对接模式探析[J]. 计算机时代，2020，（10）：120-124.

3. 数据整合

数据中台具备数据整合与完善的能力，能够接入、转换、写入或缓存政府内外部多种来源的数据，把各种异构网络、异构数据源的数据整合到数据中台中进行存储①，为后续的开发提供数据基础。为实现数据整合、交换等任务配置及对过程的监控管理，中台需提供成熟完善的平台工具，以便捷高效地进行任务配置和管理。从数据组织形式来划分可分为结构化数据、半结构化数据、非结构化数据三类。结构化数据相对较为规则和完整，能够通过二维逻辑来展现，其需要严格遵循相应的数据格式与长度规范，常见的有数据库表、Excel 等二维表。半结构化数据的数据结构同样规则完整并严格遵循相应的数据格式与长度规范，但其无法通过二维关系来展现，常见有 JSON、XML 等格式。非结构化数据的数据结构不规则或不完整，难以用二维逻辑表来呈现，需要经过复杂的处理过程才能对其中的信息内容进行提取和解析，如图片、图像、办公文档和音视频等。

以数据交换完成数据资源整合。有价值的数据分散在政府各部门的异构业务系统以及合作方平台和互联网之中。利用中台的数据交换服务，推动政府内部各业务系统、合作方平台和互联网平台数据的统一交换和共享，实现政府内部异构业务系统、合作方平台和互联网平台的多元数据融合。建立数据标准、技术接口和相应管理办法，在一般数据采集接口基础上，补充个别特定交换与采集接口，运用通用数据比对与清洗规则，解决目前数据源不一致、权威性不足、同一个数据不同时期格式不一致等问题。在数据交换工具方面，Sqoop 是目前较为通用的一种解决方案，可以在结构化数据和 HDFS（hadoop distributed file system，分布式文件系统）之间进行大批量的数据迁移。其整体架构以 Hadoop 为核心，底层使用 MapReduce 实现，MapReduce 的存储特性保障了并行化和高容错率，任务运行在 Hadoop 的分布式集群上，分散了服务器资源的使用。HDFS 的主要优势是，在特定场景下，数据交换过程会有很大的性能提升，且其为开发者隐藏了系统层的细节，使其可以致力于事件本身的计算问题的算法设计；主要缺点是，整个处理过程的定制化程度较高，在用户的一些自定义操作和数据同步链路监控方面的能力比较薄弱。此外，任务运行高度依赖于 MapReduce，因此在功能扩展性方面受到了一定的约束和限制。Flume 是一个高可靠的、高可用的分布式的数据采集、聚合和传输系统，其常用于海量的日志采集过程中，收集数据时支持定制各类的数据发送方，通过自定义拦截器对数据进行简单的预处理后传输到各种数据接收方如 HDFS、HBase、Kafka。Talend

① 大数据. “让数据用起来”：解读数据中台必备的 4 个核心能力[EB/OL]. https://blog.csdn.net/zw0Pi8G5C1x/article/details/103813516，2019-12-16.

Open Studio 是最早的针对数据集成工具 ETL（extract、transform、load，数据提取、传输、载入）开源软件供应商，其开源软件提供了数据整合功能，目前其应用非常广泛①。

2.3 基于个性化需求推荐的整合模型构建

我国政府数据开放运动仍处于发展阶段，由于各类用户实际需求和治理模式尚不清晰，政府开放的数据创造社会价值和经济价值还很有限。为了提高政府开放数据的利用率，将数据转化成价值，有必要精准地识别用户需求，为我国政府开放数据平台的建设以及数据管理提供有益的参考。

2.3.1 数据需求识别背景

随着科技和网络技术的快速发展，大数据技术为了适应时代的发展和进步应运而生，使得数据已然成为推动我国社会生活与经济发展的基础和重要资源。随着各地区、各领域对政府开放数据的意识不断增强，开放的程度也逐渐得到提高，不断在政治、经济、资源环境、教育医疗等领域进行拓展，引发了社会公众对数据开放的强烈需求，政府开放数据也成为各国建设数字政府的重要战略。

近年来，政府和学界对政府开放数据的认知不断加深，越来越意识到用户以及其差异化需求的重要性，学术界对于用户分类、信息需求水平、信息需求因素等主题进行了大量有益的探索②，但仍然存在公众满意度不高、用户需求识别能力弱、信息需求分类不准确等问题，主要体现在对公众数据需求识别过程中的观念缺位、技术制约、制度障碍及类型单一等层面③：①观念缺位方面，政府原有的自上而下的需求挖掘方式很难真正识别用户的真正需求，更别说对需求进行精准的分类，往往建立在政府自身的认知而不是实际情况上，这种单向输出的方式忽略了公众反馈，大大降低了政府开放数据的利用率，使其中真正的价值难以被开发出来。②技术制约方面，现有人才与技术无法建立全国标准统一、功能齐全、服务接口人性化等功能的政府数据开放平台，帮助政府数据开放共享。目

---

① 大数据框架 Hadoop 学习. 全球 100 款大数据工具汇总[EB/OL]. https://blog.csdn.net/qq_38460284/article/details/90348236?utm_medium，2019-05-19.

② 周毅，王杰. 公共信息服务需求机制的构成及其有效实现研究[J]. 电子政务，2018，（10）：2-12.

③ 王玉龙，王佃利. 需求识别、数据治理与精准供给——基本公共服务供给侧改革之道[J]. 学术论坛，2018，41（2）：147-154.

前，主要依靠一些官方网站的社会发展统计数据，抑或社会调查数据等进行分析，给决策者提供决策。如果获取到非实时性的数据，极有可能会导致决策的滞后性，在对公众的数据需求进行分类的过程中造成一定的认知偏差。③制度障碍方面，目前存在的一些制度限制了对公众数据需求的收集和反馈，无法拓宽社会公众需求表达和反馈渠道。④类型单一方面，鉴于传统的政府开放数据需求识别方式，在对数据需求进行分类过程往往只关注单一需求类型，忽略了对数据所表现出的其他数据分类的需求[①]。

如何在现有数据的基础上，通过需求表达、需求识别，将公众的需求和数据的供给行为关联起来，满足公众需求、提高数据资源的利用率、促进社会经济发展，是政府开放数据的核心目的，也是实现数据价值的重要途径。因此，本节将针对政府开放数据需求识别问题建立有效的需求识别模型，为政府开放数据需求提供参考和借鉴。

2.3.2　基于文本挖掘的用户需求识别模型构建

张勇进和杨道玲认为，用户在网站上的关注点以及关注的具体内容是网站精准识别用户需求的重要参数[②]。例如，可以根据用户在政府网站上的点击行为绘制热度图有效挖掘用户的需求[③]。点击行为一般包含浏览、下载、订阅、喜欢等，这些数据往往可以只管反映用户利用行为真实情况。此外，社会公众、企业、社会组织、政府机构等不同的需求主体，不同时期、不同年龄层及不同职业背景的用户对于数据的需求都是多种多样的且持续变化的，社会公众需求的数据是政府数据开放利用主体研究的基础[④]。本小节以政府开放数据平台的所有用户为主体，不区分具体的用户分类，重点在于研究平台用户的总体需求。

用户需求识别模型的整体研究思路如下：首先，在各个政府开放数据平台在线爬取相关数据信息，对数据集进行预处理；其次，分别提取开放数据的标题、所属行业、标签和描述等，构成文本数据集；再次，针对文本数据集进行预处理，包括删除重复标题、去停用词等操作；最后，运用 TF-IDF（term frequency- inverse document frequency，是一种统计方法）进行词频统计，抽取文档关键词，结合 LDA 主题模型识别公众需求，从而实现对用户需求的有效识别，如图 2.10 所示。

---

① 党秀云，杜男杰. 大数据在公共服务需求识别与精准供给中的应用研究[J]. 中共福建省委党校学报，2019，（5）：62-70.

② 张勇进，杨道玲. 基于用户体验的政府网站优化：精准识别用户需求[J]. 电子政务，2012，（8）：19-27.

③ 王璟璇. 用户需求导向的政府网上服务顶层设计[J]. 中国经贸导刊，2015，（19）：64-65，71.

④ 尚珊，阴晓慧. 基于用户视域的政府数据需求与利用行为研究[J]. 图书馆理论与实践，2017，（9）：48-54.

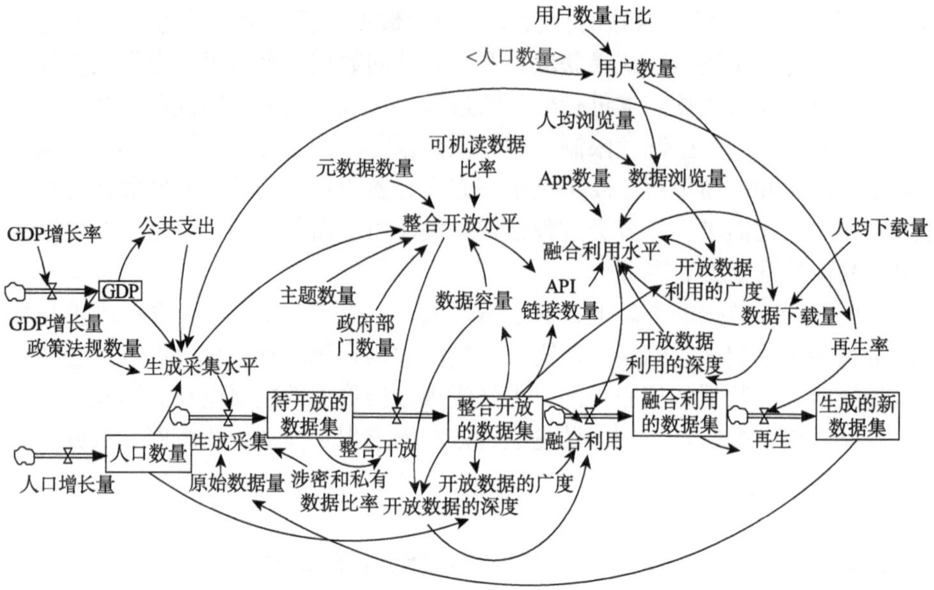

图 2.10　基于文本挖掘的用户需求识别过程

从图 2.10 中可以看出，基于文本挖掘的用户需求识别过程主要包括了三个步骤：文本数据采集、文本数据处理和文本数据可视化。

（1）文本数据采集。利用爬虫工具及人工观察的方式采集政府开放数据信息，包括数据主题、标签、描述、所属行业、关键字、数据容量、主题种类、浏览量、下载量等相关数据。政府开放数据平台的用户访问量和下载量，可以有效反映出平台用户的数据需求，根据用户访问量和下载量提取数据标题、所属行业、标签和描述来构成文本数据集。

（2）文本数据处理。使用 jieba 分词工具对包含数据标题、所属行业、标签和描述等的文本数据集进行去停用词、分词处理，并使用 TF-IDF 对分词后的文档进行处理，统计出高频词。

（3）文本数据可视化。抽取出文档关键词，利用 LDA 主题模型提取出各个文档的主题，进而通过分析和可视化工具对结果进行分析和展示，发掘热门的主题，进而推断出其需求。

2.3.3　基于 KANO 模型的数据需求识别模型构建

在确定了用户需求后，采用 KANO 模型作为发现用户对需求接受程度的评估模型，还可以根据用户需求的分类和灵敏度排序，发现影响平台建设的改进要素和关键要素，为平台优化提供方向选择①。

使用 KANO 模型实现数据需求的研究思路如下：①需求要素的初步确定。根据文献研究法确定政府开放数据平台的用户需求项。②问卷调查。设计调查问卷，发放问卷并收集数据。③数据清洗。剔除无效问卷，对调查问卷进行基本描述性统计，大致了解研究对象的基本情况。④基于用户需求项的 KANO 细分。用户需求初步分析和 Better-Worse 系数的用户需求项分类。⑤用户需求项的筛选。用户需求项中改进要素的筛选、关键要素的筛选。

1. 需求要素确定及说明

用户对于平台的需求，主要是指平台能否对用户期望的功能完备情况、交互便利程度、发布数据的质量（包含广度和深度）等方面做出相应的努力，这些方面对公众的使用满意度有着极大影响。本小节采用文献分析方法梳理出四大项用户需求要素。需求要素如表 2.2 所示。

表 2.2　政府开放数据平台用户需求项

类别	需求项	需求说明
数据数量需求	数据主题	需求主题有经济建设、信用服务、税收金融、旅游、餐饮住宿、交通服务、食品、保健、购物消费、生命安全、宗教信仰、教育、科研、社会保障、劳动就业、服务生活、居住、政府机构和社会组织、环境和资源保护、企业服务及农业农村等
	数据量	开放的数据集总数
数据标准需求	机器可读	数据以机器可读的格式开放，如 CSV、XLS、XML、TXT、JSON
	开放格式	文件格式是否符合开放标准，即以开放的、非专属格式提供，不限制任何人使用，确保其无须某个特定的（特别是付费的）App 才能访问，如 HTML、PDF、XML、RDF、JSON 等
	数据接口	是否以 API 数据方式提供数据
	开放授权	用户能否对各数据资源免费获取、不受歧视使用、自由利用、自由传播和分享
	元数据完整性	描述数据的数据（即元数据），如标题、摘要、所属领域、来源部门、更新频率、数据格式、所属行业、发布时间、开放状态等被描述的情况
数据质量需求	更新频率	数据更新的时间频率，以年为单位或按需要更新的数据为静态更新；以月、周、日为单位或实时更新的数据为动态更新
	数据可用性	数据可以被正确地获取和使用，确保数据可以被及时、准确地访问和利用
	数据完整性	确保数据在生命周期中准确且一致
	数据权威性	是一种以数据准确性、数据一致性等为手段，数据产品、数据白皮书等为媒介，建设的具有数据话语权的权威形象；它包括集中式数据权威、分散式数据权威和结构式数据权威三大类

① 刘迪. 基于用户需求的地方政府数据开放平台优化策略研究[D]. 哈尔滨工业大学硕士学位论文，2019.

续表

类别	需求项	需求说明
平台功能需求	数据检索	设置检索栏并且数据集可以精准定位
	数据下载	
	用户界面	
	数据分类	提供主题分类、部门分类等多样化的分类方式
	数据可视化	
	数据评价反馈	有单个数据集评价反馈途径
	用户互动	
	数据订阅/收藏	订阅或收藏的数据集可以被反复查看

2. 问卷设计

KANO 模型依托于不同类型的质量特性与满意度之间的关系将产品或服务因素划分为表 2.3 中的 6 种类型，其中 *A*、*O*、*M*、*I*、*R* 五个英文字母分别表示魅力需求（魅力因子）、期望需求（一维因子）、必备需求（必备因子）、无差异需求（无差异因子）及反向需求（反向因子），*Q* 表示可疑需求。

表 2.3　KANO 模型功能属性

功能属性	字母代表	具体描述
魅力需求	*A*	也叫吸引因子，政府开放数据平台在这类因子上表现充分，用户满意度会明显上升；不充分或未改进，用户满意度下降明显
期望需求	*O*	该因子与政府开放数据平台用户体验满意度呈比例的关系，其程度越高，用户体验越好，平台在这类因子上超出用户期望越多，用户越满意
必备需求	*M*	是用户对政府开放数据平台的基本要求，如果这些要求得不到满足，用户将会不满意。相反，如果用户得到满意，也不会因此产生更高的满意度。改进这类因子，对满意度的提升没有显著效果，却能有效减轻用户不满
无差异需求	*I*	也叫无关因子，是指政府开放数据平台用户体验中既不好也不坏的方面，它们不会导致用户满意或不满意
反向需求	*R*	也叫逆向因子，是指引起政府开放数据平台用户强烈不满的因子，改进此类因子可以大幅度降低用户的不满
可疑需求	*Q*	用户没有很好理解某问项或误答

基于 KANO 模型的用户需求分类通常以问卷调查形式进行，基本思想是对用户进行正反两个方面提问，以便获得他们对于某个要素提供与否的真实感受。对于问题的答案有“我喜欢这样”、“理应如此”、“我无所谓”、“我能忍受”及“我讨厌这样”五个选项，问卷中的问题可以得到如表 2.4 所示的回答组合。

表 2.4　KANO 模型评价结果分类对照表

政府开放数据平台用户需求		负向问题				
		我喜欢这样	理应如此	我无所谓	我能忍受	我讨厌这样
正向问题	我喜欢这样	*Q*	*A*	*A*	*A*	*O*
	理应如此	*R*	*I*	*I*	*I*	*M*
	我无所谓	*R*	*I*	*I*	*I*	*M*
	我能忍受	*R*	*I*	*I*	*I*	*M*
	我讨厌这样	*R*	*R*	*R*	*R*	*Q*

第 3 章　政府开放数据组织研究

厘清政府开放数据组织内涵、原则与方式，构建科学合理的政府开放数据组织体系，设计自动分类模型，利用词向量、支持向量机（support vector machine，SVM）等算法实现政府开放数据的自动分类，方便用户检索，是保障政府开放数据有效利用的基础。

3.1　政府开放数据组织理论探析

3.1.1　政府开放数据组织的内涵

数据组织这一提法在图情领域使用较少，更多是采用信息组织、知识组织等词。关于数据组织，从检索文献来看，研究主要从2000年左右的数据仓库、管理信息系统中的数据组织，到现在对图书馆书目数据、引文数据、论文等科学数据的组织。关于信息组织的研究较多，从早期信息组织技术①和方式的研究，到网络环境下的信息组织、社交媒体的信息组织、到大数据环境下的信息组织，信息组织的理论不断丰富与完善。Web 3.0 即数据网络时代，资源的组织形式从以文件向以数据为中心转变，数据之间通过语义链接的方式形成了有价值的数据网络。信息组织是信息序列化的过程，即通过一定的方法和工具对信息对象进行描述、标引、生成元数据的过程。信息组织和处理活动可视为按特定描述规则和语言描述、标引资源对象的过程。根据功能和流程的不同，依次可分为资源层、元数据记录层和词表层三层②。除了有序化，也有学者认为信息/数据组织是通过分类、索引、描述和揭示等方式使得数据等资源有序和系统的过程，其目的是将杂

① 张朋柱，汪应洛. DSS 信息组织技术的现状与未来[J]. 系统工程理论与实践，1995，（10）：18-24.
② 贾君枝. 面向数据网络的信息组织演变发展[J]. 中国图书馆学报，2019，45（5）：51-60.

乱无章的数据信息整理成有序的信息资源，保证用户有效利用。根据数据的有序程度，可将其分为三类：高有序度、一般有序度和低有序度。对于高有序度的数据，重点是集成和互联研究；对于低有序度的数据，重点是研究描述和特征揭示。一方面，需要一个统一的描述标准与规范来保证数据描述和组织的一致性；另一方面，需要建立针对领域和特定场景的信息描述标准，使得不同描述标准之间具备相关性。在此基础上，分析大数据环境对信息组织的影响，指出大数据领域依赖特征明显，跨领域的统一描述标准的建立、关联和互操作存在困难①。

综合来看，关于数据定义的本质是一致的，都认为数据是对客观事物/事实的反应。在此基础上，上述关于数据/信息组织的研究存在一些不足，研究对数据的组织直接沿用信息组织的理论和观点，并未将数据特征纳入组织工作中，或仅仅把数据作为事实的反映，将数据作为数据（data）-信息（information）-知识（knowledge）-智慧（wisdom）这一 DIKW 链中的起点，延续链条中的转化思想，即数据转化为信息，再转化为知识。已有研究在一定程度上提出了大数据环境信息组织带来的困难，但缺乏对当前环境下政府开放数据的组织的深入研究。

政府待开放的数据通常具有大数据的 5V 特点，政府开放数据组织中的数据不仅是客观事物的反映，包含传统意义上数据，还包括信息、知识等。基于此，本书认为，在政府活动过程中产生了数据、信息、知识等可开放给公众使用的数据，政府开放数据组织是指，为了方便人们的检索、获取和利用政府开放数据，对这些数据进行描述和分类，使之有序化和系统化的过程。

由此定义可知，政府开放数据组织，其本质是通过数据组织方便各类用户检索与利用。政府开放数据组织包含描述与分类两大块，即包含对数据形式特征的描述、对其主题内容特征的描述及对数据集内容和关系的分类与挖掘，其中，政府开放数据描述是政府开放数据组织的中心内容，包括政府开放数据外部特征描述和内部特征描述等，主要通过元数据标准进行规范。数据分类与挖掘主要揭示数据之间的关联特征，包括内容上的关联和关系上的关联，主要通过对政府开放数据进行分类及关系挖掘实现。现有对于政府开放数据组织的研究并未对数据描述与数据分类进行区分，也未将数据挖掘中涉及对数据进行深度组织（包括内容关联分析和关系挖掘的内容）的内容纳入其中。因此，我们进一步从政府开放数据描述与分类挖掘两个方面来对政府开放数据组织的内涵进行展开。

1. 政府开放数据描述的内涵

从信息描述的角度而言，广义的信息描述包括信息标引，狭义的信息描述是对信息的外部特征的描述，即不包括对信息内容的揭示性标引。本章对于政府开

① 赵一鸣，马费成. 大数据环境对信息组织的影响[J]. 图书情报知识，2017，（1）：4-10.

放数据的描述借鉴信息描述的广义概念，既包含对政府开放数据外部形式特征的描述，也包含对其内部内容特征的揭示性描述，其中，数据集外部特征描述主要依靠元数据标准来实现。元数据作为描述数据的数据，使信息的描述和分类实现格式化，促进数据集的高效利用。目前提供的元数据包括文件大小、文件格式、发布日期及更新频率等。数据集的内部内容描述涉及对数据集内容的多重分解与细粒度描述，主要涵盖标题、描述、数据集字段等。

在政府开放数据情境下，需要结合政府开放数据的特点进行数据描述。政府开放数据应具备以下5个特点：①支持数据格式多样性，如RAW、DOC、CSV、XLS、JSON 等；②数据“机器可读”（machine-readable），即数据能被程序自动处理；③方便用户对目标数据（包括数据集中“微信息”、“微数据”和“知识元”）的获取，即要提供数据检索、访问、下载等服务；④统一门户，并提供“开放数据目录”；⑤价值发现，即通过数据关联发现隐藏价值[①]。

2. 政府开放数据分类挖掘的内涵

政府开放数据分类是指根据政府开放数据的属性或特征，将其按照一定的原则和方法进行区分和归类，通过构建科学的分类标准体系，以便更好地管理和利用政府开放数据的过程[②]。政府开放数据分类有两层不同含义：其一是指构建一个政府开放数据分类体系的过程，是将数据进行聚类的过程，即将数据按照一定的标准进行序化的过程；其二是指通过使用分类概念标识的术语，对对象进行描述，将数据按照逻辑关系纳入既定的分类体系，重现数据的逻辑关系。这里的分类侧重于第二层含义，即在构建的分类标准体系的基础上，将政府开放数据纳入分类体系的过程。

要真正实现对政府开放数据的价值发现，需要以数据的科学分类为基础。除了清晰描述开放数据集本身的信息外，还需明确描述开放数据集与其他开放数据间的相互关系，以便于支持其他数据间的链接和关联价值发现。

从数据的全生命周期视角看，政府开放数据分类是数据组织的重要环节。数据的分类环节既是为了更好地方便数据管理人员管理数据和及时维护平台数据，也是为了便于用户进行查找。数据的分类涉及数据目录分类、数据分级和元数据标准等。从用户的角度来看，数据分类实质是从不同维度划分数据，为用户提供多种数据检索方式，从而为用户查找和使用数据带来便利。数据分类是政府数据开放平台评价的重要指标之一，我国大多数网站主要按领域、主题、机构、行业

① 赵龙文，莫荔媛，陈明艳．面向政府数据开放的资源描述方法[J]．图书情报工作，2017，61（6）：115-121.

② 贵州省质量技术监督局. 贵州省地方标准——政府数据 数据分类分级指南（DB 52/T 1123—2016）.

等其中少数几种方式进行分类。美国的开放数据按主题、标签、数据类型、格式、组织机构和政府机构等 9 个方面对数据进行分类，方便了平台用户查找和利用数据[①]。

从政府网站数据与政府开放数据的关系来看，政府网站数据可分为三大类：网站内容数据、业务数据、用户数据。政府日常业务事务产生的数据称为网站业务数据。当政府通过某种方式开放业务数据时，网站业务数据就转换成了内容数据。此外，通过对用户数据进行脱敏处理然后开放，包括行为和属性数据等，用户数据就转化成了内容数据。因此，政府网站数据是目前我国各级政府进行数据管理和开放的重要基础，政府开放数据是政府网站实现公众服务的重要形式[②]。

3.1.2　政府开放数据组织的原则

为了推动全球开放数据运动，美国阳光基金会（Sunlight Foundation）、G8（八国集团）等国际组织制定了一系列开放政府数据原则，这些原则为开放政府数据实践提出了诸多指导性建议，其中，《开放政府数据 8 项原则》作为主导性的开放数据指南，已经成为许多国家开放数据政策制定的依据。2015 年 10 月通过的《开放数据宪章》成为英国、法国等国家发布政府开放数据的一套原则和最佳实践。同年，由 G20（二十国集团）发布的《G20 反腐败公开数据原则》也是完全参考《开放数据宪章》来制定的。为鼓励政府开放数据，万维网联盟主席 T. Berners-Lee 提出了《开放数据五星部署方案》。该方案以数据格式为衡量标准，将数据格式作为数据开放程度的判定标准，关联数据格式为开放程度最高的数据格式。英国 2010 年发布《公共部门透明委员会：公共数据原则》，要求不同部门就相同主题的公共数据以相同的、标准的格式发布；数据是及时的且细粒度的[③]。

结合文献调研和各地政府数据开放实践，我国政府开放数据组织原则归纳如下。

1. 科学性

科学性是指根据政府数据的多维度特性及其逻辑关系，科学系统地组织

---

① 杨瑞仙，毛春蕾，左泽. 我国政府数据开放平台建设现状与发展对策研究[J]. 情报理论与实践，2016，39（6）：27-31

② 鲍静，张勇进，董占广. 我国政府数据开放管理若干基本问题研究[J]. 行政论坛，2017，24（1）：25-32；The home of the U.S. government's open data. https://www.data.gov/.

③ 黄如花，温芳芳. 在开放政府数据条件下如何规范政府数据——从国际开放定义和开放政府数据原则谈起[J]. 情报理论与实践，2018，41（9）：37-44.

数据[①]。科学性作为研究工作的基本前提，也是知识组织的首要原则。其主要包含两层含义：第一，科学是一种理念，是有意识形态的一种社会机制；第二，科学是方法论和认识论，且是以一种规范的形式展开，科学是由方法论和问题的争论中发展构成，而问题是在科学基础理论中不断寻求发展、争论和批判中产生。这两层含义是我们理解数据组织科学性原则的前提。

2. 稳定性

数据组织的稳定性是指应根据政府数据最基础的特征和属性制订分类方案。主题分类是目前政府信息资源的基本分类，按照政务信息资源本身内涵的不同做出的对同类主题资源的归类，体现了政务信息资源内容的属性和特征。因此，在政府开放数据组织过程中，依据信息资源组织方式进行政府开放数据主体资源分类等反映数据稳定特征的组织方式。

3. 实用性

实用性原则要以是否“满足用户需要，方便用户使用”为依据。用户对数据的多样性需求，政府数据组织要通过对数据进行细粒度描述尽可能地满足用户需求。分类要确保每个类目下要有适量的政府数据，不预设无意义类目，要在符合用户对分类普遍认知的基础上，结合实际划分数据类目。

4. 扩展性

从总体上看，数据组织方案应具有概括性和包容性。数据描述除了保持稳定性外，还需适应不断变化的环境。对于已构建的数据分类标准，应能覆盖最大可能性，既满足现有各种类型政府数据的分类，同时考虑未来可能出现的数据类型[②]。目前，国内各开放平台的内部描述信息一般只提供数据集的字段名。由于我国政府开放数据涵盖领域众多，数据集资源的领域特性决定了其内部结构存在差异。即便是同一领域的相关数据集内部描述，也因用户（数据采编者）和数据本身结构特征存在差异而千差万别。数据集内部描述的多样性和复杂性势必也会导致内部描述的词汇异构问题。利用主题表、领域核心概念词汇及概念间的关系可以构建领域本体，利于实现分类标准在不同领域间迁移与扩展[③]。

---

① 王知津，王璇，马婧. 论知识组织的十大原则[J]. 国家图书馆学刊，2012，21（4）：3-11.

② 贵州省质量技术监督局. 贵州省地方标准——政府数据 数据分类分级指南（DB 52/T 1123—2016）.

③ 赵龙文，莫荔媛，陈明艳. 面向政府数据开放的资源描述方法[J]. 图书情报工作，2017，61（6）：115-121.

3.1.3　政府开放数据组织的方式

数据是重要的生产要素和战略资产，这一点已达成共识。尽管我国将构建统一的国家政府开放数据平台，但目前还未形成政府开放数据组织相关的标准文件。通过何种方式对待开放的数据进行组织，是当前迫切需要解决的问题。学者们从数据描述、数据类型（元数据、关联数据）、数据政策、数据治理等多个角度展开了研究，同时在国内外政府开放数据实践中总结规律，对于政府开放数据平台的组织工作有一定的借鉴和启示意义。

1. *研究层面*

现有政府开放数据组织方式研究从内容属性、职能属性、开放范围等角度展开了研究。以内容属性中主题分类为例，可以通过自组织的方法对政府数据进行分类，拓展政府数据分类向的深度和广度，提高政府数据分类的灵活性①。从开放数据的来源来看，现有来源可分为自身数据、与其他部门交互数据、与自然环境交互数据、与信息系统交互产生的数据四类。具体地，自身数据是政府部门在自身管理和服务过程中获取、生成和发布的数据，如公告、公示、报告、留言回复；与其他部门交互数据是指其他政府部门提供的数据，如下级部门通过后台向上级部门报送的信息；与自然环境交互数据，如气候气象、环境监测、科学试验；与信息系统交互产生的数据，如国家基础数据库、政务共享交换平台、数据开放平台、信用信息平台等提供的数据②。按政府数据开放的范围，胡逸芳和林焱以加拿大政府的数据开放范围为例，从政策法规角度将数据分为默认开放的数据和不予开放的数据③。默认开放数据主要是指不侵犯隐私和影响国家安全机密的且具有商业价值的数据。黄如花和林焱④研究了法国政府的数据开放与共享的范围，认为政府需清晰界定数据开放层次和产权，同时优先开放民生数据①。从生命周期角度，有学者将政府信息生命周期环节包括资源描述、资源管理、资源利用等⑤，对应形成数据的一次分类、二次分类等。在一次分类时对资源进行描述主要是方便机构/部门内部进行组织管理，在二次分类时则是从用户的角度出

① 吕凯，赵洋. 人工智能背景下政府的数据开放与共享——以天津市政府为例[J]. 东南大学学报（哲学社会科学版），2018，20（S2）：108-113.

② 鲍静，张勇进，董占广. 我国政府数据开放管理若干基本问题研究[J]. 行政论坛，2017，24（1）：25-32.

③ 胡逸芳，林焱. 加拿大政府数据开放政策法规保障及对中国的启示[J]. 电子政务，2017，（5）：2-10.

④ 黄如花，林焱. 法国政府数据开放共享的政策法规保障及对我国的启示[J]. 图书馆，2017，（3）：1-6.

⑤ 张晓娟，唐长乐. 我国政府信息元数据标准体系框架构建及其应用流程[J]. 信息资源管理学报，2018，8（3）：25-36.

发，考虑何种组织方式方便用户利用数据①。

上述分类都是基于自身的认识视角对数据某一方面的组织，缺乏从组织方式本身出发，对组织方式进行归纳提炼。基于此，本小节从组织方式本身出发，以信息组织理论为基础，将组织方式归为组织方法、组织流程、组织层次三个大方向，如表3.1所示。

表3.1 组织方式

组织方式	维度	说明
组织方法	分类组织法	根据某一特定的分类体系和逻辑结构组织信息的方法。以内部特征为主，分类法建立了信息的层级和关联体系
	主题组织法	通过揭示信息主题特征并有序组织的方法。主题法通过建立主题概念的范畴、族系和关联关系，显示信息的结构体系。主题法根据所使用的检索语言又分为标题法、单元词法、叙词法、关键词法，自然语言组织法和本体组织法也属于主题组织法
	集成组织法	多种组织方法结合的组织方法，如分类主题一体化的组织方法、规范组织方法与自然语言组织法的结合等
组织流程	信息描述	外部特征描述
	信息揭示/标引	内部特征描述。从学科内容揭示信息内容即分类标引，从主题内容揭示信息内容即主题标引
	信息系统组织	把经描述和标引的信息实体和信息记录组织成一个有序的系统
组织层次	语法信息组织	以信息的形式特征为依据组织信息的方法，如字顺组织法、代码组织法、地序组织法、时序组织法
	语义信息组织	以信息内容或本质特征为依据组织信息的方法，如分类组织法、主题组织法。对于科学信息来说，最本质的是语义信息组织法
	语用信息组织	以信息的效用特征为依据组织信息的方法，如权值、概率等组织信息的方法

2. *实践层面*

在进行政府开放数据组织方式研究的梳理后，组织流程以组织方式展开为起点，将数据组织方式从信息描述和信息揭示两方面来考察现有政府开放数据平台的数据组织现状调研。现有平台的数据组织可以概括为内部特征描述和外部特征描述两个方面，如表3.2所示。

表3.2 政府开放平台数据组织现状

现有平台数据组织	数据组织方式	分类维度	类别示例
内部特征	内容属性	标题	上海市普通高等学校信息、上海市教育与服务机构名单等
		描述/摘要	上海市高校专业设置情况及对外联系方式，包括学校名称、联系电话、学院名称、专业名称等

① 于梦月，翟军，林岩，等. 美国政府开放数据的元数据标准及其启示：目录聚合的视角[J]. 情报杂志，2017，36（12）：145-151.

续表

现有平台数据组织	数据组织方式	分类维度	类别示例
内部特征	内容属性	主题/领域	经济建设、信用服务、财税、旅游、交通等
		标签	统计、机构、教育等
		关键字	高等、院系、联系方式、教育、事业单位等
外部特征	职能属性	提供方/来源机构/部门	市发展和改革委员会、市公安局、市财政局、市水务局等
	地域属性	地区	上海市浦东新区、黄浦区、徐汇区等
	开放属性	开放范围	无条件开放、依申请开放、不开放
	时间序列	发布日期	按月度、季度、年度
		更新日期	更新时间、更新频率等
		更新频度	每年、每月等
	格式	数据格式	XLS、CVS、JSON、XML、DOC、PDF 等
	评价	用户评论	用户评分/评论

结合研究成果的梳理与实践现状，现有的组织方式存在以下不足：数据描述方面，国内缺乏完善、系统的元数据描述。元数据作为描述数据的数据，规范了信息描述和分类的方式，并促进了数据集的有效利用，各地方平台均认识到了元数据的重要性，提供了诸多元数据，如文件大小、格式、日期等。北京市公共数据开放平台按数据主题、数据来源单位等进行了较为详细的分类。国家数据网即国家统计局网站分类在时空维度更加细致，既设置了如月、季和年等时间类别，还设置了不同地区和行政单位的类别①。武汉市缺少更新频率一项，但有更新时间在数据页面上显示，以使用户更方便地查找。相比之下，美国的 DATA.GOV 网站较为完善，页面包含资源类型、数据格式、关键字、访问级别、地理有效范围、与源网站其他内容的链接等丰富的描述信息，可以为我国的相关内容建设提供指导。我国多数网站的元数据不够完善，只是对部分信息进行简单罗列，缺少关键信息，不利于用户对数据的了解和使用②。数据分类方面，国内各地方政府开放数据门户分类方式还未统一。数据分类是评价政府数据开放平台的重要指标，完善的数据分类不仅方便平台管理和数据维护，还利于用户查找和使用数

① 吕凯，赵洋. 人工智能背景下政府的数据开放与共享——以天津市政府为例[J]. 东南大学学报（哲学社会科学版），2018，20（S2）：108-113.

② 杨瑞仙，毛春蕾，左泽. 我国政府数据开放平台建设现状与发展对策研究[J]. 情报理论与实践，2016，39（6）：27-31；于梦月，翟军，林岩. 我国地方政府开放数据的核心元数据研究[J]. 情报杂志，2016，35（12）：98-104.

据。在分类方面，多数网站提供的检索方式略显单一。部分城市展现出较为特色的分类方式，上海市除了主题分类外，提供了基于应用场景的分类；青岛市额外提供标签选项，使每种主题和提供机构有相应的标签与之对应，一定程度上缩小了数据的查找范围。清晰和多样的数据分类方式可使公众精确检索范围、提高检索效率，方便有效地获取数据。但分类检索提供方式不统一，数据资源整合度低，是亟须重点完善的方面①。

此外，国内政府开放数据相关的国家级政策与标准规范缺失。标准规范的普遍缺失导致的直接后果是各地政府在数据开放过程中缺少依据，使本该开放的数据得不到开放而影响政府数据开放的价值，抑或开放了不该开放的数据而造成不必要的风险。此外，标准缺失导致政府开放数据时存在主观随意性，各地政府开放数据在数量、范围、类型等方面的巨大差异，不利于数据整合开放和融合利用。我国缺少对政府非涉密但敏感数据管理相关政策法规，虽然贵州省2016年出台了地方性的《政府数据 数据分级分类指南》，上海市 2019 年 11 月开始试行《上海市公共数据开放分级分类指南（试行）》，贵州省 2020 年 12 月 1 日起施行《贵州省政府数据共享开放条例》，但从内容来看，这些条例并未对此类数据的管理做出回答。对此，我国应重视政府非涉密但敏感数据的分类、标记、评估、保护、传播等诸多方面的系统性管理②。

3. 完善现有政府开放数据组织的几个角度

1）形成统一完善的元数据元素，实现元数据的互操作

政府部门应在建立数据开放平台基础上发布统一的元数据标准，使各个平台之间保持统一的数据描述。当前各个平台在使用开放数据时提供的元数据在数量和类型上都不尽相同，且元数据内容不够全面，用户无法通过元数据充分了解所需信息。建立一套基于元数据的行业应用标准规范迫在眉睫。具体而言，允许一些可以结合各元数据标准中的通用元素以及符合我国政府数据组织现实需求的元素来进行描述，且对元数据标准的具体内容及形式进行严格规范，保证其必须具有类似结构及通用的元数据元素。DC 标准（Dublin core element set，都柏林核心元素集）已经是当前广泛使用的元数据标准，已于 2009 年 2 月作为 15836 号 ISO（International Organization for Standardization，国际标准化组织）标准正式对外发布，现有应用的各种元数据标准基本上以现有 DC 标准为基础进行改编完成。DCAT（data catalog vocabulary，数据目录词汇表）标准是在 DC 标准基础上发展

① 相丽玲，李彦如，陈梦婕. 中外政府数据开放运行机制的实证分析[J]. 现代情报，2020，40（1）：134-143.

② 完颜邓邓，陶成煦. 美国政府数据分类分级管理的实践及启示[J]. 情报理论与实践，2020，43（12）：155，172-177.

起来的一种简单实用的元数据标准，适用于我国政府数据目录，其设置了 6 个主要类型以便于促进用户检索跨区域跨部门的数据集①。DCAT 是一种 RDF 词汇表，由 W3C 万维网联盟发布的一项支持用户数据来源目录之间信息交换和互操作的通用元数据标准，帮助快速实现数据集的跨门户搜索。我国地方政府的元数据应用规范可在 DC 元数据核心集的基础上，根据实际业务情况和用户需求适当增设一些重要数据元素，如数据分组、数据更新历史、许可、标签等。

政府数据开放平台的数据来自不同的机构和部门，元数据标准不同不利于用户实现数据间互操作②。现有政府开放数据平台在其建设过程中已经产生各种各样的元数据记录，当元数据的格式相对较少时，通过元数据映射转换的方式能够在一定程度上解决互操作的问题；当元数据的格式数量较多时，需要借助很高的成本来实现对元数据记录的整合，如人工集成等。由于各地方机构各自存储数据资源，元数据提供者可能使用不同的元数据标准建立数据记录，有必要重新定义一个公认的检索服务协议标准开展不同元数据之间的互操作。

2）挖掘开放数据内容属性，便于从语义层面进行多维度查询与检索

数据的内容属性除主题、标题、摘要、关键字外，还应通过数据与数据之间的关联来形成关联场景、事件数据链等。在以语义网为核心的网络架构中，网络被看作是一个全球性的数据空间，资源的组织形式从以文件为核心向以数据为中心转换，数据与数据之间通过丰富的语义链接的途径形成了有价值的数据网络③。对数据网络的挖掘使得从语义层面多维度深层次挖掘数据成为可能。

3）形成以用户为中心的开放理念，用户参与数据标签的更新与完善

增加自由标引方式，采用大众分类法收集用户标签。目前国内政府开放数据平台均未通过与用户的互动来提高用户的参与积极性。数据开放的最终目的是用户利用，现有平台中尽管有问题/意见反馈功能，但从现有能看到的反馈来看，参与反馈的人极少。部分平台首页有应用场景栏，包括婚育、交通出行、社保等场景，属于民生场景，本应为用户最为青睐的板块，可用户点击进去会发现部分场景数据量才十多条，根本无法满足查询需求，造成用户体验差，影响后续持续使用。事实上，通过开放数据的自由标签功能，提升用户参与度的同时，提升了数据描述的丰富度，在标签收集到一定数量后，可利用这些标签采用机器学习算法对数据进行分类与挖掘。

---

① 黄如花，林焱. 国外开放政府数据描述规范的调查与分析[J]. 图书情报工作，2017，61（20）：37-52；Dataset Exchange Working Group. Data Catalog Vocabulary（DCAT）Version 2[EB/OL]. http://www.v3.org/TR/2020/REC-Vocab- dcat-2-20200204，2020-02-04.

② 杨蕾，李金芮. 国外公共数字文化资源整合元数据互操作方式研究[J]. 图书与情报，2015，（1）：15-21.

③ 贾君枝. 面向数据网络的信息组织演变发展[J]. 中国图书馆学报，2019，45（5）：51-60.

3.2 政府开放数据组织体系构建

3.2.1 政府开放数据组织框架

在上述政府开放数据组织的内涵、原则、组织方式研究的基础上，以数据生命周期理论和系统科学理论为理论依据，构建我国政府开放数据组织框架如图 3.1 所示。

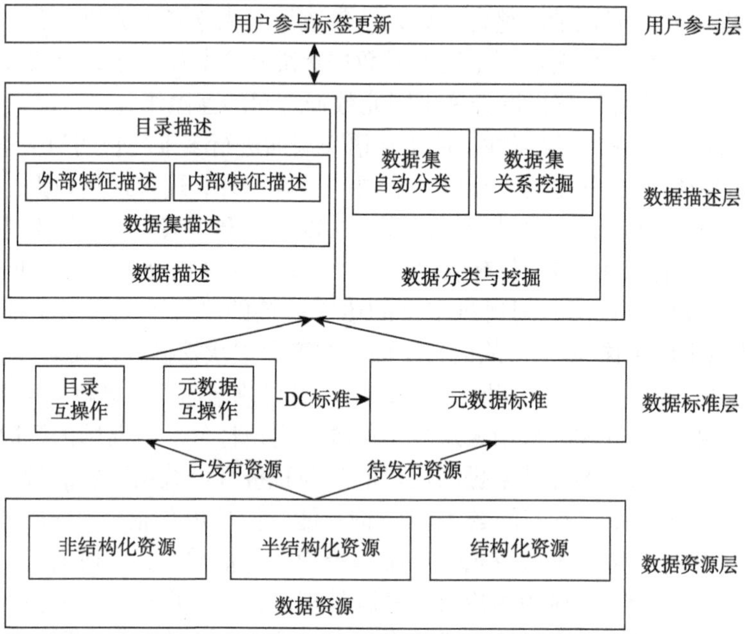

图 3.1 政府开放数据组织框架构建

政府开放数据组织分为数据描述和数据分类与挖掘，其中数据描述分为目录描述和数据集描述，数据集描述又细分为外部特征描述和内部特征描述。数据分类与挖掘包含数据集自动分类和数据集关系挖掘。

1. 目录描述

政府开放数据目录是指对待开放的数据根据规范化的元数据进行描述，按照恰当的分类方式将元数据信息排序，准确地描述各种数据集的特性，以便于有效地对政府开放数据进行检索、定位和获取。目录有助于用户速览数据时形成整体认知，并方便用户最高效快捷地确定目标数据集所在的位置。政府开放数据目录是数据治理的重要措施①。同时，政府开放数据目录实现政务数据共享和形成业务协同的基础，也是各级政务机构之间的数据共享和开放的重要依据②。

2. 数据集描述

在我国政府对数据进行开放的过程中，不仅要收集数据集基本信息，其字段信息的采集与获取对用户也很重要。详细的数据集描述有利于帮助实现数据的碎片化检索，提高数据检索效率，所以将对数据集的描述细分为外部特征描述与内部特征描述。外部特征描述是指对数据集的基本信息包括数据名称、数据简介、关键词等粗粒度属性的描述，能让用户快速了解到数据的基本特性；内部特征描述主要是对数据集内部结构进行详细的描述，包括字段及其属性等细粒度信息。

3. 数据集自动分类

数据集自动分类是指当确立一个分类维度后，通过机器学习等方式训练分类模型，从而将数据集自动分类到新维度的过程。自动分类是从一个新的视角检索与利用数据集的基础。以内容特征的揭示为例，通过对现有描述数据集内容的核心元数据进行特征提取，包括标题、描述/摘要等，从主题、关键字等不同维度构建模型，从而自动生成主题、关键字等更多能揭示数据集内容的数据集描述的过程。自动分类的目的是从内容描述的角度进一步扩充能揭示数据集内容特征的字段。

4. 数据集关系挖掘

数据集之间的关系挖掘包括数据集之间的关系挖掘以及数据集子集间的关系挖掘，目的在于描述数据集之间的属性以及它们之间存在的关联，如场景 App，即针对同一场景下不同的数据集进行关联挖掘后的价值增值。对于已发布的数据集，可以利用其元数据描述和字段关联形成数据集之间的关系挖掘。通过使用关联框架工具或聚类方法挖掘数据集之间或数据集内部字段数据之间的关系。

3.2.2　政府开放数据描述

结合 DC、DCAT、void 元数据标准进行政府开放数据描述，为政府开放数据

① 赵龙文，莫荔媛，陈明艳. 面向政府数据开放的资源描述方法[J]. 图书情报工作，2017，61（6）：115-121.

② 国家发展改革委，中央网信办. 关于印发《政务信息资源目录编制指南（试行）》的通知[EB/OL]. http://www.gov.cn/xinwen/2017-07/13/content_5210203.htm，2017-07-13.

平台的数据描述、分类挖掘和利用提供支撑；充分利用 DCAT 的目录类和属性提供政府开放数据目录描述；结合 DC 标准描述数据集的基本属性和特殊属性，并对数据集内部结构进行细粒度的描述①。

1. 目录描述

以上海市的政府开放数据平台“上海市公共数据开放平台”为例，其目录由数据资源提供部门、数据资源名称、内容描述、资源类型、开放属性等 9 个元数据组成，在此基础上，本小节对政府开放数据的目录描述字段及说明如表 3.3 所示。

表 3.3 政府开放数据目录描述

序号	字段	复用标准	说明
1	目录名称	dct:title	描述政府开放数据标题
2	目录描述	dct:description	对目录内容的概要描述
3	目录主页（可选）	foaf:homepage	目录所在网页
4	目录提供部门	dct:publisher	有关目录提交或发布方的信息，含提供部门名称和地址
5	目录许可	dct:license	政府开放数据目录的许可协议
6	目录首次发布日期	dct:issued	目录的正式发布时间
7	目录的最近更新日期	dct:modified	目录最后一次修改的时间
8	目录描述语言	dct:language	目录所用语言的种类
9	数据集	dcat:dataset	该目录下管理的数据集
10	目录主题分类	dcat:theme taxonomy	根据目录主题对数据集进行分类
11	目录覆盖范围（可选）	dct:spatial/dct:location	目录覆盖的地理/空间范围

2. 政府开放数据集描述

结合 DCAT、DC 等元数据标准及国内外元数据现状调研情况，描述数据集的核心元数据如表 3.4 所示。

表 3.4 政府开放数据集描述

序号	字段	复用标准	说明
1	名称	dct:title	数据集的名称

① 赵龙文，莫荔媛，陈明艳. 面向政府数据开放的资源描述方法[J]. 图书情报工作，2017，61（6）：115-121.

续表

序号	字段	复用标准	说明
2	描述	dct:description	对数据集的概要描述
3	ID（身份）	dct:identifier	数据集的唯一标识符
4	主题	dct:theme	数据集的主题
5	关键字	dcat:keyword	数据集的关键字
6	提供方	dct:publisher	数据提供方
7	更新频率	dct:accrualPeriodicity	数据集更新的频率
8	发布日期	dct:issued	数据集的最早发布时间
9	修改日期	dct:modified	数据集的最近更新时间
10	空间范围	dct:spatial	数据集覆盖的空间范围
11	时间范围	dct:temporal	数据集覆盖的时间范围
12	联系方式	dcat:contactPoint	接收用户反馈的机构及邮件地址、电话等
13	许可	dct:license	数据集的开放许可
14	获取地址	dcat:landingPage	数据集的访问页面
15	溯源	dct:provenance	数据的历史信息
16	获取权限	dct:accessRights	获取数据的权限说明
17	语言	dct:language	数据内容采用的语种

3. 数据项描述

在对数据项的描述中，目前以浙江省开放数据平台数据项描述最为全面，因此以其作为数据项描述标准，如表 3.5 所示。

表 3.5　政府开放数据的数据项描述

序号	数据项描述	说明
1	字段名称	数据项中字段的名称
2	英文名称	字段的英文名称
3	数据类型	字段的数据类型，如日期型、字符型等
4	字段描述	对字段的简要说明
5	字段长度	字段的最大长度
6	是否字典项	
7	是否为空	
8	是否主键	

3.2.3 政府开放数据分类标准设计

数据集分类包括确定分类标准和分类实施两个核心步骤，本小节将进行第一步分类标准的确定，分类实施将在 5.3 节论述。

1. 分类标准的确定

分类的目的是揭示数据的内部特征，即从数据的内容属性上对数据进行揭示，包括标题、主题、领域、应用场景等多个维度确定分类类别。下文将以主题类别的确定来说明标准设计过程。

2. 主题类别的确定

确定数据主题类别的思路如下：①文献元分析选取候选主题类别。候选类别来自文献对于政府开放数据网站数据类别元分析结果以及国内政府开放数据平台数据分类。结合 50 篇文献元分析的结果，将共同出现在 5 个国家以上（包含 5 个）的数据类别提取出来作为候选类别来源，如表 3.6 所示。②将国内现有政府开放数据平台的主题进行统计，统计出国内当前采纳数量超过 5 个平台的主题类别，共计 4 类。统计数据截至 2019 年 12 月，见表 3.7。③对候选类别进行同义合并、词义消歧、主题概念分解等处理，同时结合我国相关分类政策/标准得到最终分类类别。

表 3.6 在文献元分析中出现 5 次及以上的数据集分类类别及对应国家数量

类别名称	国家数量（共 47 个）	类别名称	国家数量（共 47 个）
教育	33	就业	14
健康	33	地理	14
交通	28	农业	13
经济	26	能源/自然资源	12
财政	26	预算和支出	12
环境	24	其他	12
科学/技术	22	地理数据/地图	10
旅游	22	国际贸易	10
政府	19	医疗	9
法律/司法	19	城市服务	8
艺术/文化/历史	18	住房	8
社会	17	统计资料	8
人口统计	17	通信	7
行政机构	17	商业	6
公共安全	16	基础设施	6
气候	14	犯罪	5

表 3.7　国内 82 个政府开放数据平台的主题统计（部分）

代表省份	主题类别	平台数	其他地域平台数（不属于本省）
广东省	城市建设、道路交通、公共安全、机构团体、教育科技、经济建设、民生服务、社会发展、卫生健康、文化休闲、信用服务、资源环境	25	8
山东省	安全监管、地理、海洋、交通运输、教育、金融、就业、科技、农业、企业登记监管、气象、社会保障、生态环境、统计、卫生、文化、信用、健康、医疗、质量、资源	20	4
湖北省	安全生产、财税金融、城建住房、地理空间、法律服务、工业农业、公共安全、机构团体、交通运输、教育文化、科技创新、气象服务、商贸流通、社保就业、社会救助、生活服务、生态环境、市场监管、信用服务、医疗卫生、资源能源	13	
贵州省	财政、城乡建设、对外事务、扶贫救灾、工业交通、国土资源能源、环境保护、经济管理、科技教育、劳动人事、旅游服务业、民政社区、农业水利、气象水文、商业贸易、卫生健康、文化体育、信息产业、政法监察、宗教信仰、综合政务	7	

1）同义合并与词义消歧

同义词合并是指当两个不同的词表示同一事物时，可以合并词，如将“道路交通”和“交通出行”合并为“运输”。词义消歧主要是指语言学长期发展过程中形成的多个词的多对多使用，必须结合上下文来确定特定词的含义。以山东省的主题类别“健康”为例，其中，“卫生与社会工作”和“行政、社会保障和社会组织”两个数据行业的数据大多涵盖健康保险和医疗服务及慢性病、免疫等居民健康方面，“省级食品安全重点企业上市”的数据行业属于住宿餐饮行业，数据板块也存在分化。这些数据与食品安全相关，但在创建分类标准时需要定义健康界限。

2）主题概念分解

由于大多数主题概念是复杂的概念，现有的政府开放数据平台往往混合使用简单和复杂的主题。例如，广东省平台的主题采用“教育科技”，东莞市数据平台采用“教育文化”。因此，在统一标准时，往往需要对主题概念进行分解和转化，直接采用少数几个简单的主题概念。直接采用主题概念意味着现有的候选类别是简单的概念，可以直接用作最终候选类别。学科概念的分解转化是将复杂的学科概念分解为多个简单的概念或概念因素，然后仅将简单的概念作为候选类别，或者按照特定的规则组合简单的概念，形成复杂的候选学科概念。

分解主体概念内在关系的方法，主要需要厘清概念之间的关系，如相互关系、事物与方面的关系、事物与“物种”的关系等。如何分解概念？关系概念分解法是指将一个复杂概念分解为两个或多个具有相交外延部分的超概念的方法。如果一个复杂概念的组件有一个共同的父概念或多个组件并行修改同一概念，通常可以将组件和并行修改的组件分开，并与中心概念结合，如“材料物理”分为“材料物理”和“工程物理”。对象与方面关系的概念分解方法是将复杂的概念分解为对象和方面的分解方法。当复杂概念的组成部分没有共同概念时使用，如“Python 语言编程”分解为“Python 语言”、“语言编程”和“编程”。分解事物与“种差异”关系概念的方法是将复杂概念分解为代表事物的属概念和代表属概念与分解种概念差异的简单概念，如“Large Flatbed Truck”分解为“Large”和“Flat Car”。

3.3　政府开放数据自动分类实现

信息组织的自动化和智能化水平不足，信息描述标准的建立存在困难，现有信息组织的工具与方法体系难以适应大数据组织的任务①，因此本章研究将在上述构建的政府开放数据组织下，通过设计自动分类模型与算法实现对政府开放数据的自动分类。

3.3.1　政府开放数据分类流程

分类流程包括分类准备、分类实施、分类评估三大流程②等，如图 3.2 所示。

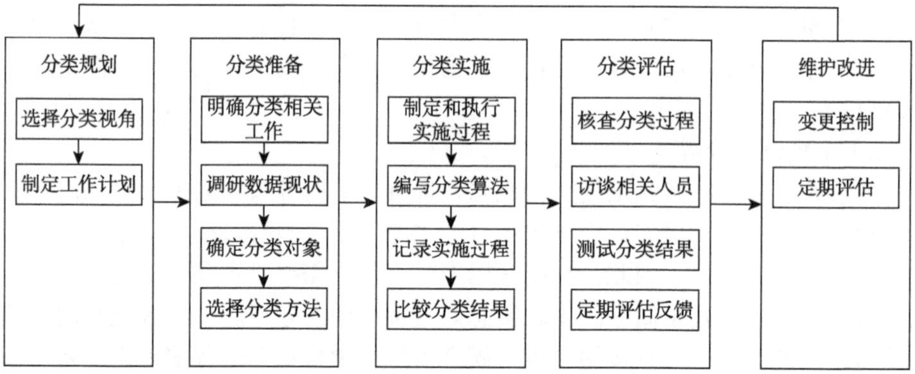

图 3.2　政府开放数据分类流程

1. 分类准备

在对业务场景进行清晰界定的基础上，做好以下分类准备工作：①明确以下

---

① 赵一鸣，马费成. 大数据环境对信息组织的影响[J]. 图书情报知识，2017，（1）：4-10.

② 中国标准服务网. 信息技术 大数据 数据分类指南[EB/OL]. http://www.cssn.net.cn/cssn/front/111575543.html，2012-01-04.

分类相关工作：待分类数据范围、分类维度和方法、预期分类结果、分类实施进度安排、分类评估方式、分类结果维护与更新。②调研数据现状，包括数据生成方式、场景、机构、合法性、合法性、频率等；数据格式、存储方式、存储位置、存储量等存储现状；数据的准确性、完整性、一致性、时效性、可访问性等数据质量；数据保密级别、安全性、保护需求等数据保密情况；数据的使用目的、应用领域、使用方式等数据应用情况；数据处理和数据利用价值上的时效性要求；数据的所有权、使用权等数据权属情况。③确定分类对象。确定数据生成时间和频率、数据量大小、数据字段、数据存储、数据时效性；确定数据来源、数据质量、数据敏感程度和数据权属。④选择分类方法，包含点分类法、线分类法和混合分类法，其中，混合分类法需明确分类维度的主次关系。

2. 分类实施

分类实施包含以下几个方面：①制定和执行实施过程。结合大数据生命周期理论，拟定具体实施步骤、开展实施工作并对其进行总结和反馈。②编写分类算法。根据已编制实施方案选定并编写适用的多种分类算法。③记录实施过程。记录各分类算法对应步骤及分类结果，留存过程记录文档。④比较分类结果。对比分析各种算法的分类结果，选择最优分类结果。

3. 分类评估

分类评估包含以下几个方面：①核查分类过程。核查分类过程包括核查各阶段分类实施记录文档，明确类别划分合理性、分类结果是否符合预期、分类方法是否符合逻辑。②访谈相关人员。访谈相关人员包括分类实施者、数据所有者、数据管理员、用户，明确分类方法与业务场景之间的关联性、数据权属划分与实际相符度、数据存储方式、数据粒度及敏感程度划分合理性等。据此修正开放数据分类过程。③测试分类结果。测试分类结果主要是指执行分类程序，查看分类结果与预期一致性。④定期评估反馈。定期评估包括定期评估分类维度是否需要调整、分类效果是否良好、分类能否满足业务需求的更新，反馈包括根据评估结果形成评估报告，需要变更时及时调整，进行新一轮的分类准备、实施及评估工作。

3.3.2　政府开放数据自动分类路径设计

依据政府开放数据组织框架中关于政府开放数据的主题分类标准，结合平台数据特征，探寻适应于自然语言处理和机器处理的自动分类模型。具体路径设计为数据采集与预处理、特征矩阵构造、分类算法选择与实现三个阶段。

1. 数据采集与预处理阶段

采集政府开放数据标题和数据主题/领域等字段，在分析政府开放数据特征的基础上对数据进行去重降噪、实验类别选取和分词处理。将分好词的文本采用Word2Vec模型训练词向量，结合政府开放数据标题特征选取合适的合成方式用形成的每一条标题的特征矩阵表示。

2. 特征矩阵构造阶段

特征矩阵构造即将文本表示成计算机可识别的编码形式。常用表示方法有词袋法，但其存在维度高、表示向量稀疏、独立性假设导致语义上欠缺等缺点。机器学习和深度学习的进步，将基于神经网络的词向量表示方法推向了学界，Mikolov等于2013年提出了Word2Vec模型①。词向量应用于自然语言处理非常成功，已广泛应用于中文分词、情感分析、词性标注等自然语言处理场景②。

采用Word2Vec模型对分词后的文本进行词向量训练，根据给定的语料库，通过采用Skip-Gram模型，将分词处理后的词训练成向量形式。结合上述留言特征分析，并不适合采用通用语料库如维基百科等较为正式的语料库作为训练文本，本章将采用预处理后的数据作为输入语料库训练词向量模型。然而每一个数据集的标题是一句话，由多个词构成，如何利用词向量有效地表示标题是需要解决的问题，因此后续算法中需选取合适的词向量合成方式以实现对句向量的表示。

3. 分类算法选择与实现

自动文本分类是指机器按照一定的标准或分类体系对文本集进行自动分类标记的行为。常用的文本分类的方法有朴素贝叶斯（naive Bayesian，NB）、逻辑回归、决策树分类（decision tree，DT）、*K*最近邻算法（*K*-nearest neighbor，KNN）、支持向量机和CNN等，其中，支持向量机在解决小样本、非线性的文本分类问题时表现出了许多特有的优势。研究表明，支持向量机的分类性能尤其是泛化能力优于传统的分类方法。因此，本章研究选择支持向量机作为分类算法，在上述预处理完成后，将合成的矩阵作为支持向量机的输入，通过训练集训

① Mikolov T，Chen K，Corrado G，et al. Efficient estimation of word representations in vector space[Z]. Computer Science，2013.

② 杜红阳，吴世福，黄琳，等. 基于机器学习和数据挖掘技术进行MDR风险预警的研究初探[J]. 中国医疗设备，2018，33（7）：138-141，146.

练模型、测试集评估分类效果，最后实现数据集到主题的自动分类。政府开放数据自动分类路径设计如图 3.3 所示。

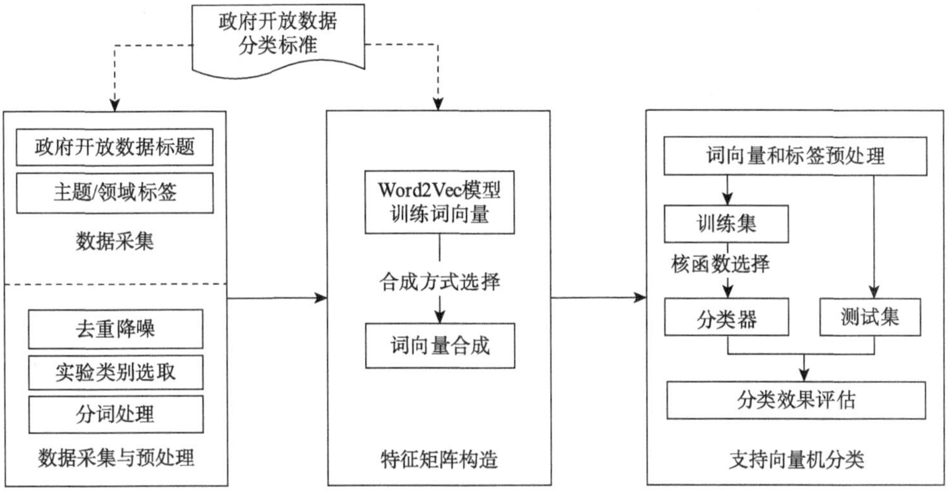

图 3.3　政府开放数据自动分类路径设计

3.3.3　政府开放数据分类算法实现

1. 数据采集与样本选择

截至 2021 年 1 月，我国已有 145 个省级、副省级和地级政府上线了数据开放平台，其中省级平台 17 个，副省级和地级平台 128 个。从开放数据集的数量和质量上分别选取典型省级、副省级和地级政府开放数据平台作为研究案例，包括广东省、山东省、贵州省、北京市、上海市 5 个省级平台，山东省济南市、青岛市、日照市和广东省广州市、深圳市等市级平台。

采用 Python 3.7 网络爬虫方式采集获取上述开放数据平台的数据，采集的数据时间段从 2020 年 11 月 1 日至 2021 年 1 月 31 日，采集数据的数据目录、数据集等。采集字段包括数据集标题，数据简介/摘要、数据主题/领域等。采集选定政府开放平台发布的数据共计 208 249 条。

2. 数据预处理

数据的预处理分为对采集数据的初步处理及分词两个阶段。首先，采集数据初步处理。通过对数据的初步分析，对数据进行以下处理：①数据去重。数据存在重复，由于数据保存在 Excel 表，直接采用 Excel 进行去重处理，分别选中标题，无重复数据。②数据降噪。此处数据降噪是指针对不同平台不同分类标准的数据，通过借助所属行业等标签数据进行辅助筛选，结合数据组织框架中的数据分类标准进行数据标签处理。③实验数据类别选取。由于分类算法对数据量有要求，选定数据量较多的教育、交通、健康三类作为目标分类数据，其中教育4 868条、交通4 963条、健康7 187条，共计17 018条数据进行分类处理。

其次，分词处理。将Excel表中需要处理的数据标题列保存至TXT文件，采用jieba分词工具对其进行分词处理，导入用户自定义词典，并通过去停用词操作，得到分词后的每条数据文本数据。通过预览分词效果人工添加“年审”“路段”等交通管理类数据中常用但易出现分词错误的词语到用户自定义词典。

3. 特征矩阵构造

特征矩阵构造，即提取每一条数据标题特征构造成词向量的过程。首先进行模型训练得到每个词的词向量表示，其次进行词向量合成得到每条标题的词向量表示，其中，模型训练包括语料库选取、训练参数设置、生成模型、模型测试。从上述数据特征分析可知，表述较为正式的语料库如维基百科等不适合作为模型训练语料库，因此采用上述分词后的 208 249 条数据作为训练语料库。采用Skip-Gram 模型，将分词处理后的词采用 Word2Vec 模型训练成词向量。通过Python 调用 Gensim 库中 gensim.models.Word2Vec 包，模型训练部分参数设置如下：词向量维度 size=100，词向量上下文最大距离 window=5，需要计算词向量的最小词频 min_count=1，训练完毕后，每个词都训练成一个100维的向量，保存模型并测试。测试得到“医疗保险”相似度最高的前10个词及相似度为（“养老保险”，0.631 994 009 017 944 3），（“医保”，0.602 015 614 509 582 5），（“社会保险”，0.541 525 483 131 408 7），（“参保”，0.501 737 773 418 426 5），（“失业”，0.481 701 165 437 698 36），（“养老保险费”，0.480 992 138 385 772 7），（“大病”，0.478 239 685 297 012 33），（“工伤保险”，0.476 753 413 677 215 6），（“就医”，0.461 987 495 422 363 3），（“保险费用”，0.452 763 736 248 016 36），可以看出所训练模型在语义特征方面的训练效果较好。

模型训练完毕，进行词向量合成得到特征矩阵。合成的模式有直接进行词向量累加、去重处理之后进行词向量累加，以及对词向量进行累加后平均等方式。由于数据标题均较短，出现重复词的概率较低，且重复说明在一定程度上词的重要性较高，不进行去重处理。考虑到所处理的数据标题长短不一，为避免长度差距带来的对词向量合成的影响，采取累加后平均方式进行合成，即将每一条数据标题包含的每个词的词向量相加除以词的数量。处理完毕，17 018 条数据的每一个标题就表示成一个100维的向量形式。

4. 数据标题分类

数据标题的自动分类属于典型的多类分类问题，经典的支持向量机算法用于解决二类分类问题，因此需要将算法扩展到多类分类模型。常见的解决思路是将多类问题分解为多个两类问题求解，通过决策函数确定分类结果。采用 Python3.7 调用Sklearn库中的支持向量机包实现多类分类算法，其基本思想是找出能使得不同类别样本数据的分类间隔最大的超平面，具体过程如下。

（1）对数据特征和数据标签进行预处理。首先，处理数据特征，即对上述得到的100维词向量进行归一化处理，通过0-1标准化对原始数据进行线性变换，使结果落到[0, 1]区间，得到归一化处理的 100 维词向量$\left(x_1,x_2,\cdots,x_{100}\right)$。其次，对数据标签进行处理，支持向量机作为有监督的分类预测模型，需要将对应标签y_i追加到数据特征。将教育、交通、健康三个类别分别编号为 1、2、3，与归一化处理之后的 100 维词向量形成每一条数据标题样本的词向量表示$\left(x_1,x_2,\cdots,x_{100},y_i\right)$，其中，$y_i\in\{1,2,3\}$。

（2）分类模型的训练。将数据初步按照 7 : 3 的比例划分成训练集和测试集，采用 svm.SVC 训练模型，模型的训练过程即寻找支持向量，确定最大超平面的过程。具体寻找过程如下：样本集为$\left(x_i,y_i\right)$，$x_i=\left(x_1,x_2,\cdots,x_{100}\right)$，$y_i\in\{1,2,3\}$，100 维空间中线性判别函数的一般形式为$g(x)=w^{\mathrm{T}}x+b$，分类的超平面方程表示为$w^{\mathrm{T}}x+b=0$，$\operatorname{margin}(b,w)$表示超平面$w^{\mathrm{T}}x+b$离样本点的最小距离，优化问题的目标是让这个最小距离最大化。针对线性不可分的情况，通过引入多项式核、高斯核、Sigmoid 核等核函数将样本 X 映射到一个高维特征空间，将非线性问题转换成另一空间的线性问题来寻求最优或广义最优分类面。模型参数的初始设置 C=0.8，kernel=linear，decision_function_shape=ovr。

（3）模型训练完毕，进行分类效果评估，根据分类效果优化参数设置，优化结果将在结果与讨论部分给出。

5. 自动分类结果评估

为了对上述分类设计进行验证，采用局部与整体评价结合的方式，利用准确率、召回率和 F_1 值对实验结果进行测评（表 3.8）。对于局部评价指标，对应每一类别的准确率、召回率和 F_1 值。整体的分类性能采用宏平均方式来计算总体的准确率 Macro-P、召回率 Macro-R 和 Macro-F_1 值。模型的自动分类结果为预测值，采集到的后台人工标注的标签为真实值，通过算法得到的混淆矩阵进行计算，混淆矩阵示例见表 3.9，矩阵的每一列表达了分类器对于样本的类别预测，每一行表达了版本所属的真实类别。

表 3.8　局部与整体分类指标公式

指标	局部	整体
准确率	$P=\frac{\text{TP}}{\text{TP+FP}}$	$\text{Macro-}P=\frac{\sum_{i=1}^{N}P_i}{N}$
召回率	$R=\frac{\text{TP}}{\text{TP+FN}}$	$\text{Macro-}R=\frac{\sum_{i=1}^{N}R_i}{N}$
F_1值	$F_1=\frac{2\text{PR}}{P+R}$	$\text{Macro-}F_1=\frac{2\text{Macro-}P\times\text{Macro-}R}{\text{Macro-}P+\text{Macro-}R}$

注：对于某一类别，TP 为这一类的预测值与真实值一致的个数；FP 为预测值误判为这一类的个数；FN 为属于这一类被预测为其他类的个数；N 为类别总数

表 3.9　混淆矩阵示例

混淆矩阵		预测值		
		1	2	3
真实值	1	1 355	47	83
	2	25	1 326	86
	3	80	79	2 025

选取离散取值方式对参数进行优化调整，一般以 F_1 最高时对应的参数取值为最优，但会结合准确率、召回率和 F_1 值综合考虑。具体调整过程说明如下：①参数训练集比例 C 的优化。参数训练集比例 C 一般取值为 0.6~0.9，在保证其他参数不变的情况下，分别选取 C=0.6，0.7，0.8，0.9 看分类效果的变化，C=0.7 时准确率、召回率和 F_1 值均优于其他取值，据此确定最优训练集比例为 0.7。②核函数优化。当核函数为 RBF 时，gamma=0.4，训练集准确率为 99.79%，测试集的准确率只有 45.57%，出现了过拟合的情况。通过比较各类核函数分类效果，发现核函数为 Linear 时效果最好。

分类训练集准确率为 92.89%，测试集准确率为 92.17%，各指标均达到 92%以上，整体分类效果较为理想。每一类的分类指标统计如表 3.10 所示，三个类别的分类指标存在较为均衡，均在 91%左右。不论从整体还是各类别的分类结果来看，均取得了较好的分类效果，后续可将此分类模型应用于实际政府开放数据的主题自动分类场景。

表 3.10　三个类目分类指标统计

类别	准确率	召回率	F_1值	预测数量	实际数量
教育	92.81%	91.25%	92.02%	1 355	1 485
交通	91.32%	92.28%	91.80%	1 326	1 437
健康	92.30%	92.72%	92.51%	2 025	2 184

第 4 章　政府开放数据融合利用

政府开放数据的融合利用是政府开放数据整合开放的下一阶段。当前，我国政府数据开放存在共享机制尚不完善、各主体权责界限模糊、数据孤岛严重等问题，亟须一个切实可行的政府开放数据融合共享机制来解决这些问题。健全政府数据开放的法律法规，做到数据的公开与共享，做到有法可依，同时也能保障数据公开过程的安全和用户的隐私，以及规范数据的公开、共享和使用过程。推进政府数据开放共享进程，尽量减少非必要原因造成的数据资源浪费和成本支出，提升政府开放数据利用效率①。在对政府开放数据整合开放模型和政府开放数据组织的研究之后，根据政府开放数据全生命周期三阶段模型，本章分别利用联邦学习、深度学习等方法构建政府开放数据融合利用模型。

4.1　基于联邦学习的数据协同机制构建

政府作为公共安全治理活动的核心主体，产生并积累了涉及社会安全、交通安全、医疗健康等各个行业的海量多源异构数据。若想推进大数据融合共享的进程，就需要从推动各个业务领域开放数据的有效汇聚、充分共享、深入挖掘、全面应用等方面入手，系统性提升政府开放数据综合服务水平。在强调整合协调各种资源实现跨地区、部门与层级通力合作的总体指导下，进行政府公开数据的一体化管理集成，打破区域、行业、部门、系统等边界，提升数据互联互通性②。

2016 年 5 月，李克强总理在全国推进简政放权放管结合优化服务改革电视电

① 赵树宽，孙彦明，张福俊，等. 基于跨界融合的政府数据开放共享模型研究[J]. 图书情报工作，2018，62（12）：21-29.

② 陆莉. "数据资产框架"视角下我国政府公共安全数据开放现状、问题与对策[J]. 情报杂志，2020，39（11）：104-110.

话会议上指出，“目前我国信息数据资源 80%以上掌握在各级政府部门手里，‘深藏闺中’是极大浪费”①。广东省人民政府印发《广东省“数字政府”建设总体规划（2018-2020 年）》指出：省直单位现有政务信息系统 1 068 个，其中省级垂直系统 475 个，建设 20 个以上系统的单位 21 个；存在 37 个网络孤岛、44 个机房孤岛和超过 4 000 类数据孤岛。数据孤岛的存在就意味着相当一部分数据没有得到充分共享以至于难以有效集成，同时更有待深度融合，从而存在以下问题。

联邦学习细分为横向联邦学习、纵向联邦学习、联邦迁移学习。横向联邦学习适用于两个或多个样本中用户集合重合较少，但不同样本的特征重叠较多的情况，目的是通过同样的样本特征来尽量扩展养的数量，从而提升模型的精度。举个例子，有两家银行，它们的管理类型不同，所处地区也不同，它们面向的用户群体大都分别来自各自银行所处的不同管理地区，因此相互之间的用户信息来源存在的交集不多。实际上，具体来说它们用户的行为业务相似度较高，因此，所记录的每个用户具体业务行为以及用户特征也应该相似度极高。

纵向联邦学习通常较多用在两个数据集中的用户重叠部分，而用户特征重叠部分较少的情况下，我们把数据集按照纵向（即特征维度）切分，取出双方用户相同而用户特征不完全相同的那部分数据进行训练，这种方法叫作纵向联邦学习。例如，有两个不同的机构，一家是某地区的银行，另一家是同属一个地区的电商。它们的用户群体很有可能包含该地的相当一大部分居民，因此即便两者属于不同行业，但其用户的交集仍然较大。但是，银行记录的信息数据都来自用户的收支行为与相应的信用评级，而电商能够保存用户的浏览记录与购买历史，因此它们的用户特征交集较小。纵向联邦学习就是将这些不同特征在加密的状态下加以聚合，以增强模型能力。

联邦迁移学习通常只适用于在两个不同数据集的联邦用户与现有用户标签特征类型重叠都相对较少的特殊情况下，不对现有数据类型进行直接切分，而是利用联邦迁移学习来有效克服现有数据或用户标签数量不足的特殊情况，这种学习方法叫作联邦迁移学习。例如，有两个不同的机构，一家是总部来自英国的商业银行，另外一家是总部位于中国的电商机构。由于两家机构处于不同地区，受各自所在地域的政策限制，这两家机构的企业管理用户群体交集比较小。同时，由于不同机构之间数据类型不同，两者的主要数据结构特征有重合部分的可能性较小。那么在这种情况下，如果想对数据进行有效的联邦学习，就必须引入联邦迁移学习，其能有效解决单边数据规模小和双边模型样本少的复杂问题，从而系统

① 李克强. 信息数据“深藏闺中”是极大浪费[EB/OL]. http://www.gov.cn/xinwen/2016-05/13/content_5073036.htm，2016-05-13.

性地在本质上大大提升联邦模型的学习效果①。

基于三个联邦学习分类的数据融合模型构建目标如下：①构建基于区域横向联邦学习的政府开放数据协同模型，解决不同地区的政府开放数据中数据协同问题。②构建基于链式联邦学习的不同部门政府开放数据协同模型，解决不同部门的政府开放数据中数据协同问题。③构建基于多粒度联邦迁移学习的不同层级政府开放数据协同模型，解决不同层级的政府开放数据中数据协同问题。

拟采用的构建方法如下：①二次指派程序（quadratic assignment procedure，QAP）分析方法、概念匹配方法、ResNet（residual network，残差网络）和横向联邦学习方法。②GN（Girven-Newman，格纹-纽曼）算法、PSI（private set intersection，隐私集合交叉）、LSTM（long short-term memory network，长短期记忆网络）和纵向联邦学习方法。③数据粒化方法、粗糙集和联邦迁移学习方法。

4.1.1　跨地区数据协同

不同地区的政府开放数据，尽管其有着海量多源异构数据，但是，它们的属性特征相似，往往导致在这些政府开放数据中存储海量的具有相同属性的特征，但实体对象不同的开放数据资源。

为解决不同地区政府开放数据的数据协同问题，本章提出构建基于区域横向联邦学习的政府开放数据协同模型（图 4.1），该模型主要包括 3 个功能模块：基于 QAP 的区域数据划分（识别具有相同职能的政府）、基于概念匹配的属性加密对齐和基于 ResNet 的 CNN 加密模型训练。简要概括来说就是在对不同地区政府开放数据进行区域划分的基础上，借助概念匹配方法对不同区域的相同属性的数据进行对齐，利用 ResNet 实现模型的加密训练，解决不同地区的政府开放数据中的协同问题。模块具体功能如下。

1. 基于 QAP 的区域数据划分

把不同地区的政府开放数据中建模目标更为相似的数据划分到一起，使其针对模型更加具有地区特性，从而提高模型的准确率。本章在构建各地区政府开放数据业务关系网络的基础上，提出基于 QAP 的区域数据划分方法，为区域联邦学习提供数据基础。

2. 基于概念匹配的属性加密对齐

为了保护隐私数据，本章提出基于概念匹配的属性加密对齐方法，使得不同

① 杨强. AI 与数据隐私保护：联邦学习的破解之道[J]. 信息安全研究，2019，（11）：961-965.

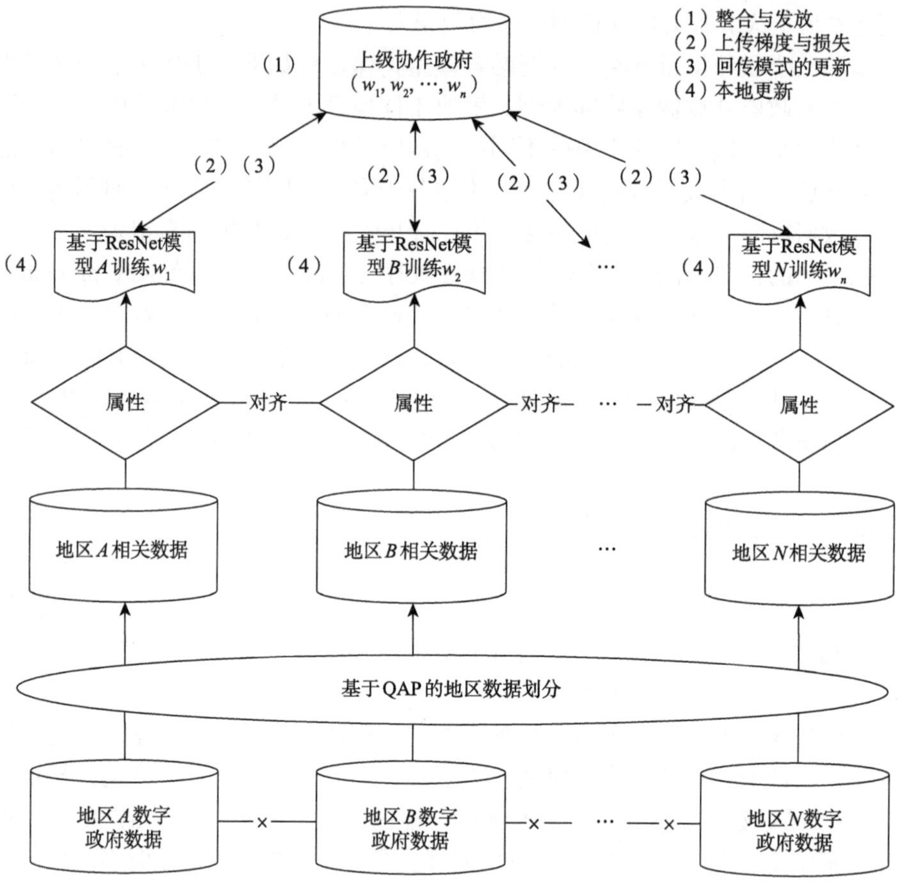

图 4.1 基于区域横向联邦学习的政府开放数据协同模型

×表明平级的政府部门数据不直接交换，要通过上述流程进行标准化处理以后，进行统一交换和融合，避免隐私问题和不可交换等问题

地区的政府开放数据确认各方的具有相同属性特征的实体对象。在属性对齐期间，系统不会公开各方不重叠的属性。

3. 基于 ResNet 的 CNN 加密模型训练

为训练出各地区的区域模型并协同训练出综合模型，本章在联邦学习框架的基础上，提出基于 ResNet 的 CNN 的方式来训练局部与全局模型，其优点是可以不断动态融合新的实体对象进行模型训练，从而有效综合不同地区数据中相同属性特征的不同实体对象进行训练，提高局部和全局模型训练的准确性。

4.1.2　跨部门数据协同

不同部门的政府开放数据记录的实体对象的属性不同，从而导致在这些开放数据中往往存储海量的具有相同实体对象的资源。

为解决不同部门的政府开放数据中数据协同问题，本章提出构建基于链式联邦学习的不同部门的政府开放数据的开放数据协同模型（图 4.2），该模型主要包括 3 个功能模块：基于 GN 的链式数据划分（识别具有业务链）、基于加密 ID 的实体对齐和基于 LSTM 循环神经网络加密模型训练。简要概括来说就是在对不同部门政府开放数据进行链式划分的基础上，借助加密 ID 的方法对不同机构的相同实体的数据进行对齐，利用 LSTM 实现模型的加密训练，解决不同部门的政府开放数据中的协同问题。模块具体功能如下。

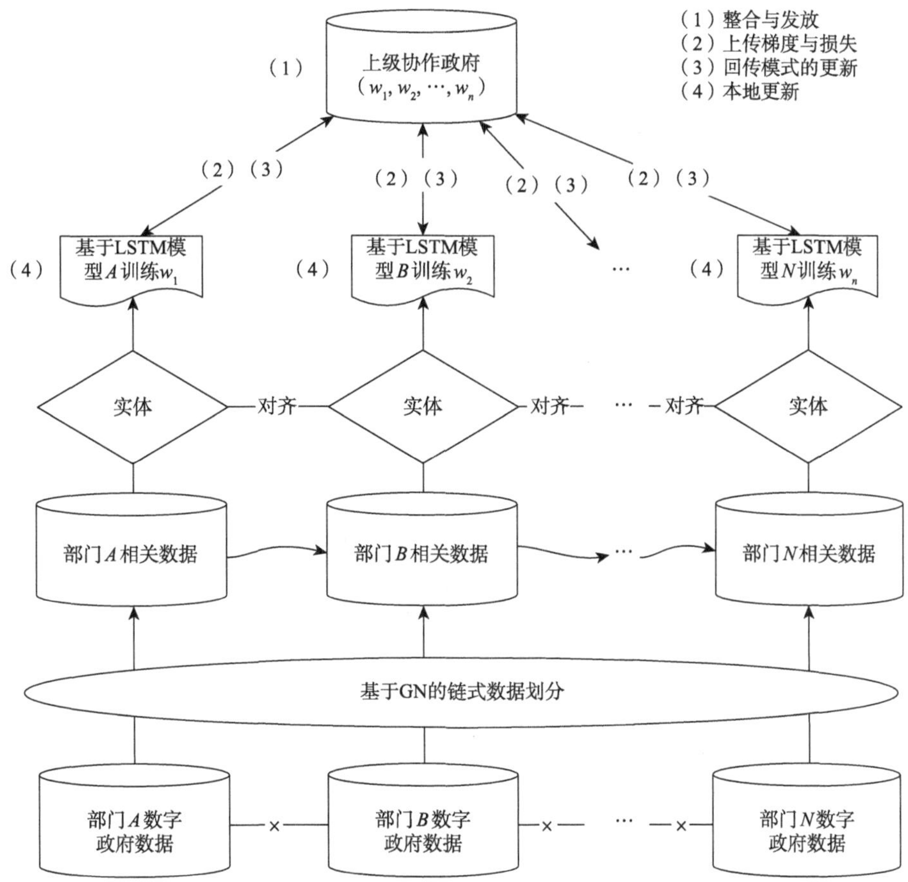

图 4.2　基于链式联邦学习的政府开放数据协同模型

1. 基于 GN 的链式数据划分

为把不同部门的政府开放数据中更加相关的数据划分到一起，提高不同部门的政府开放数据的局部和全局模型识别的准确率。本章研究在构建各地区政府开放数据业务关系网络的基础上，提出基于GN的链式数据划分方法，该方法可以把业务高度相关的不同部门的数据划分到一起，从而为链式联邦学习提供数据基础。

2. 基于加密 ID 的实体对齐

为了保护隐私数据，本章提出基于加密ID的实体对齐方法，使得不同部门的政府开放数据在保护隐私数据的情况下确认各方的具有相同实体对象的不同属性特征。在实体对齐期间，系统不会公开各方不重叠的实体。

3. 基于 LSTM 循环神经网络加密模型训练

为训练出不同部门的局部模型并协同训练出综合模型，本章在联邦学习框架的基础上，提出基于循环神经网络（recurrent neural network，RNN）的方式来训练不同部门的政府开放数据的局部模型与全局模型，该方式的优势在于可以将前序业务的数据链接到当前业务上，用于链式数据的分析建模，从而有效综合不同部门数据中相同实体对象不同属性信息进行训练，提高局部和全局模型训练的准确性。

4.1.3 跨层级数据协同

在不同层级的政府开放数据中，由于数据量的大小程度不同（国家、省、市等），存储有大量的不同抽象程度的数据，如关于国家的数据、省的数据、市的数据等，即不同粒度大小的数据。这些数据使得实体对象维度或属性特征维度至少有一个相同的数据少之又少。

为解决不同层级政府开放数据中开放数据的数据协同问题，本章提出多粒度联邦迁移学习的不同层级政府开放数据协同模型（图 4.3），该模型主要包括两个功能模块：基于政府层级的数据粒化和基于粗糙集的多粒度加密模型训练。简要概括来说就是在对不同层级政府开放数据进行粒度划分的基础上，借助粗糙集实现多粒度模型的加密训练，解决不同层级的政府开放数据中的协同问题。模块具体功能如下。

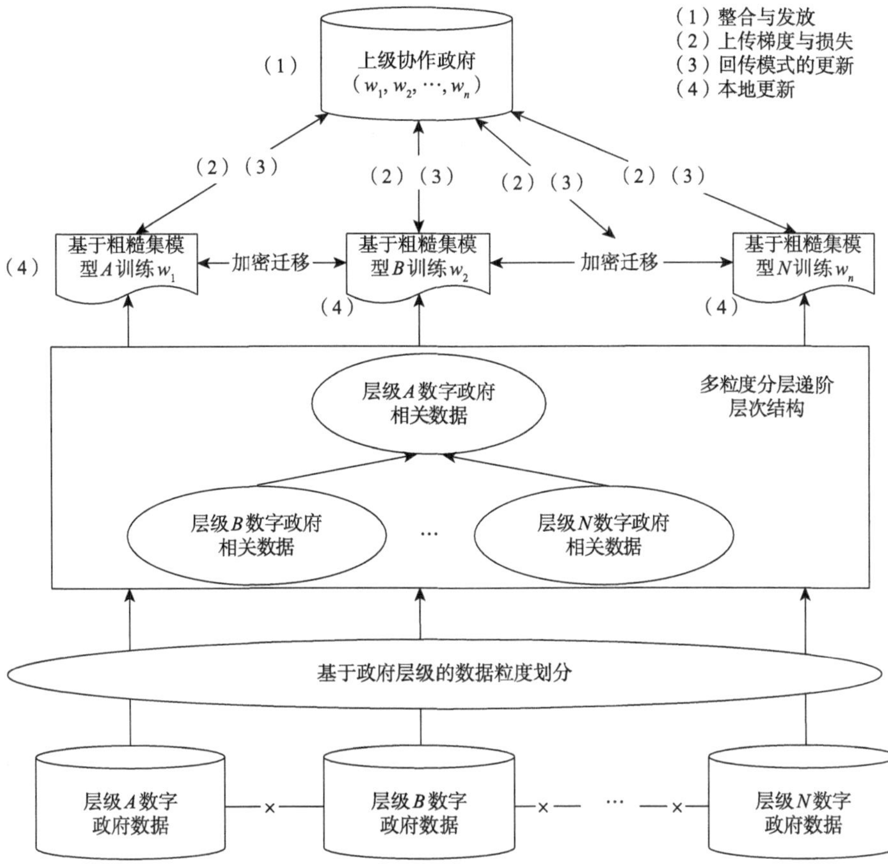

图 4.3　基于多粒度联邦学习的政府开放数据协同模型

1. 基于政府层级的数据粒化

为将不同层级的政府开放数据进行多粒度知识表示，本章提出基于政府层级的数据粒化方法，该方法可以依据政府层级在数据协同分析之前对原始数据进行多粒度知识表示，识别不同层级政府开放数据中的数据粒、粒层及整个粒结构，实现不同层级政府开放数据分层递阶空间结构的构建，从而满足多粒度问题建模的需求。

2. 基于粗糙集的多粒度加密模型训练

不同层级政府面向不同层次的决策任务，有的面向国家层面、有的面向区域层面、有的面向地方层面。挖掘任务的多层次性必然要求数据挖掘不仅能够从不同层次探索不同粒度的隐含的局部模型，而且还能进行复杂有效的协同，获得整体数据集的全局模型。为此，本章考虑到粒度划分时的模糊性，在联邦迁移学习框架的基础上，提出基于粗糙集的多粒度加密模型训练方法，该方法通过挖掘不同层级政府开放数据的隐含模型来对全局模式进行迁移协同训练，从而提高模型训练的精度。

4.2 基于深度学习政府开放数据融合利用模型

2012年上海市正式启动了国家政府信用数据信息资源综合开放平台试点工作，建立了国内第一家省级政府信息数据资源开放平台，取得较好建设进展，随后北京市、武汉市、浙江省、青岛市等多地的各级政府也陆续启动开通了国家政府信息数据资源开放平台。截至2021年3月底，我国已累计建立了145家企业数据信息开放平台，主要包括省级、副省级、地级、区级各个职能层级。虽然我国数据开放平台项目建设已有一定成果，但是数据开放平台数据的快速推进和经济社会数据需求发展相比仍然落后，政府也在原有的数据信息化平台建设发展过程中过于注重开展纵向的信息系统基础建设，而忽略了开展横向数据连接，导致“信息孤岛”“信息烟囱”等奇怪现象普遍存在，数据库的孤岛建设使得开放数据库的价值并没有完全被挖掘出来造福经济社会。同时，由于部门之间权责模糊和利益冲突，数据资源无法在各个部门之间形成有效的互通机制，公共服务缺乏整体性统筹，存在碎片化、分裂化等现象。在本市政府部门开放政务数据集的平台中，多数平台为针对本市开放政府数据平台设立的政府独立门户，还有一部分开放数据集的开放平台主要是被内嵌于市政府政务信息服务网中，有些开放平台即使名称固定为“数据开放平台”，但是并没有提供可以通过网络下载的方式，或者通过接口化的形式实时获取的结构化的开放数据集，仅提供一些较为文本化的内容。我国政府开放数据发展面临着数据格式不统一、数据流动性不足、数据治理相对落后等问题，这些问题极大地限制了政府开放数据的有效利用。

针对这些现实问题，参考国内外政府相关专家研究成果，本章研究着重深入分析我国政府用户数据资源开放应用共享的内在价值机理，提出一种将我国政府数据开放共享数据与政府用户业务数据（包括企业用户数据、个人用户数据、政府自身业务数据）有机结合的政府数据资源融合分析模型，为深度挖掘我国政府数据开放共享数据的内在价值、提高政府开放共享数据的综合利用率和促进企业有效性发展提供数据参考，并对政府与企业乃至政府与个人之间的政策信息相互交流、知识技术资源相互共享和企业创新发展提供经验借鉴。

4.2.1　政府开放数据的融合模型设计

1. 一站式政府数据开放形式

政府政务数据开放的主要表现形态之一是“一站式”的政府数据开放服务门户，如图 4.4 所示。该服务门户将各个部门相关数据进行整合开放到单一的数据入口，并可以提供数据浏览、检测、下载、用户体验定制等多种功能，通过“一站式”门户，政府根据有关职能部门数据可以将政府经济、民生、医疗、教育等各个方面的相关数据信息进行分析整合，上传、下载到政府相关数据目录下，并可以提供相关的数据关键词进行检索查询和提供相关数据质量标准及下载文件格式。政府相关数据综合开放服务门户的数据核心技术服务范围，包括提供数据申请、数据发布、数据交换、数据分析等。政府相关数据综合开放服务门户所需要使用的数据核心技术，主要包含元数据管理、关联数据、数据可视化及社交网络等多种数据处理核心技术。

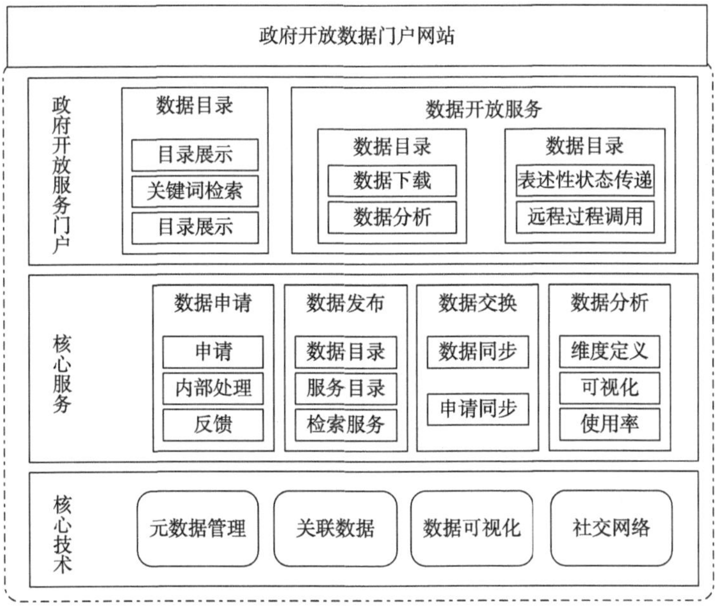

图 4.4　政府开放数据门户总体框架

2. 政府开放数据平台运行路径

实现各级政府信息数据共享，关键在于信息平台体系建设，同时着重克服因不同政府组织、制度、技术、环境条件等的差异所带来的信息边界管理障碍，逐步彻底消除政府信息共享壁垒，整合社会现有的各级政府部门利用政府信息网络平台信息资源，建立统一的各级政府数据开放信息数据共享平台。在具体操作上，可以从服务内容、技术、管理方面逐步形成统一的政府数据共享平台，同时，根据社会公众的政府数据使用需求和为确保不同政府部门之间共同发布政府数据的信息标准性与一致性，建立一个面向社会公众的各个政府信息数据服务开放信息共享服务平台，以方便社会公众在各个政府数据开放服务数据共享平台之间进行数据查询、申请、上传、下载等各项基本操作，如图 4.5 所示。在地方政府部门开放信息数据服务平台的建设构建这个阶段中，需要努力保证数据的发布规范性。首先，需努力做到建立统一开放数据发布口径，确保开放数据的信息规范性、准确性和数据一致性，实现各级地方政府部门的开放数据库之间的信息互通性和互联；其次，需做到便于政府公众信息访问与数据查询，提高数据平台用户操作便捷度，持续完善更新各级政府部门开放信息数据，保持平台与时俱进，不断创新提供个性化的开放数据服务；最后，需提高政府数据开放性和互动性，强调社会公众参与和持续优化。

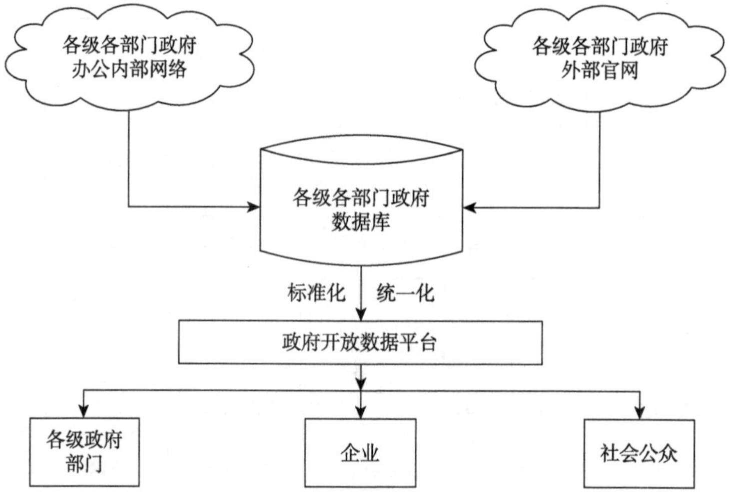

图 4.5 政府开放数据平台运行路径

3. 基于深度学习的政府开放数据融合模型设计

在政府数据开放共享主题背景下，设计出政府开放数据融合利用一般模型，如图 4.6 所示，主要分为数据获取、数据融合及数据利用（绩效产出）三大阶段。

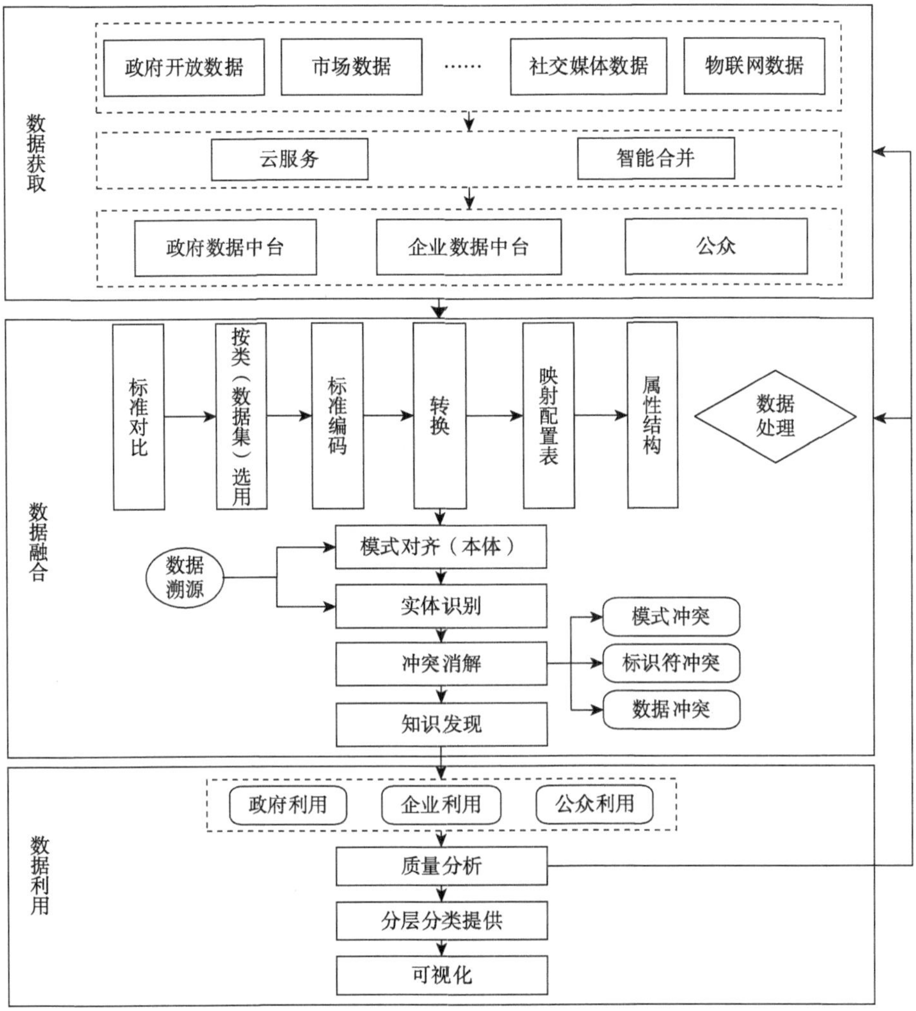

图 4.6　政府开放数据融合利用一般模型

首先，在数据获取阶段，通过各级、各部门政府开放数据平台等政府内部网站与市场、社交媒体、物联网等外部网站，整合相关政府开放数据到各级、各部门政府的数据库，通过标准化、统一化对各个子数据库的数据进行处理，再利用云服务和智能合并等技术将各部门子数据库数据整合到政府开放数据中台、企业数据中台并直接开放给公众。

其次，在数据融合阶段，通过标准对比，按类对数据集进行选用、标准编码、转换等对政府开放原始数据集进行数据处理，同时可构建映射配置表与属性结构，再使用深度学习方法，通过模式对齐、实体识别、冲突消解、知识发现等过程，对处理后的政府开放数据集（数据特征）与其他部门数据、企业数据、个人数据进行融合。

最后，在数据利用阶段，通过质量分析、分层分类提供及可视化等过程，利用融合数据投入科研以及决策中，加快创新成果产出，提高绩效产出，同时，质量分析过程可对数据获取与数据处理环节进行反馈，进一步提升数据质量。

数据融合作为政府开放数据融合利用一般模型最为重要的关键环节，其融合模式可分为合并、嵌合、重组三种。设政府数据集为$G(g_1,g_2,g_3,\cdots)$，企业数据集为$B(b_1,b_2,b_3,\cdots)$，公众数据集为$C(c_1,c_2,c_3,\cdots)$，三种数据融合模式合并A_1、嵌合A_2、重组A_3，可分别表示如下：

$$A_1=(g_1+b_1+c_1, g_2+b_2+c_2, g_3+b_3+c_3,\cdots)$$

$$A_2=(g_1, b_1, c_1, g_2, b_2, c_2, g_3, b_3, c_3,\cdots)$$

$$A_3=(g_1, g_2, g_3, b_1, b_3, c_1, c_2,\cdots)$$

对于来自政府数据集、企业数据集及公众数据集中的非结构化数据，如Word、PDF、PPT、Excel，各种格式的图片、视频等，对于其中具有互补性的非结构化数据可以采用数据组合的方式对其进行处理。数据组合将这些具有不同格式的数据进行结构化处理，利用实体的属性信息判定不同源实体是否可进行对齐，对于相同的实体进行匹配，使其形成格式统一、应用广泛、多粒度的数据集合。

对于来自政府数据集、企业数据集及公众数据集中的半结构化数据可以采用数据组合与数据嵌合的方式进行处理。数据组合对这些半结构化数据进行重组，将这些数据中的相同实体组合在一起，对其进行实体对齐处理，确保所形成的每个集合中的数据都是指向同一实体的。例如，同一企业对应的地址信息在政府数据集、企业数据集及公众数据集中往往存在多种表述方式，此时可以将这些不同数据源中所对应的地址信息合并到一起。数据嵌合是指找到半结构化数据中相对应的属性，对其属性关系进行描述，通过对数据属性相似度进行比较，对其进行实体识别，判断其是否存在相关关系，最后使得半结构化数据实现实体链接和关联。

对于结构化数据可以采用数据组合、数据嵌合及数据聚合的方式对其进行处理。数据组合是把通过不同收集渠道、加工体系和采集模式获取的具有不同数据结构的结构化数据集直接构建成为各类数据对象的关系图，再基于该图迭代进行实体匹配，形成格式统一、应用广泛的数据集合。数据嵌合将这些采用不同标准的结构化数据转换成标准化、结构化的数据，然后进行相似度计算，发现潜在相同实体对象，将这些实体归并为一个具有全局唯一标识的实体对象，实现数据集的建模、创建、协调和聚合。数据聚合是指首先对来自政府数据集、企业数据集及公众数据集中的结构化数据进行数据挖掘，从中提炼出有价值的信息形成知识；其次对这些知识进行实体对齐，通过冲突检测、真值发现等技术消解冲突之后，借助一定的知识组织的工具和方法对其进行关联与合并处理，完成原有知识单元的优化升级，需要注意的是，这种关联与合并并不是简单意义上的组合，需要进行语义层面的聚合和连接，实现“1+1 大于 2”的效果；最后对这些优化升级后的知识单元，采用类似文本处理、知识图谱等技术，对其进行提炼，挖掘出其中的核心知识及其之间的隐性关联，实现知识发现，以形成一个“智慧大脑”，为政府、企业和组织的活动提供个性化需求驱动的知识服务，让这些核心知识可以继续发挥价值。

4.2.2　基于深度学习的数据融合方法

1. 数据融合主要方法

近些年来，数据产生的方式不断更新，数据之间的关系变得更为复杂，数据表现出了多元性、演化性等特性，传统的数据分析处理手段已经难以满足用户需求，也无法体现出数据之间的真正联系与价值。大数据分析融合技术是能在最大不同程度上发挥人类大数据融合价值的一种技术手段，它的成功实现必然可以促使未来人类对虚拟世界的知识探索和管理认识向新的更大深度与全新广度方向拓展，不同于目前传统的超大数据分析集成或传统知识库管理技术，需要大量小跨度、深度多层次和广度综合性的数据研究分析方法。在整个自然界，人与其他的动物都同样具有多元处理信息互相融合的处理能力，当一个人和其他动物同时处于某一自然环境中，或对自己感兴趣的目标对象进行视觉观察时，都常常可以通过视觉、嗅觉、味觉、听觉等多种神经感官系统感知而得到目标信息特征，利用人体内的神经网络输送到大脑，随后由大脑对这些目标特征按照某种以前未知的处理规则对其做出一种综合性的加工和优化处理，从而得到对自然环境管理对象的一种统一知识理解和正确认识，并据此做出一种相应的行为与战略决策。这种由知识感知过程到知觉认识的融合过程，本身就是模拟生物体的多元处理信息的融合处理过程，人们通过对模拟生物的这种由处理多元信息融合过程的深入研究，设法通过各种机器学习来进行模拟实现生物体的这种由感知过程到知识认知的融合过程，最终出现了多元信息上的融合（information fusion）。20 世纪 70 年代，美国海军潜艇采用多个独立的声呐声波探测器在跟踪某特定海域内的敌方海军潜艇时，首次明确提出了海军数据处理融合（datafusion）这一概念，海军数据处理融合观测技术也就是在泛指海军利用计算机对按一定时序观测获得的若干具体观测数据信息，在一定计算准则下实时加以自动进行分析、综合，以便于完成当时所需的观测决策和分析评估观测任务而同时进行的一种信息处理融合技术。

在当前全球经济信息化快速推进发展的巨大背景下，数据已经逐渐成为一种重要战略人力资源，由于我国数据信息来源广泛，数据资源融合应用技术也从原有的工业军事应用领域慢慢逐步拓展到其他应用领域。例如，在全球地质探测科学应用领域，数据技术融合应用技术主要应用于地球遥感技术，包括利用卫星探测图像和利用航空航天拍摄卫星图像的遥感研究；在工业机器人导航技术和人工智能无人航行器技术研究应用领域，数据技术融合主要被广泛应用于工业机器人对物体周围环境的精确识别和自动化的导航。此外，数据技术融合应用技术也被广泛应用于工业医疗疾病诊断和工业人体智能模拟，以及一些复杂的在工业生产过程中的控制技术领域。

在大数据背景下，企业面临着巨大的数据挑战，特别是技术飞速发展的今天，许多企业亟须处理那些分散在组织中各处的数据。这些应用数据通常主要出现在各种应用数据库的存储以及应用软件和数据服务器的 App 中，收集、融合和整理分析这些应用数据往往是其发展业务的一个关键点和一条生命线，如果企业没有这些数据上的融合，企业对于业务整体性能、发展趋势的分析了解就不够充分完善，并且随着企业时间的推移，对业务模式也缺乏可见性。在我国数据理论融合的研究发展中，许多比较成熟的融合理论和分析方法也都已经发挥了积极的指导作用，如数据不确定性融合理论、模糊数据聚类、神经网络、卡尔曼滤波、贝叶斯数值估计和函数 D-S 等理论，常见的几种数据理论融合分析方法主要可以细分为基于数学概率论的融合分析方法、基于函数 D-S 理论的数据融合分析方法等，其中，基于熵的概率滤波融合的计算方法主要包括贝叶斯推理、马尔可夫函数模型、卡尔曼概率滤波函数模型等，这类数据融合方法的核心理论是贝叶斯推理，通过引入概率密度函数和概率分布来表示随机变量之间的依赖关系，从而建立起不同数据集之间的关系。但随着研究人员的不断研究发现，基于概率的数据融合方法存在难以获取先验概率，处理高维复杂数据困难的缺点，D-S 理论逐渐进入研究人员的视野中。D-S 理论作为贝叶斯推理的推广形式，不需要获取数据的先验概率，基于证据理论的融合方法主要是 D-S 证据理论。D-S 理论通过引入置信度和合理度来表示数据的不确定性，在动态的情况下进行推理并使用规定的融合规则进行数据融合。但是随着研究发现，基于 D-S 证据理论的数据融合方法的缺点也暴露出来，质量函数难以估计，于是提出了基于知识的融合方法，其中主要包括支持向量机、聚类等方法，这一类方法主要是通过寻找数据中所包含的大量有用的知识信息，然后度量知识之间的相关性和相似性。但是这一类方法对于数据质量要求较高，对于数据缺失和噪声数据比较敏感。

随着计算机运算硬件和数据处理技术的发展，深度学习为数据融合的应用带来了新的发展机遇，深度学习能够根据训练数据进行自学习，而无需对每个要理解的问题具体编程实现，深度学习模型旨在对数据进行建模，以获得数据中的深层关联关系并建立知识框架，最终将模型用于预测、分类和特征提取等方面。深度学习的基础概念首先在2006年由Hinton等提出，其同时提出了求解深度神经网络的贪婪逐层训练算法[①]，这一点使得目前深度机器学习在目标检测[②]、图像处理[③]、语音识别[④]等诸多方面有广泛的研究应用。深度学习是由浅层神经网络发展而来的，浅层神经网络通常由一个输入层、一个隐藏层和一个输出层组成，用 $Wx+b$ 来进行计算前一层特征输入的输出加权和，其中隐藏层中的每一个神经元为权重向量、为偏置，之后将加权和通过非线性激活函数，如 Tanh、Sigmod 和 ReLU 等得到后一层的输出；而深度神经网络则包含多个隐藏层，较低层的隐藏层的输出作为较高层隐藏层的输入。因此，深度神经网络不仅能够通过学习样本数据更有效地进行特征泛化表示，相较于浅层神经网络，深度浅层神经网络不仅能够更好地准确表示复杂的样本目标特征函数，具有更好的特征泛化分析能力，而且能够通过多个层的隐藏层同时提取样本数据多层样本特征，从而能够获得更多的样本信息。深度机器学习主要是学习这些样本信息数据的内在表示规律和特征表示功能层次，这些规律学习数据过程中获得的样本信息，对于文字、图像及声音等样本数据的特征解释功能有很大的学习帮助，其中一个目标是能够让一个机器学习能够做到像普通人一样具有准确分析这些学习者的能力，能够准确识别如文字、图像和声音等样本数据[⑤]。

2. 基于深度学习的数据融合方法步骤

数据源的融合需要用各种动态的融合方式通过统一不同的开放数据源，将各种数据融合转化而成为各种知识产权资源，包含各种政府部门之间数据的融合、政府部门开放数据与政府企业个人数据的融合及其他政府部门开放数据与企业个人信息服务数据的融合等多种类型。各种政府部门之间数据的融合，是泛指 A 政府部门可将利用到的开放信息数据与 B 政府部门开放数据服务进行信息融合，然后再为其提供数据应用；政府部门开放数据与政府企业个人数据的融合，是泛指政府企业可将利用到的政府部门开放信息数据与自身政府企业个人数据服务进行

---

① Hinton G E，Osindero S，Teh Y W. A fast learning algorithm for deep belief nets[J]. Neural Computation，2006，18（7）：1527-1554.

② 魏玮，蒲玮，刘依. 改进 YOLOv3 在航拍目标检测中的应用[J]. 计算机工程与应用，2020，56（7）：17-23.

③ 宋廷强，李继旭，张信耶. 基于深度学习的高分辨率遥感图像建筑物识别[J]. 计算机工程与应用，2020，56（8）：26-34.

④ Azarang A，Kehtarnavaz N. A review of multi-objective deep learning speech denoising methods[J]. Speech Communication，2020，（122）：1-10.

⑤ 张红，程传祺，徐志刚，等. 基于深度学习的数据融合方法研究综述[J]. 计算机工程与应用，2020，56（24）：1-11.

信息融合，供政府企业自身个人使用；其他政府部门开放数据与企业个人信息服务数据的融合，是泛指社会公众可将利用到的政府部门开放信息数据与企业个人信息服务进行数据融合，供企业个人自身使用，在服务模式上做对齐、实体识别环节可进行数据溯源。通常实体数据冲突融合的具体实现处理步骤主要包括以下几个方面：对齐不同本体/数据模式，加速数据融合处理效率；自动识别相同的实体，链接到相关联的实体；自动甄别数据真伪，合并实体冲突处理数据，并将冲突处理结果及时反馈提供给用户实体数据识别处理阶段，提高实体识别处理效率；对冲突数据源的起源，实体数据识别和处理冲突数据解决的全过程追根溯源，跟踪冲突数据的发展演化①。

1）模式/本体对齐

模式对齐主要解决两个特定模式属性元素之间的模式一致性相关问题，主要通过利用两个属性值的名称、类型、值得到的相似性，以及两个属性之间的模式邻接对应关系等，来寻找特定源属性模式与特定中介体源模式的属性对应邻接关系。本体对齐是针对特定语义领域词汇中的本体概念而言的，用来作为弥合特定词语间的异构性和特定语义领域歧义的心理间隙，本体间的对齐主要用来解决两个本体不一致性的问题，需要准确识别一个本体是否演化。模式/方法本体数据对齐模式用于有效提高事后融合补救效率，重点数据对齐用于演化可能所引起的不一致性，大数据的深度高通量性和高度演化性等都导致事后融合补救的工作难度大。本体动态演化中的对齐管理应该主要分为三个步骤来完成，即对齐本体的动态演化对齐管理、不一致性的演变预防和演化补救、对齐本体模板的演化挖掘。

2）实体识别

实体识别是人类数据信息融合的技术基础，主要作用是通过识别相似命名实体和同时消除相似实体间的歧义，相似性是指多个对象命名相似实体而在表象中也可以相对应应用到一个真实命名实体（或是对称相似概念）。歧义识别是指一个虚拟实体记录表象数据可直接对应一到多个真实虚拟实体，根据数据类型不同，实体识别方法可以分为包括面向两种非结构化类型文本的数据命名记录实体表象识别与集合消歧，面向非结构化文本数据的表象记录实体链接和两种数据类型之间的复杂类型数据集中实体识别关联三种方法，其中表象记录实体链接是指从复杂数据集中实体识别和消歧聚合出来表示现实虚拟世界中同一虚拟实体的表象记录（也可以称之为实体记录表象），即对相似度已经达到一定密度阈级数值的实体记录表象做集合聚类识别操作，相似性一般根据领域知识设定匹配规则度

① 孟小峰，杜治娟. 大数据融合研究：问题与挑战[J]. 计算机研究与发展，2016，53（2）：231-246.

量[①]，也可用于机器学习训练分类器的方法实现[②]，做出表象局部相似性判断后，接下来的工作是对实体进行邻接性聚类、相关性聚类[③]或密度聚类[④]。

3）冲突解决

冲突解决是实现大数据真值融合的必要条件，它的第一核心要务也就是信息消歧。大数据的信息真实性和数据演化性往往是直接引发这种冲突的主要导火索，如数据本身的信息新鲜度和数据贡献价值给特定用户查询的贡献价值等，这就直接引发了数据新鲜度和贡献价值量不同的多真值融合问题，需要重新评估整个信息流的质量，合并不确定信息。冲突主要分为数据模式异构冲突、标识符异构冲突和不同数据异构冲突，其中一种模式异构冲突由不同数据源的不同模式异构冲突引起，如数据属性名、语义等不同的冲突情况；不同标识符的冲突主要目的是在泛指属性异名或者同义冲突现象；同一数据属性冲突主要目的是在泛指同一数据属性之间具有多种不同的标识值。冲突的问题解决一般上都是在基于实体或者级别属性，采用基于识别值的函数，目前主要问题集中在基于实体或者级别的属性真假关系甄别和属性演化上的问题。

4）数据溯源

数据溯源是一种传统数据融合不可具备的，用于研究建立针对大数据起源融合的长期可持续回溯管理机制，追溯形成融合演化结果的主要数据融合来源以及融合演化过程，及时发现和快速更正融合错误，其中一个关键作用是针对数据融合起源的准确表示以及针对数据起源演化的中间人和过程的实时跟踪，其中，中间的识别过程主要包括实体冲突识别和系统冲突分析解决两个过程，故需首先建立一个实体统一识别冲突溯源分析机制，用于分析跟踪处理融合分析结果冲突是由哪些实体待实现统一识别实体自动产生的。同时，需要建立实体冲突识别解决分析机制，用于分析处理跟踪融合分析结果中多元组属性中的每个实体值及来自哪些实体记录的哪个实体属性中的值，以及通过何种实体冲突识别解决机制方法识别得来。

---

① Hernández M A，Stolfo S J. Real-world data is dirty：data cleansing and the merge/purge problem[J]. Data Mining and Knowledge Discovery，1998，2（1）：9-37.

② Sarawagi S，Bhamidipaty A. Interactive deduplication using active learning[C]//Proceedings of the Eighth ACM SIGKDD International Conference on Knowledge Discovery and Data Mining，2002.

③ Charikar M，Guruswami V，Wirth G A. Clustering with qualitative information[J]. Journal of Computer and System Sciences，2005，（3）：360-383；Bansal N，Blum A，Chawla S. Correlation clustering[J]. Machine Learning，2004，56（1-2-3）：89-113.

④ Davies D L，Bouldin D W. A cluster separation measure[J]. IEEE Transactions on Pattern Analysis and Machine Intelligence，1979，（2）：224-227；Ester M，Kriegel H P，Sander J，et al. A density-based algorithm for discovering clusters in large spatial databases with noise[C]//Proceedings of KDD' 96. New York：ACM，1996；Rodriguez A，Laio A. Clustering by fast search and find of density peaks[J]. Science，2014，344（6191）：1492-1496.

在数据融合领域，传统的数据融合方法在对数据进行特征提取时，通常采用专家制定提取规则或人工标注的方法进行，因此适合处理小规模数据集，但是在信息爆炸的今天，人工提取特征会导致提取的特征不全面，无法进一步挖掘多源数据间存在的关联关系，使得决策的精度降低，基于深度学习的数据融合方法具有自学能力和非线性特点，能够自动挖掘数据的相关特征，因此在面对海量数据进行融合时具有优势，融合质量相对较好。深度神经网络凭借着优秀的特征表现能力得到了广泛的应用，其具有强大的非线性表达能力，能够充分挖掘多源数据之间的深层抽象特征，避免了因特征提取不充分导致的影响模型输出精度降低的问题；除此之外，深度学习具备自学能力，能自主获得多源信息之间的相关性，并按照相关性进行充分融合。张红等将现有的基于深度学习的数据融合方法按照深度学习在数据融合中所参与的阶段分成了三类：基于深度学习特征提取的数据融合方法，基于深度学习融合的数据融合方法及基于深度学习全过程的数据融合方法，其中，在基于 Hadoop 和深度分析学习特征提取的各种数据特征融合操作方法中，深度分析学习主要人员参与的阶段是基于数据特征融合过程中的特征提取的操作阶段，融合后的操作方法可以在基于深度分析学习数据模型之后（基于特征提取级数据融合或特征决策数据级特征融合），或者可在基于深度分析学习数据模型之前（特征数据决策级特征融合）①。

在基于深度学习融合的数据融合方法中，深度学习主要功能是对输入的数据进行融合，在实际应用过程中，输入的数据既可以是原始数据集也可以是经过处理后的数据特征；在特征提取阶段和数据融合阶段都使用了数据融合模型，在该类模型中，特征提取和数据融合既可以使用相同类型的深度学习模型，也可以使用不同类型的深度学习模型。

4.2.3 政府开放数据的数据融合算法

1. CNN 网络结构

CNN 是一种新形态的多层人工神经网络②，其基本网络结构包括卷积（convolution）层与池化（pooling）层，其中，卷积层对于在控制输入池和模化层池中同时使用多个卷积的人工内核神经数据系统进行特征提取，得到一个包含卷积多个池的特征提取过程图；池化层主要功能是通过拟合使用多个池化控制拟

① 张红，程传祺，徐志刚，等. 基于深度学习的数据融合方法研究综述[J]. 计算机工程与应用，2020，56（24）：1-11.

② Lecun Y L，Bottou L，Bengio Y，et al. Gradient-based learning applied to document recognition[J]. Proceedings of the IEEE，1998，86（11）：2278-2324.

化复合过程函数大大降低多个特征提取过程图的模化计算结果维度，并且在完全保证模化计算结果准确率的必要条件下尽量减少模化控制拟合过程需要模拟的参数组合，同时尽量减少模化拟合过程参数提取图的拟合数量。

CNN 典型结构如图 4.7 所示，其中 Input 为输入层，经过卷积操作后得到卷积层 $Layer_1$，对 $Layer_1$ 进行池化操作得到池化层 $Layer_2$，再经过卷积和池化操作得到卷积层 $Layer_3$ 和池化层 $Layer_4$，最终由全连接层 $Layer_5$ 进行分类输出，其中，在卷积阶段首先通过多个卷积核对输入数据进行卷积操作，然后形成多个特征图组成的卷积层，公式如下：

$$y_j = f\left(\sum_i w_{ij} \times x_i + b_j\right)$$

其中，w_{ij} 为每个卷积核的权重；y_j 为输出的第 j 个特征图；x_i 为输入的第 i 个特征图；b_j 为可训练的偏置；f 为激励函数。常用的 ReLU 激励函数表达式为

$$f(x) = \max(0, x) \tag{4.1}$$

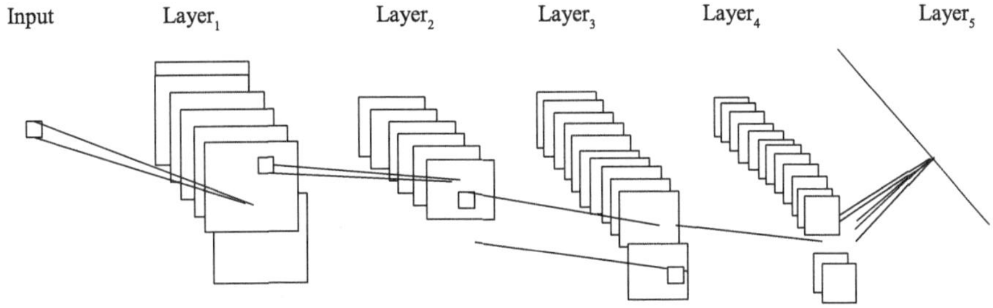

图 4.7　CNN 结构图

池化训练阶段不仅可对卷积后的数据特征结构图进行降维，并有效地防止数据过度模拟和混合，同时也可减少优化训练时的参数，从而大大降低数据模型优化训练所耗时间。目前常采用的池化处理方法也只有最大限度池化（max pooling）。

Logistic 事先分类模型回归基于模型分类是一种常用且高效的分类模型回归分类器，具有一种模型无须事先类别分类即可假设采用模型回归数据分布和卷积分类模型回归结构数学分析系统性质良好等诸多重要技术优点，卷积分类模型回归神经网络的最后一层一般为事先类别分类模型回归数据层，CNNMDA（convolutional neural networks model data aggregation，数据融合算法）采用 Logistic 回归作为一个基于 CNN 的事先类别分类模型回归数据层，Logistic 分类模型回归基于采用模型的事先分类假设数据分布回归函数及其形式为

$$h_\theta(x) = \frac{1}{1 + \mathrm{e}^{\theta^T x}} \tag{4.2}$$

该函数发生可导函数可以被简称为一阶对应样本概率函数发生可导函数，是任意一个函数阶对应概率函数可导的凸函数。$h_\theta(x)$ 为对于一个集的样本 x 在该集中发生某件事的对应概率为该发生一个函数值的概率；θ 为一个概率可导的用于计算训练的一个样本集中参数。

2. CNNMDA 数据融合算法

CNNMDA 学习算法基于一个深度机器学习算法模型，所学习使用的整个 CNN 模型网络数据结构共计包含 3 个卷积池化层、1 个卷积池化连接层和 2 个全新的连接层，在学习利用特征提取算法模型利用卷积神经网络模型（convolutional neural network model，CNNM）对每个节点间的数据结构进行分析融合之前，需要先完成该算法模型的融合训练，传统的模型训练方法主要为反向数据传播后的算法，而新的 CNNM 算法模型由于卷积池化层和一个池化层的关联存在，训练需要对反向数据传播后的算法数据进行一些相应的数据修改，CNNM 模型训练的数据损失计算函数结构如下：

$$J(\theta)=-\frac{1}{m}\left[\sum_{i=1}^{m}y^{(i)}\ln h_\theta\left(x^{(i)}\right)+\left(1-y^{(i)}\right)\ln\left(1-h_\theta\left(x^{(i)}\right)\right)\right] \qquad (4.3)$$

不断迭代更新参数以最小化损失函数 $J(\theta)$，为求出偏导数 $\frac{\partial}{\partial\theta}J(\theta)$，对于卷积层有

$$\delta_j^l=\beta_j^{l+1}\left(f'\left(u_j^l\right)\times \mathrm{up}\left(\delta_j^{l+1}\right)\right)$$

其中，δ_j^l 为第 l 层的第 j 个特征图的灵敏度；β_j^{l+1} 为第 $l+1$ 层第 j 个特征图的参数。将 δ_j^l 代入式（4.4）和式（4.5）可以得到卷积核权重 w 和偏置 b 的导数。

$$\frac{\partial J}{\partial w_{ij}}=\sum_{u,v}\left(\delta_j^l\right)_{uv}\left(p_i^{l-1}\right)_{uv} \qquad (4.4)$$

$$\frac{\partial J}{\partial b_j}=\sum_{u,v}\left(\delta_j^l\right)_{uv} \qquad (4.5)$$

其中，$\left(p_i^{l-1}\right)_{uv}$ 为第 $l-1$ 层特征图与第 l 层卷积核进行卷积操作的结果。

对于池化层有

$$z_j^l=f\left(\beta_j^l \mathrm{down}\left(z_j^{(l-1)}\right)+b_j^l\right) \qquad (4.6)$$

$$\delta_j^l=\sum_{j=1}^{M}\beta_l^{(l+1)}\times k_{ij} \qquad (4.7)$$

其中，z_j^l 为第 l 层的第 j 个特征图；down 为执行一次池化操作。然后通过下列公式求得卷积核的偏置与权重的导数，并将其代入完成一次池化层的参数更新。

$$\frac{\partial J}{\partial w_{ij}^{l}} = z_{j}^{l} \times \delta_{j}^{(l+1)} \tag{4.8}$$

$$\frac{\partial J}{\partial b_{j}} = \sum_{u,v}\left(\delta_{j}^{l}\right)_{uv} \tag{4.9}$$

对于卷积模型神经网络最后的全反向连接层，仍可以采用基于传统的反向数据传播层的算法操作进行分析训练，并可以利用上述的算法步骤对反向数据传播层的算法操作进行技术改进，同时还可结合前向数据传播生成过程算法完成对 CNNM 模型的分析训练，得到最后的卷积模型计算参数，即可按照上述算法操作实现 CNNMDA，算法操作步骤说明如下。

（1）系统根据用户需要选择处理的数据类型，从系统相应的处理数据库中自动提取一些含有类型标签号等信息的处理数据。

（2）将本次训练中的数据直接输入自己构建的一个 CNNM 训练模型，开始使用训练函数 CNNM。

（3）对本次收集融合起来的各种用户数据（主要包括中国政府开放式用户数据、企业用户数据、个人用户数据）分别依次进行了多层卷积的特征提取与数据池化，然后再次获得相互融合后的各种数据，其中一个卷积与数据池化的整个提取过程，也就是数据资源和各种数据相互融合的整个池化过程。

（4）再次利用 Logistic 回归分类器将（3）中所有产生的融合数据都进行分类，得到分类结果。

4.3　基于不同视角的政府开放数据利用模式分析

4.3.1　基于区域视角的政府开放数据利用模式

普遍而言，我国用户对开放平台上政府数据的整体利用行为参与度较低。基于系统论和协同论思想，政府开放数据利用行为作为一个系统，包括浏览、下载等具体要素。一方面，这些具体要素和利用行为之间是否具有一致性和协调性仍有待探讨；另一方面，具体利用行为之间的耦合协调水平对利用行为的整体发展具有推动还是阻碍作用，尚未可知。在此背景下，基于区域视角，对政府开放数据的利用现状和利用模式进行分析、评估和总结，通过利用行为各个方面的耦合协调分析，发现数据利用中存在的问题，并提出对策建议，有助于推动政府数据资源的有效利用，创造社会价值、推动社会创新，实现经济和社会效益。

1. 区域视角下政府开放数据利用的理论模式

1）区域视角下数据利用的指标体系

研究对象为区域视角下，不同平台的政府数据利用行为。基于已有研究可知，数据利用行为主要涉及利用广度、利用深度等视角，包括浏览行为、下载行为等维度，其中，浏览行为是政府开放数据利用广度的映射；下载行为是政府开放数据利用深度的映射。据此，选取浏览行为、下载行为作为区域视角下平台数据利用模式的关键要素，构建了理论指标体系，如表 4.1 所示。

表 4.1　区域视角下平台数据利用的指标体系

<table>
<tr><th>研究对象</th><th>研究变量</th><th>研究指标</th><th>研究指标测度</th></tr>
<tr><td rowspan="8">不同平台的政府数据利用行为</td><td rowspan="4">不同平台的浏览行为</td><td>浏览总量</td><td>平台数据集浏览量之和</td></tr>
<tr><td>浏览率</td><td>平台数据集浏览量/浏览总量</td></tr>
<tr><td>单一样本浏览率</td><td>平台数据集浏览量/数据集总量</td></tr>
<tr><td>整体样本浏览率</td><td>单一样本浏览率/单一样本浏览率总和</td></tr>
<tr><td rowspan="4">不同平台的下载行为</td><td>下载总量</td><td>平台数据集下载量之和</td></tr>
<tr><td>下载率</td><td>平台数据集下载量/下载总量</td></tr>
<tr><td>单一样本下载率</td><td>平台数据集下载量/数据集总量</td></tr>
<tr><td>整体样本下载率</td><td>单一样本下载率/单一样本下载率总和</td></tr>
</table>

2）区域视角下数据利用的权重函数

选用变异系数法进行权重计算，变异系数法是在指标经过类型一致化和无量纲化处理后，通过计算指标数据的标准差与平均数的比值来衡量观测数值的差异化程度，从而得出指标权重的一种客观赋权方法。区域视角下的变异系数计算及赋权公式如式（4.10）和式（4.11）所示，其中，V_i 为第 i 个平台指标的变异系数；σ_i 为第 i 个平台指标的标准差；$\overline{x}_i$ 为第 i 个平台指标的平均数；W_i 为第 i 个平台指标的权重。

$$V_i = \frac{\sigma_i}{\overline{x}_i} \tag{4.10}$$

$$W_i = \frac{V_i}{\sum_{i=1}^{n} V_i}, \quad \sum_{i=1}^{n} W_i = 1 \tag{4.11}$$

3）区域视角下数据利用的功效函数

功效函数是耦合协调分析的基础，可以反映各个要素及子系统变化对整个系统演化的贡献程度。假设：$x_{ij}\left(i=1,2,3;\ j=1,2,\cdots,12\right)$ 为第 i 个要素及子系统的

第 j 个指标的数值，即序参量；u_{ij} 为序参量 x_{ij} 对耦合模型的功效贡献度，$u_{ij} \in [0,1]$ ①。采用线性加权法分别计算出总功效值，得到不同开放平台浏览行为、下载行为和利用行为的综合评价指数，并设 U_i 为第 i 个要素及子系统的综合贡献值，具体算法如式（4.12）所示，其中，u_{ij} 为功效系数；w_{ij} 为指标权重。

$$U_i = \sum_{j=1}^{n} w_{ij} u_{ij} \left(i = 1,2,3;\ j = 1,2,\cdots,12\right) \tag{4.12}$$

4）区域视角下数据利用的耦合度函数

耦合度常被用于度量系统间相互影响和依赖的程度。根据物理学中的耦合度计算公式，可推导得出区域视角下不同平台数据利用浏览行为、下载行为之间的耦合度函数，如式（4.13）所示，其中，C 为不同平台浏览行为、下载行为之间的耦合度，表示耦合要素之间的交互作用和协同效应；U_1 为不同平台浏览行为的综合评价指数；U_2 为不同平台下载行为的综合评价指数。C 值越大，即平台数据利用行为的耦合程度越高。

$$C = \sqrt[2]{\frac{U_1 \times U_2}{\left(U_1 + U_2\right)^2}} \tag{4.13}$$

5）区域视角下数据利用的耦合协调度函数

耦合度无法描述系统间的协调发展程度和实际互动程度，需要在耦合度模型的基础上建立耦合协调度模型，从而客观反映不同平台政府数据浏览行为、下载行为之间的协调发展关系。同样借鉴物理学科中的模型，得到区域视角下，不同平台数据利用耦合协调度函数如式（4.14）和式（4.15）所示，其中，D 为不同平台数据浏览行为、下载行为的耦合协调度；C 为耦合度；T 为综合调和指数，反映不同平台政府数据利用行为的整体协同效应或贡献；α 、β 、γ 为待定的系统耦合协调度系数①。

$$D = \sqrt{C \times T} \tag{4.14}$$

$$T = \alpha U_1 + \beta U_2 + \gamma U_3 \tag{4.15}$$

2. 区域视角下的研究样本与数据处理

以截至 2020 年 3 月 31 日我国已上线的且符合开放数据标准的地方政府数据开放平台（共 108 个）作为研究样本，爬取研究所需的浏览、下载等数据指标。在区域样本筛选方面，仅有 77 个地方政府数据开放平台同时提供了浏览、下载数据指标，占已上线平台的 71.3%。在数据处理方面，根据指标测度公式，计算得

① 陈玲，段尧清，王冰清. 数字政府建设和政府开放数据的耦合协调性分析[J]. 情报科学，2020，38（1）：162-168.

到77个地方政府数据开放平台的浏览总量、数据浏览率、单一样本数据浏览率、整体样本数据浏览率、下载总量、数据下载率、单一样本数据下载率、整体样本数据下载率8个研究指标的数值。

3. 区域视角下数据利用的变异系数与指标权重

结合变异系数公式和指标权重公式，根据77个地方政府开放平台的数据值，计算得到浏览总量、浏览率、单一样本浏览率、整体样本浏览率、下载总量、下载率、单一样本下载率、整体样本下载率 8 个研究指标的变异系数和指标权重，计算结果如表4.2所示。

表 4.2　区域视角下数据利用的指标系数与权重

研究指标	平均值	标准差	变异系数	指标权重
浏览总量	625 474.25	2 366 520.981	3.783 562 602	0.146 654 498
下载总量	179 624.91	515 990.562	2.872 600 253	0.111 344 728
单一样本浏览率	771.823 520 8	2203.257 83	2.854 613 484	0.110 647 544
单一样本下载率	169.103 092	573.056 771 5	3.388 801 262	0.131 353 172
整体样本浏览率	0.012 987 01	0.037 072 902	2.854 614 111	0.110 647 568
整体样本下载率	0.012 987 01	0.044 010 406	3.388 802 041	0.131 353 202
浏览率	0.012 987 01	0.049 137 177	3.783 563 499	0.146 654 533
下载率	0.012 987 01	0.037 306 497	2.872 600 93	0.111 344 754

4. 区域视角下数据利用的功效系数与贡献程度

根据各研究指标的变异系数和指标权重，可计算得到77个开放平台上浏览总量、浏览率、单一样本浏览率、整体样本浏览率、下载总量、下载率、单一样本下载率、整体样本下载率8个研究指标的功效系数，计算结果如表4.3所示。进一步，得到77个开放平台上政府开放数据浏览行为和下载行为对利用模型的贡献程度，计算结果如表 4.4 所示。根据要素的贡献度数值可知，政府开放数据下载行为的贡献度最高，其次为政府开放数据浏览行为，说明浏览是现阶段制约我国政府开放数据利用的主要因素。

表 4.3　区域视角的数据利用功效系数

区域	浏览总量	单一样本浏览率	整体样本浏览率	浏览率	下载总量	单一样本下载率	整体样本下载率	下载率
上海	0.326 739	0.179 313	0.179 313	0.326 739	0.475 521	0.158 192	0.158 192	0.475 521
北京	0.077 430	0.072 088	0.072 088	0.077 430	0.047 746	0.026 981	0.026 981	0.047 746

续表

区域	浏览总量	单一样本浏览率	整体样本浏览率	浏览率	下载总量	单一样本下载率	整体样本下载率	下载率
天津	0.004 957	0.014 853	0.014 853	0.004 957	0.002 605	0.004 773	0.004 773	0.002 605
宁夏	0.019 416	0.138 267	0.138 267	0.019 416	0.000 445	0.001 922	0.001 922	0.000 445
山东	0.124 527	0.003 712	0.003 712	0.124 527	0.938 016	0.017 701	0.017 701	0.938 016
广东	0.104 149	0.029 006	0.029 006	0.104 149	0.146 907	0.024 921	0.024 921	0.146 907
江西	0.000 930	0.015 446	0.015 446	0.000 930	0.000 731	0.007 384	0.007 384	0.000 731
河南	0.004 773	0.006 866	0.006 866	0.004 773	0.010 385	0.009 255	0.009 255	0.010 385
浙江	1.000 000	1.000 000	1.000 000	1.000 000	1.000 000	0.605 727	0.605 727	1.000 000
海南	0.003 637	0.187 262	0.187 262	0.003 637	0.002 241	0.069 833	0.069 833	0.002 241
福建	0.003 449	0.005 844	0.005 844	0.003 449	0.008 152	0.008 590	0.008 590	0.008 152
贵州	0.009 857	0.007 504	0.007 504	0.009 857	0.035 933	0.016 928	0.016 928	0.035 933
成都	0.012 418	0.008 833	0.008 833	0.012 418	0.075 151	0.032 976	0.032 976	0.075 151
济南	0.023 953	0.012 227	0.012 227	0.023 953	0.119 010	0.037 288	0.037 288	0.119 010
青岛	0.027 751	0.011 294	0.011 294	0.027 751	0.114 225	0.028 568	0.028 568	0.114 225
广州	0.042 994	0.035 686	0.035 686	0.042 994	0.040 010	0.020 204	0.020 204	0.040 010
深圳	0.327 391	0.210 246	0.210 246	0.327 391	0.057 628	0.022 429	0.022 429	0.057 628
宁波	0.000 006	0.000 000	0.000 000	0.000 006	0.000 102	0.000 840	0.000 840	0.000 102
武汉	0.024 581	0.008 080	0.008 080	0.024 581	0.042 779	0.008 690	0.008 690	0.042 779
厦门	0.014 212	0.021 045	0.021 045	0.014 212	0.004 727	0.004 271	0.004 271	0.004 727
哈尔滨	0.029 409	0.031 159	0.031 159	0.029 409	0.037 057	0.023 900	0.023 900	0.037 057
乌海	0.000 513	0.003 489	0.003 489	0.000 513	0.000 398	0.001 697	0.001 697	0.000 398
雅安	0.000 247	0.002 921	0.002 921	0.000 247	0.000 048	0.000 354	0.000 354	0.000 048
银川	0.006 130	0.023 030	0.023 030	0.006 130	0.001 795	0.004 109	0.004 109	0.001 795
六安	0.000 939	0.022 200	0.022 200	0.000 939	0.000 044	0.000 632	0.000 632	0.000 044
宣城	0.000 213	0.003 600	0.003 600	0.000 213	0.000 136	0.001 416	0.001 416	0.000 136
蚌埠	0.000 095	0.004 293	0.004 293	0.000 095	0.000 068	0.001 809	0.001 809	0.000 068
阜阳	0.004 977	0.084 074	0.084 074	0.004 977	0.000 360	0.003 684	0.003 684	0.000 360
马鞍山	0.002 037	0.013 807	0.013 807	0.002 037	0.007 481	0.030 988	0.030 988	0.007 481
黄山	0.016 458	0.628 246	0.628 246	0.016 458	0.043 261	1.000 000	1.000 000	0.043 261
东营	0.003 370	0.002 202	0.002 202	0.003 370	0.072 211	0.030 708	0.030 708	0.072 211
临沂	0.030 933	0.018 672	0.018 672	0.030 933	0.072 535	0.026 750	0.026 750	0.072 535
威海	0.003 383	0.000 716	0.000 716	0.003 383	0.045 575	0.007 200	0.007 200	0.045 575
德州	0.004 473	0.002 655	0.002 655	0.004 473	0.065 339	0.024 943	0.024 943	0.065 339
日照	0.002 568	0.001 413	0.001 413	0.002 568	0.087 878	0.032 694	0.032 694	0.087 878
枣庄	0.001 226	0.004 583	0.004 583	0.001 226	0.014 486	0.033 811	0.033 811	0.014 486

续表

区域	浏览总量	单一样本浏览率	整体样本浏览率	浏览率	下载总量	单一样本下载率	整体样本下载率	下载率
泰安	0.003 440	0.002 859	0.002 859	0.003 440	0.066 368	0.035 305	0.035 305	0.066 368
济宁	0.005 122	0.005 163	0.005 163	0.005 122	0.041 782	0.026 308	0.026 308	0.041 782
淄博	0.003 751	0.002 355	0.002 355	0.003 751	0.048 110	0.019 564	0.019 564	0.048 110
滨州	0.001 791	0.001 103	0.001 103	0.001 791	0.030 295	0.012 982	0.012 982	0.030 295
潍坊	0.005 133	0.001 444	0.001 444	0.005 133	0.031 520	0.005 988	0.005 988	0.031 520
烟台	0.008 264	0.001 397	0.001 397	0.008 264	0.113 530	0.013 013	0.013 013	0.113 530
聊城	0.002 277	0.001 480	0.001 480	0.002 277	0.028 182	0.012 320	0.012 320	0.028 182
菏泽	0.003 532	0.002 737	0.002 737	0.003 532	0.039 878	0.019 829	0.019 829	0.039 878
东莞	0.003 622	0.010 030	0.010 030	0.003 622	0.003 415	0.005 812	0.005 812	0.003 415
中山	0.006 224	0.019 436	0.019 436	0.006 224	0.017 424	0.033 206	0.033 206	0.017 424
云浮	0.001 340	0.023 618	0.023 618	0.001 340	0.000 041	0.000 441	0.000 441	0.000 041
佛山	0.031 378	0.034 666	0.034 666	0.031 378	0.025 666	0.017 252	0.017 252	0.025 666
惠州	0.004 444	0.013 875	0.013 875	0.004 444	0.006 173	0.011 795	0.011 795	0.006 173
揭阳	0.000 896	0.025 880	0.025 880	0.000 896	0.000 937	0.016 376	0.016 376	0.000 937
梅州	0.001 469	0.042 415	0.042 415	0.001 469	0.002 990	0.052 255	0.052 255	0.002 990
汕头	0.001 305	0.038 621	0.038 621	0.001 305	0.001 197	0.021 445	0.021 445	0.001 197
汕尾	0.000 517	0.014 588	0.014 588	0.000 517	0.000 298	0.005 080	0.005 080	0.000 298
江门	0.003 090	0.008 992	0.008 992	0.003 090	0.002 465	0.004 415	0.004 415	0.002 465
河源	0.001 226	0.013 335	0.013 335	0.001 226	0.001 198	0.007 948	0.007 948	0.001 198
清远	0.002 078	0.027 242	0.027 242	0.002 078	0.001 697	0.013 516	0.013 516	0.001 697
湛江	0.001 404	0.022 689	0.022 689	0.001 404	0.002 017	0.019 801	0.019 801	0.002 017
潮州	0.002 492	0.021 255	0.021 255	0.002 492	0.002 289	0.011 884	0.011 884	0.002 289
珠海	0.002 395	0.011 477	0.011 477	0.002 395	0.002 272	0.006 673	0.006 673	0.002 272
肇庆	0.001 714	0.042 253	0.042 253	0.001 714	0.001 810	0.027 021	0.027 021	0.001 810
茂名	0.000 511	0.014 068	0.014 068	0.000 511	0.000 429	0.007 156	0.007 156	0.000 429
阳江	0.000 908	0.026 871	0.026 871	0.000 908	0.000 454	0.008 146	0.008 146	0.000 454
韶关	0.001 356	0.022 544	0.022 544	0.001 356	0.001 895	0.019 124	0.019 124	0.001 895
南通	0.000 000	0.000 218	0.000 218	0.000 000	0.000 000	0.000 010	0.000 010	0.000 000
常州	0.024 671	0.155 143	0.155 143	0.024 671	0.008 542	0.032 557	0.032 557	0.008 542
扬州	0.001 493	0.001 376	0.001 376	0.001 493	0.000 002	0.000 000	0.000 000	0.000 002
泰州	0.003 496	0.001 817	0.001 817	0.003 496	0.003 409	0.001 170	0.001 170	0.003 409
淮安	0.001 144	0.005 936	0.005 936	0.001 144	0.000 782	0.002 512	0.002 512	0.000 782
苏州	0.002 218	0.006 160	0.006 160	0.002 218	0.007 058	0.012 157	0.012 157	0.007 058
连云港	0.001 004	0.009 397	0.009 397	0.001 004	0.000 416	0.002 384	0.002 384	0.000 416

续表

区域	浏览总量	单一样本浏览率	整体样本浏览率	浏览率	下载总量	单一样本下载率	整体样本下载率	下载率
湖州	0.022 817	0.184 799	0.184 799	0.022 817	0.006 571	0.032 251	0.032 251	0.006 571
荆门	0.002 396	0.005 330	0.005 330	0.002 396	0.034 380	0.047 651	0.047 651	0.034 380
常德	0.000 036	0.007 013	0.007 013	0.000 036	0.000 078	0.007 965	0.007 965	0.000 078
长沙	0.001 812	0.004 612	0.004 612	0.001 812	0.000 344	0.000 548	0.000 548	0.000 344
贵阳	0.117 936	0.046 802	0.046 802	0.117 936	0.321 076	0.077 439	0.077 439	0.321 076
遵义	0.000 428	0.002 190	0.002 190	0.000 428	0.000 865	0.002 843	0.002 843	0.000 865
佳木斯	0.000 145	0.000 498	0.000 498	0.000 145	0.000 658	0.001 759	0.001 759	0.000 658

表 4.4　区域视角的数据利用贡献程度

区域	浏览行为的贡献度	下载行为的贡献度	区域	浏览行为的贡献度	下载行为的贡献度
上海	0.263 342	0.303 776	滨州	0.001 495	0.020 925
北京	0.075 133	0.036 508	潍坊	0.003 546	0.017 702
天津	0.009 213	0.003 779	烟台	0.005 311	0.059 128
宁夏	0.070 525	0.001 244	聊城	0.001 935	0.019 597
山东	0.072 573	0.439 922	菏泽	0.003 19	0.029 027
广东	0.071 835	0.080 886	东莞	0.006 378	0.004 713
江西	0.007 173	0.004 332	中山	0.011 905	0.025 965
河南	0.005 673	0.009 773	云浮	0.010 921	0.000 257
浙江	1	0.786 611	佛山	0.032 792	0.021 112
海南	0.082 601	0.038 823	惠州	0.008 5	0.009 215
福建	0.004 479	0.008 389	揭阳	0.011 64	0.009 293
贵州	0.008 845	0.025 647	梅州	0.019 077	0.029 653
成都	0.010 876	0.052 325	汕头	0.017 352	0.012 155
济南	0.018 911	0.074 78	汕尾	0.006 568	0.002 886
青岛	0.020 674	0.067 866	江门	0.005 628	0.003 52
广州	0.039 851	0.029 291	河源	0.006 433	0.004 851
深圳	0.277 015	0.038 578	清远	0.012 899	0.008 094
宁波	0.000 003	0.000 501	湛江	0.010 557	0.011 642
武汉	0.017 485	0.024 33	潮州	0.010 561	0.007 482
厦门	0.017 15	0.004 48	珠海	0.006 3	0.004 654
哈尔滨	0.030 162	0.029 936	肇庆	0.019 147	0.015 455
乌海	0.001 793	0.001 101	茂名	0.006 341	0.004 07
雅安	0.001 397	0.000 213	阳江	0.012 073	0.004 617
银川	0.013 398	0.003 047	韶关	0.010 468	0.011 22

续表

区域	浏览行为的贡献度	下载行为的贡献度	区域	浏览行为的贡献度	下载行为的贡献度
六安	0.010 082	0.000 362	南通	0.000 094	0.000 006
宣城	0.001 67	0.000 829	常州	0.080 778	0.021 539
蚌埠	0.001 9	0.001 01	扬州	0.001 443	0.000 001
阜阳	0.038 991	0.002 159	泰州	0.002 774	0.002 197
马鞍山	0.007 099	0.020 203	淮安	0.003 204	0.001 718
黄山	0.279 545	0.561 068	苏州	0.003 913	0.009 817
东营	0.002 868	0.049 748	连云港	0.004 613	0.001 481
临沂	0.025 66	0.047 755	湖州	0.092 474	0.020 47
威海	0.002 236	0.024 806	荆门	0.003 658	0.041 563
德州	0.003 692	0.043 476	常德	0.003 036	0.004 347
日照	0.002 072	0.058 011	长沙	0.003 016	0.000 454
枣庄	0.002 67	0.024 945	贵阳	0.087 346	0.189 215
泰安	0.003 19	0.049 556	遵义	0.001 186	0.001 936
济宁	0.005 14	0.033 407	佳木斯	0.000 297	0.001 254
淄博	0.003 151	0.032 661			

5. 区域视角下数据利用的耦合度与耦合协调度

耦合度和耦合协调度能够综合反映政府开放数据利用行为的耦合状态。虽然耦合度 C 可用于度量浏览行为、下载行为之间的相互作用程度，然而当各要素及子系统发展水平均较低时也可能出现系统耦合度较高的情况，因而单纯依靠耦合度指标可能导致评价结果产生误差乃至误判，故研究综合运用耦合协调度来进一步评判系统内各要素的综合协调发展水平①。分别计算得到 77 个地方政府开放平台在浏览行为、下载行为间的耦合度 C 值和利用行为的耦合协调度 D 值，具体计算结果如表 4.5 所示。

表 4.5　区域视角的政府开放数据利用耦合及协调程度

区域	耦合度 C	耦合协调度 D	区域	耦合度 C	耦合协调度 D
浙江	0.496 421	0.669 787	厦门	0.405 238	0.068 065
黄山	0.471 127	0.437 673	潮州	0.492 665	0.067 219
上海	0.498 728	0.374 748	菏泽	0.298 694	0.066 601
山东	0.348 646	0.288 274	惠州	0.499 592	0.066 391
贵阳	0.464 846	0.248 943	阳江	0.447 337	0.062 413

① 钱慧敏，何江，关娇. “智慧+共享”物流耦合效应评价[J]. 中国流通经济，2019，33（11）：3-16.

续表

区域	耦合度 C	耦合协调度 D	区域	耦合度 C	耦合协调度 D
深圳	0.327 562	0.235 567	枣庄	0.295 525	0.061 317
广东	0.499 121	0.194 662	潍坊	0.372 892	0.060 865
海南	0.466 373	0.171 199	河南	0.482 065	0.060 223
北京	0.469 121	0.164 527	威海	0.275 415	0.058 490
湖州	0.385 216	0.152 003	银川	0.388 549	0.058 230
常州	0.407 674	0.148 433	天津	0.454 157	0.055 410
青岛	0.423 057	0.133 253	福建	0.476 355	0.054 535
济南	0.401 375	0.133 080	苏州	0.451 416	0.054 492
广州	0.494 133	0.131 669	江西	0.484 523	0.053 425
临沂	0.476 819	0.130 345	聊城	0.285 965	0.053 223
哈尔滨	0.499 996	0.122 597	河源	0.495 061	0.053 211
佛山	0.488 122	0.115 903	东莞	0.494 331	0.052 738
梅州	0.488 082	0.107 892	珠海	0.494 320	0.052 413
成都	0.377 458	0.105 669	茂名	0.487 957	0.050 930
武汉	0.493 256	0.100 739	滨州	0.249 481	0.050 603
肇庆	0.497 145	0.093 223	江门	0.486 542	0.047 702
中山	0.464 265	0.092 050	汕尾	0.460 520	0.047 535
烟台	0.275 003	0.090 220	常德	0.492 061	0.042 249
汕头	0.492 185	0.085 942	连云港	0.428 891	0.037 044
贵州	0.436 667	0.084 696	泰州	0.496 619	0.035 333
济宁	0.339 936	0.077 998	淮安	0.476 663	0.034 752
德州	0.268 587	0.076 249	六安	0.182 988	0.032 283
泰安	0.238 370	0.075 817	云浮	0.149 962	0.030 266
马鞍山	0.438 635	0.075 550	遵义	0.485 348	0.027 198
荆门	0.272 662	0.075 244	乌海	0.485 490	0.026 810
湛江	0.499 402	0.074 275	蚌埠	0.476 051	0.026 711
东营	0.227 020	0.073 852	长沙	0.337 298	0.025 047
韶关	0.499 699	0.073 486	宣城	0.470 818	0.024 645
揭阳	0.496 848	0.072 505	雅安	0.339 024	0.017 101
清远	0.486 723	0.072 269	佳木斯	0.393 413	0.016 930
宁夏	0.130 528	0.071 585	宁波	0.081 060	0.004 300
阜阳	0.222 953	0.070 620	扬州	0.022 555	0.004 226

续表

区域	耦合度 C	耦合协调度 D	区域	耦合度 C	耦合协调度 D
日照	0.182 453	0.070 598	南通	0.229 697	0.003 524
淄博	0.283 269	0.068 301			

6. 区域视角下政府开放数据的利用模式

1）区域视角下政府开放数据利用的耦合模式

根据区域视角下政府开放数据利用的耦合程度，绘制数据利用模式的耦合度雷达图，如图 4.8 所示。

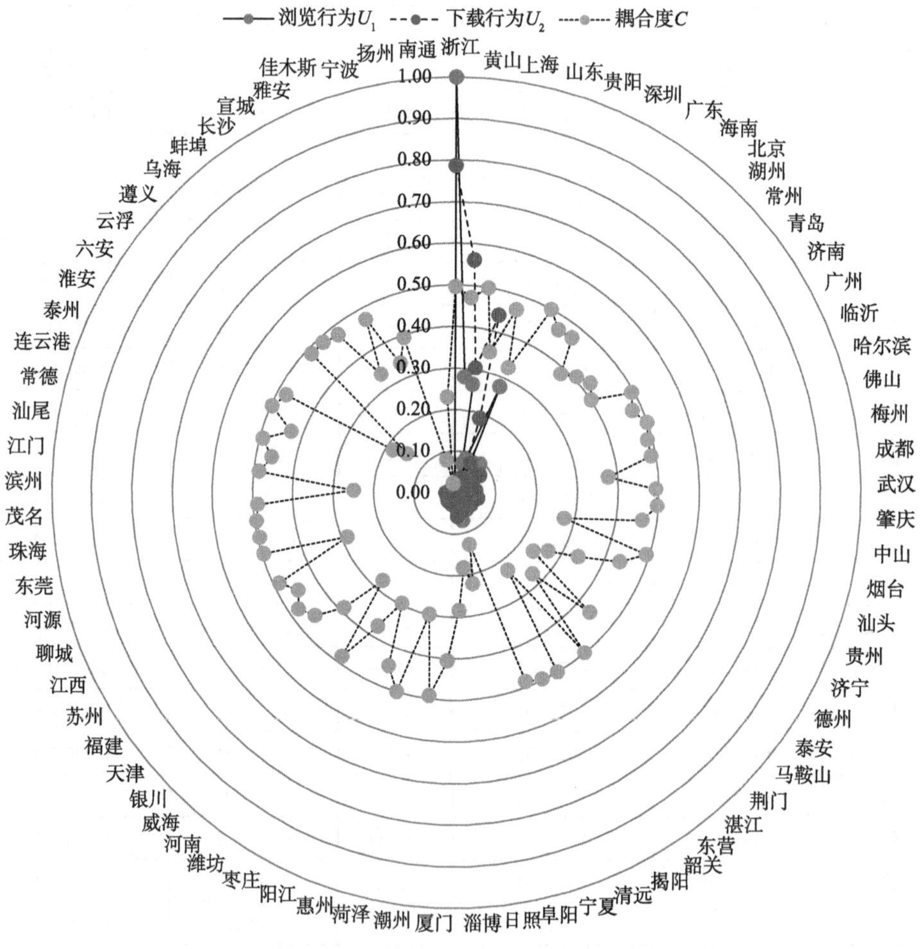

图 4.8 区域视角下政府开放数据利用模式的耦合度雷达图

就区域整体而言，我国政府开放数据利用行为的耦合等级目前处于拮抗耦合阶段，浏览行为子系统和下载行为子系统共同成长。在全部 77 个研究样本平台中，除极少数 6 个地方政府开放平台的利用耦合程度低于 0.2 之外，其余 71 个地方政府开放平台的利用耦合程度均高于 0.2，占比 92.2%。

就区域差异而言，第一，已有 58 个开放平台的数据利用系统达到中度耦合，处于发展阶段初期。其耦合度 C 值均高于 0.3（在 77 个研究样本中占比 75.3%），说明这些平台的政府开放数据利用系统正在成长，浏览行为子系统和下载行为子系统之间开始逐渐进入拮抗、磨合、互补等良性耦合阶段。第二，扬州、宁波、宁夏和云浮等地区的政府开放数据利用系统目前尚处于萌芽阶段，近似于无耦合。其耦合度 C 值均低于 0.2（在 77 个研究样本中占比 7.8%），说明这些平台的数据利用耦合要素均处于无序发展阶段，子系统间无明显耦合关联性。第三，惠州、泰州、河源、东莞、常德和乌海等平台的数据利用耦合度 C 值虽然在 77 个研究样本中排名较高，却是因为其浏览行为、下载行为耦合要素的发展水平均较低，导致出现系统耦合度较高的情况。

2）区域视角下政府开放数据利用的协调模式

根据区域视角下政府开放数据利用的协调程度，绘制数据利用模式的协调度雷达图，如图 4.9 所示。

就区域整体而言，我国政府开放数据利用行为的协调等级目前处于低度协调阶段，浏览行为和下载行为之间严重失调。全部 77 个研究样本平台中，除极少数 6 个地方政府开放平台的利用协调程度高于 0.2 之外，其余 71 个地方政府开放平台的利用协调程度均低于 0.2，占比 92.2%。

就区域差异而言，第一，浙江、黄山、上海、山东、贵阳和深圳等区域的政府开放数据利用目前处于中度协调阶段。其政府数据开放平台在数据利用耦合协调方面排名较高，且协调度 D 值均高于 0.2（在 77 个研究样本中占比 7.8%），浏览行为和下载行为有待进一步发展和深化。第二，宁波、南通、扬州、雅安和佳木斯等地区的政府开放数据利用在协调性方面目前处于极度失调。其政府数据开放平台在数据利用耦合协调方面排名靠后，且协调度 D 值均低于 0.02（在 77 个研究样本中占比 6.5%），亟须有关政府部门引起重视。

3）区域视角下政府开放数据利用的耦合及协调差异分析

根据区域视角下政府开放数据利用的耦合及耦合协调度分析其差异性。当前，我国政府开放数据利用行为的耦合水平及其耦合协调水平存在明显的地域差异。值得注意的是，大多数情况下，某一区域的政府开放数据利用耦合度越高，其耦合协调度也越高。浙江、黄山、上海、山东、贵阳和深圳等区域的数据利用耦合度 C 值和耦合协调度 D 值均在 0.2 以上，说明其数据利用均已达到拮抗耦合和中度协调阶段。与此形成对比的是，宁波和云浮等地区的数据利用耦合度 C 值

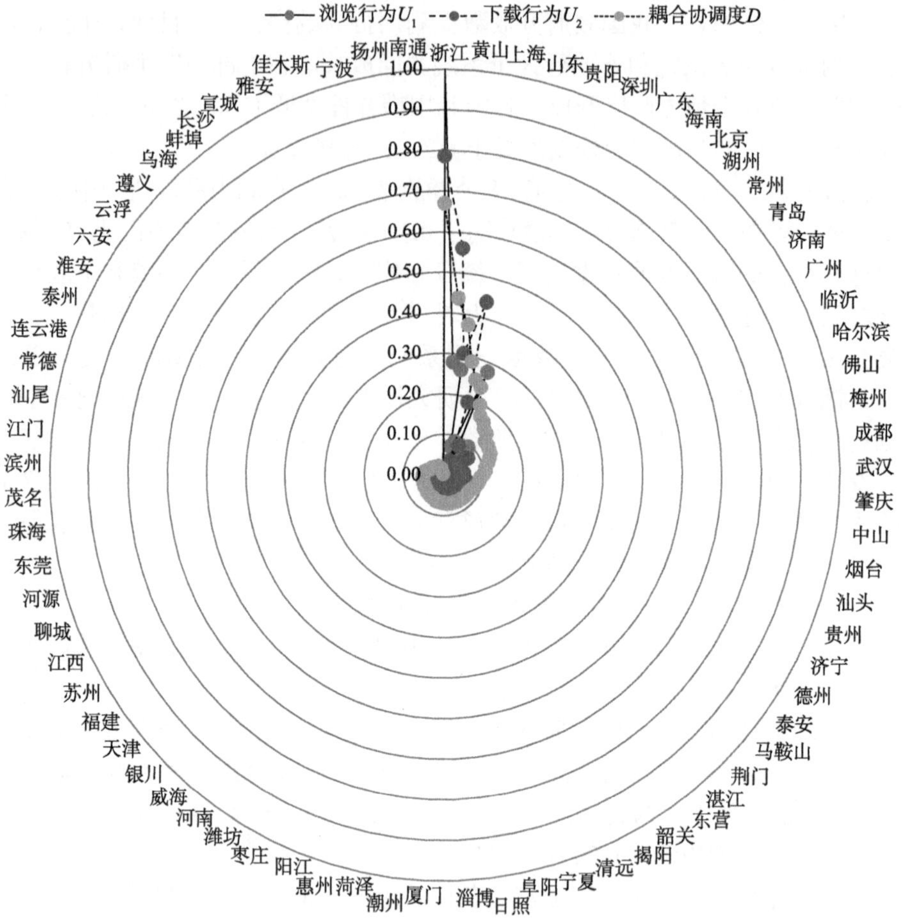

图 4.9　区域视角下政府开放数据利用模式的协调度雷达图

和耦合协调度 D 值均较低，说明其政府开放数据利用目前近似于无耦合，且在协调性方面处于极度失调。然而，也存在极少数情况，某一区域的政府开放数据，其浏览行为和下载行为之间耦合度较高，但是其利用行为的耦合协调度却较低。例如，遵义、乌海、蚌埠和宣城等地区的数据利用耦合度 C 值均在 0.47 以上，但是其耦合协调度 D 值却均低于 0.03。

4.3.2　基于主题视角的政府开放数据利用模式

政府开放数据的最终目的是实现和促进数据的开放和利用，以数据本身作为切入点，从主题视角出发，分析不同主题数据之间的利用差距。运用浏览总量、浏览率、单一样本浏览率、整体样本浏览率、下载总量、下载率、单一样本下载率、整体样本下载率 8 个研究指标，分析把握不同主题政府开放数据的利用现状，促进我国政府数据的开放进程、提高政府数据的利用效率。

1. 主题视角下政府开放数据利用的理论模式

1）主题视角下数据利用的指标体系

研究对象为主题视角下，不同主题的政府数据利用行为。选取浏览行为、下载行为作为主题视角下平台数据利用模式的关键要素，构建了理论指标体系，如表 4.6 所示。

表 4.6　主题视角下平台数据利用的指标体系

研究对象	研究变量	研究指标	研究指标测度
不同主题的政府数据利用行为	不同主题的浏览行为	浏览总量	主题数据集浏览量之和
		浏览率	主题数据集浏览量/浏览总量
		单一样本浏览率	主题数据集浏览量/数据集总量
		整体样本浏览率	单一样本浏览率/单一样本浏览率总和
	不同主题的下载行为	下载总量	主题数据集下载量之和
		下载率	主题数据集下载量/下载总量
		单一样本下载率	主题数据集下载量/数据集总量
		整体样本下载率	单一样本下载率/单一样本下载率总和

2）主题视角下数据利用的权重函数

主题视角下的变异系数计算及赋权式如式（4.16）和式（4.17）所示，其中，V_i 为第 i 个主题指标的变异系数；σ_i 为第 i 个主题指标的标准差；$\overline{x}_i$ 为第 i 个主题指标的平均数；W_i 为第 i 个主题指标的权重。

$$V_i = \frac{\sigma_i}{\overline{x}_i} \tag{4.16}$$

$$W_i = \frac{V_i}{\sum_{i=1}^{n} V_i}, \quad \sum_{i=1}^{n} W_i = 1 \tag{4.17}$$

3）主题视角下数据利用的功效函数

功效函数是耦合协调分析的基础，可以反映各个要素及子系统变化对整个系统演化的贡献程度。假设，$x_{ij}\left(i=1,2,3;\ j=1,2,\cdots,12\right)$ 为第 i 个要素及子系统的第 j 个指标的数值，即序参量；u_{ij} 为序参量 x_{ij} 对耦合模型的功效贡献度，$u_{ij} \in [0,1]$ ①。采用线性加权法分别计算出总功效值，得到不同主题数据浏览行

① 陈玲，段尧清，王冰清. 数字政府建设和政府开放数据的耦合协调性分析[J]. 情报科学，2020，38（1）：162-168.

为、下载行为和利用行为的综合评价指数，并设U_i为第 i 个要素及子系统的综合贡献值，具体算法如式（4.18）所示，其中，u_{ij} 为主题功效系数；w_{ij} 为主题指标权重。

$$U_i = \sum_{j=1}^{n} W_{ij} U_{ij} \left(i = 1,2,3;\ j = 1,2,\cdots,12\right) \tag{4.18}$$

4）主题视角下数据利用的耦合度函数

耦合度常被用于度量系统间相互影响和依赖的程度。根据物理学中的耦合度计算公式，可推导得出主题视角下不同主题数据利用浏览行为、下载行为之间的耦合度函数，如式（4.19）所示，其中，C 为不同主题数据浏览行为、下载行为之间的耦合度，表示耦合要素之间的交互作用和协同效应；U_1 为不同主题数据浏览行为的综合评价指数；U_2 为不同主题数据下载行为的综合评价指数。C 值越大，表明主题数据利用行为的耦合程度越高。

$$C = \sqrt[2]{\frac{U_1 \times U_2}{\left(U_1 + U_2\right)^2}} \tag{4.19}$$

5）主题视角下数据利用的耦合协调度函数

借鉴物理学科中的模型，得到主题视角下，不同主题数据的利用耦合协调度函数，如式（4.20）和式（4.21）所示，其中，D 为不同主题数据浏览行为、下载行为的耦合协调度；C 为耦合度；T 为综合调和指数，反映不同主题数据利用行为的整体协同效应或贡献；α、β、γ 为待定的系统耦合协调度系数。

$$D = \sqrt{C \times T} \tag{4.20}$$

$$T = \alpha U_1 + \beta U_2 + \gamma U_3 \tag{4.21}$$

2. 主题视角下的研究样本与数据处理

以截至 2020 年 3 月 31 日我国已上线的且符合开放数据标准的地方政府数据开放平台（共 108 个）作为研究样本，爬取研究所需的浏览、下载数据指标。在主题筛选方面，现有开放数据主题的分布呈集中与分散的状态，依据主题分类共性特征及其在各平台的覆盖情况，进行主题视角下的样本筛选。全部主题的分布中，公共安全、道路交通、教育科技、经济工商、民生服务、能源环境、社保就业、文体休闲、医疗健康、机构团体、城乡建设、财税金融、信用服务、农业农村这 14 个主题，出现次数均在半数值以上，故最终选取这 14 个主题作为研究样本。在数据处理方面，根据指标测度公式，计算得到 14 个主题的浏览总量、浏览率、单一样本浏览率、整体样本浏览率、下载总量、下载率、单一样本下载率、整体样本下载率 8 个研究指标的数值，如表 4.7 所示。

表 4.7　主题视角的政府开放数据研究样本

主题	数据集/个	浏览总量	单一样本浏览率	整体样本浏览率	浏览率	下载总量	单一样本下载率	整体样本下载率	下载率
公共安全	6 866	2 571 585	374.539 032 9	0.044 011 051	0.059 524 121	940 818	137.025 633 6	0.061 404 771	0.075 245 244
道路交通	3 810	2 334 771	612.800 787 4	0.072 008 534	0.054 042 62	480 327	126.070 078 7	0.056 495 301	0.038 415 849
教育科技	7 373	2 919 336	395.949 545 6	0.046 526 942	0.067 573 465	1 068 478	144.917 672 6	0.064 941 401	0.085 455 304
经济工商	10 488	4 187 341	399.250 667 4	0.046 914 847	0.096 923 801	1 321 474	125.998 665 1	0.056 463 298	0.105 689 553
民生服务	3 221	2 727 944	846.924 557 6	0.099 519 775	0.063 143 341	531 018	164.861 223 2	0.073 878 627	0.042 470 041
能源环境	9 332	5 240 649	561.578 332 6	0.065 989 525	0.121 304 575	957 808	102.636 948 1	0.045 994 302	0.076 604 079
社保就业	22 024	4 803 017	218.081 047 9	0.025 626 104	0.111 174 768	2 251 371	102.223 528 9	0.045 809 038	0.180 061 352
文体休闲	5 414	3 680 787	679.864 610 3	0.079 889 02	0.085 198 666	1 172 974	216.655 707 4	0.097 089 091	0.093 812 741
医疗健康	5 967	3 846 675	644.658 119 7	0.075 752 002	0.089 038 452	753 516	126.280 543	0.056 589 615	0.060 265 105
机构团体	3 711	4 159 547	1120.869 577	0.131 710 3	0.096 280 457	518 666	139.764 484	0.062 632 122	0.041 482 146
城乡建设	1 545	2 669 775	1728.009 709	0.203 053 666	0.061 796 911	622 832	403.127 508 1	0.180 651 983	0.049 813 19
财税金融	2 839	1 084 140	381.873 899 3	0.044 872 951	0.025 094 438	634 474	223.485 029 9	0.100 149 489	0.050 744 3
信用服务	7 463	1 129 825	151.390 191 6	0.017 789 445	0.026 151 902	607 722	81.431 327 88	0.036 491 509	0.048 604 714
农业农村	4 684	1 847 010	394.323 228	0.046 335 838	0.042 752 484	641 877	137.036 080 3	0.061 409 453	0.051 336 381

3. 主题视角下数据利用的变异系数与指标权重

结合变异系数公式和指标权重公式，根据 14 个政府开放数据主题的数据值，计算得到浏览总量、浏览率、单一样本浏览率、整体样本浏览率、下载总量、下载率、单一样本下载率、整体样本下载率 8 个研究指标的变异系数和指标权重，计算结果如表 4.8 所示。

表 4.8　主题视角下数据利用的指标系数与权重

研究指标	平均值	标准差	变异系数	指标权重
浏览总量	3 085 885.857	1 236 812.292	0.400 796 513	0.097 944 106
单一样本浏览率	607 865 236 1	394.931 620 1	0.649 702 593	0.158 770 192
整体样本浏览率	0.071 428 571	0.046 407 328	0.649 702 593	0.158 770 192
浏览率	0.071 428 571	0.028 628 322	0.400 796 513	0.097 944 106

续表

研究指标	平均值	标准差	变异系数	指标权重
下载总量	893 096.785 7	454 313.505 7	0.508 694 593	0.124 311 553
单一样本下载率	159.393 887 9	77.601 461 79	0.486 853 435	0.118 974 149
整体样本下载率	0.071 428 571	0.034 775 245	0.486 853 435	0.118 974 149
下载率	0.071 428 571	0.036 335 328	0.508 694 593	0.124 311 553

4. 主题视角下数据利用的功效系数与贡献程度

根据各研究指标的变异系数和指标权重，计算得到14个政府开放数据主题的浏览总量、浏览率、单一样本浏览率、整体样本浏览率、下载总量、下载率、单一样本下载率、整体样本下载率 8 个研究指标的功效系数，计算结果如表 4.9 所示。进一步，得到14个政府开放数据主题的浏览行为和下载行为对利用模型的贡献度，计算结果如表 4.10 所示。

表 4.9 主题视角的数据利用功效系数

主题	浏览总量	单一样本浏览率	整体样本浏览率	浏览率	下载总量	单一样本下载率	整体样本下载率	下载率
公共安全	0.357 859	0.141 536	0.141 536	0.357 859	0.260 011	0.172 816	0.172 816	0.260 011
道路交通	0.300 885	0.292 658	0.292 658	0.300 885	0.000 000	0.138 761	0.138 761	0.000 000
教育科技	0.441 523	0.155 116	0.155 116	0.441 523	0.332 093	0.197 349	0.197 349	0.332 093
经济工商	0.746 588	0.157 210	0.157 210	0.746 588	0.474 944	0.138 539	0.138 539	0.474 944
民生服务	0.395 477	0.441 155	0.441 155	0.395 477	0.028 622	0.259 344	0.259 344	0.028 622
能源环境	1.000 000	0.260 169	0.260 169	1.000 000	0.269 604	0.065 918	0.065 918	0.269 604
社保就业	0.894 712	0.042 300	0.042 300	0.894 712	1.000 000	0.064 633	0.064 633	1.000 000
文体休闲	0.624 718	0.335 195	0.335 195	0.624 718	0.391 095	0.420 348	0.420 348	0.391 095
医疗健康	0.664 629	0.312 864	0.312 864	0.664 629	0.154 253	0.139 415	0.139 415	0.154 253
机构团体	0.739 901	0.614 910	0.614 910	0.739 901	0.021 648	0.181 330	0.181 330	0.021 648
城乡建设	0.381 482	1.000 000	1.000 000	0.381 482	0.080 464	1.000 000	1.000 000	0.080 464
财税金融	0.000 000	0.146 189	0.146 189	0.000 000	0.087 037	0.441 577	0.441 577	0.087 037
信用服务	0.010 991	0.000 000	0.000 000	0.010 991	0.071 932	0.000 000	0.000 000	0.071 932
农业农村	0.183 536	0.154 085	0.154 085	0.183 536	0.091 217	0.172 849	0.172 849	0.091 217

表 4.10 主题视角的数据利用贡献程度

主题	浏览行为的贡献度	下载行为的贡献度
公共安全	0.115 043 880	0.105 766 070
道路交通	0.151 870 605	0.033 017 846

续表

主题	浏览行为的贡献度	下载行为的贡献度
教育科技	0.135 744 913	0.129 524 752
经济工商	0.196 168 396	0.151 047 115
民生服务	0.217 553 982	0.068 826 521
能源环境	0.278 502 500	0.082 714 961
社保就业	0.188 695 392	0.264 002 427
文体休闲	0.228 812 775	0.197 256 447
医疗健康	0.229 539 962	0.071 524 400
机构团体	0.340 196 784	0.048 529 270
城乡建设	0.392 268 288	0.257 953 468
财税金融	0.046 420 766	0.126 712 046
信用服务	0.002 153 045	0.017 883 994
农业农村	0.084 880 717	0.063 807 793

5. 主题视角下数据利用的耦合度与耦合协调度

本节综合运用耦合协调度来进一步评判系统内各要素的综合协调发展水平①。分别计算得到 14 个政府开放数据主题在浏览行为、下载行为间的耦合度 C 值和利用行为的耦合协调度 D 值，具体计算结果如表 4.11 所示。

表 4.11　主题视角的政府开放数据利用耦合及协调程度

主题	耦合度 C	耦合协调度 D
公共安全	0.499 558 444	0.234 472 820
道路交通	0.383 002 355	0.183 508 766
教育科技	0.499 862 524	0.257 256 597
经济工商	0.495 760 156	0.291 919 912
民生服务	0.427 285 327	0.242 418 44
能源环境	0.420 182 392	0.269 741 549
社保就业	0.493 033 245	0.336 168 600
文体休闲	0.498 626 751	0.325 002 237
医疗健康	0.425 595 390	0.248 009 391
机构团体	0.330 539 475	0.246 127 698
城乡建设	0.489 216 154	0.395 665 226
财税金融	0.442 981 633	0.199 247 963
信用服务	0.309 688 661	0.057 339 896
农业农村	0.494 953 012	0.190 788 674

① 钱慧敏，何江，关娇. “智慧+共享”物流耦合效应评价[J]. 中国流通经济，2019，33（11）：3-16.

6. 主题视角下政府开放数据的利用模式

1）主题视角下政府开放数据利用的耦合模式

根据主题视角下政府开放数据利用的耦合程度，绘制数据利用模式的耦合度雷达图，如图 4.10 所示。

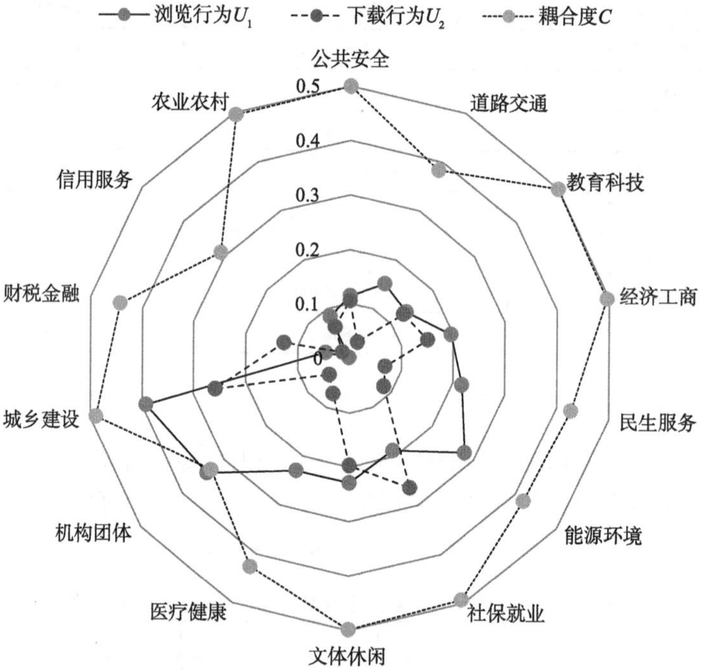

图 4.10　主题视角下政府开放数据利用模式的耦合度雷达图

就主题整体而言，我国政府开放数据利用行为的耦合等级目前处于中度耦合阶段，浏览行为子系统和下载行为子系统属于发展阶段初期。在全部 14 个主题中，所有主题的数据利用耦合程度均高于 0.3，占比 100%，说明各子系统间开始逐渐进入拮抗、磨合、互补等良性耦合阶段。

就主题差异而言，第一，已有 11 个主题的数据利用达到良性耦合，其耦合度 C 值均高于 0.4（在 14 个主题中占比 78.6%），说明教育科技、公共安全、文体休闲、经济工商、农业农村、社保就业、城乡建设、财税金融、民生服务、医疗健康和能源环境，这些主题的浏览行为子系统和下载行为子系统均高效发展。第二，有 3 个主题的数据利用未达到良性耦合，其耦合度 C 值均低于 0.4（在 14 个主题中占比 21.4%），说明道路交通、机构团体和信用服务，这些主题的浏览行为和下载行为耦合关联性较低。

2）主题视角下政府开放数据利用的协调模式

根据主题视角下政府开放数据利用的协调程度，绘制数据利用模式的协调度雷达图，如图 4.11 所示。

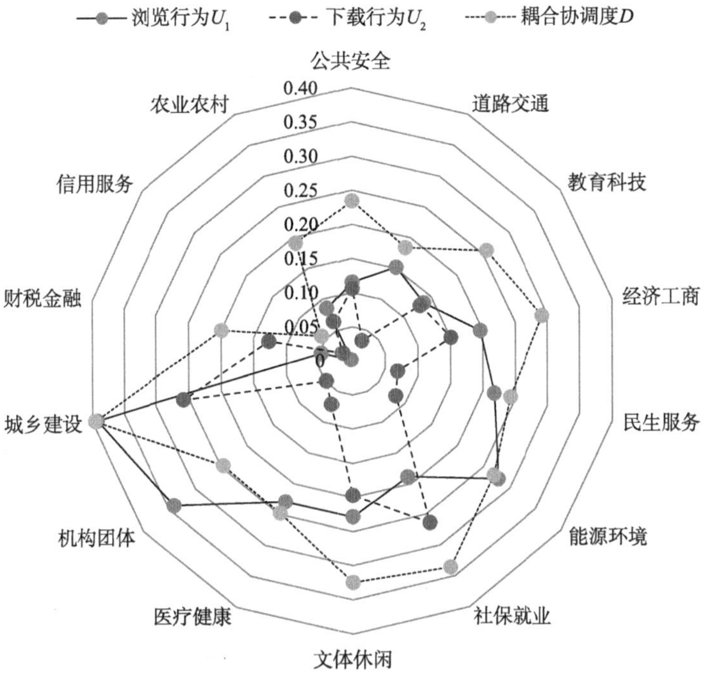

图 4.11　主题视角下政府开放数据利用模式的协调度雷达图

就主题整体而言，我国政府开放数据利用行为的耦合等级目前处于中度协调阶段，浏览行为和下载行为之间中度失调。在全部 14 个主题中，10 个主题的数据利用耦合程度均高于 0.2，占比 71.4%。

就主题差异而言，第一，已有 3 个主题的数据利用达到良性协调，其协调度 D 值均高于 0.3（在 14 个主题中占比 21.4%），说明城乡建设、社保就业和文体休闲，这些主题的浏览行为和下载行为发展尚可。第二，有 4 个主题的数据利用未达到中度协调，其协调度 D 值均低于 0.2（在 14 个主题中占比 28.6%）。说明财税金融、农业农村、道路交通和信用服务，这些主题的浏览行为和下载行为之间严重失调。

3）主题视角下政府开放数据利用的耦合及协调模式

根据主题视角下政府开放数据利用的耦合及耦合协调度，绘制数据利用模式的耦合协调度折线图，如图 4.12 所示。

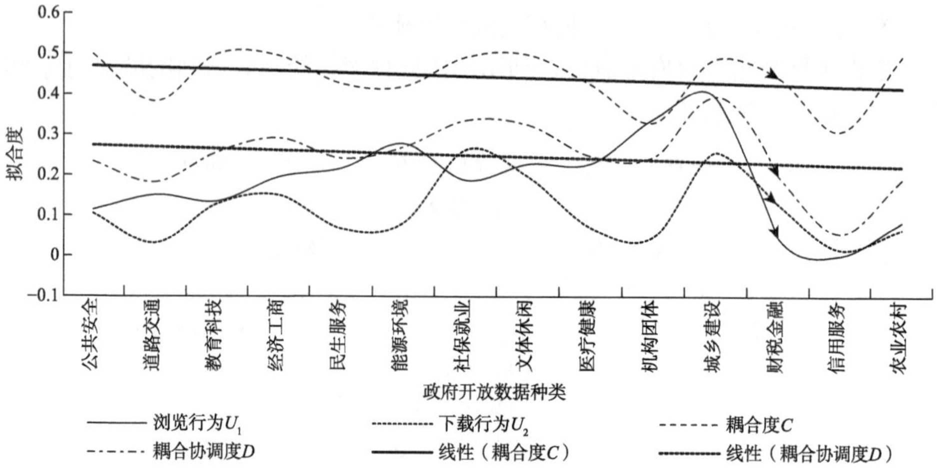

图 4.12　主题视角下政府开放数据利用模式的耦合协调度折线图

社保就业、文体休闲和城乡建设等主题的数据利用耦合度 C 值和耦合协调度 D 值均在 0.3 以上，说明其数据利用均已达到拮抗耦合和中度协调阶段。然而，存在极少数情况，某一主题的政府开放数据，其浏览行为和下载行为之间耦合度较高，但是其利用行为的耦合协调度却较低。例如，信用服务主题的数据利用耦合度 C 值高达 0.31，但是其耦合协调度 D 值却仅为 0.057。

4.3.3　基于需求视角的政府开放数据利用模式

政府数据开放的重要目的之一是促进数据利用、实现数据价值。当前，政府面临的开放环境复杂多变、开放要素动态演化、开放目标类型多样，使政府主体在开放数据的全过程中面临着巨大挑战。要推动和提升政府开放数据利用，需要建立基于需求智能感知的政府开放数据利用模式。政府开放数据是当前政府工作的重要方面，数字化、智能化的数据利用对政府数据开放进程具有重要推动作用。然而，被动式、通用性的数据开放模式行为将触碰到天花板，进一步的数据开放与利用优化需要以主动化、个性化的模式为导向。基于此，在政府开放数据利用中，需要立足于需求的智能感知以推进主动开放、个性化利用。

基于需求视角的政府开放数据利用框架如图 4.13 所示，即面向价值释放的政府开放数据利用模式。实现政府数据价值，推动数字经济发展，除了需要政府持续开放更多、更全、更优的数据，进行开放数据再利用体制机制创新之外，还需要以政府开放数据平台为抓手，激发需求、降低数据开发与利用的技术门槛，从而更好地激发各类社会组织与公众参与政府数据增值开发利用的积极性。围绕用户的典型需求进行针对性的数据分析、挖掘，并支持用户通过可视化交互方式进行分析数据、分析工具、结果形式等方面的定制，直接满足用户的个性化数据利用需求，通过数据赋能实现数据的经济价值、政治价值和社会效益。

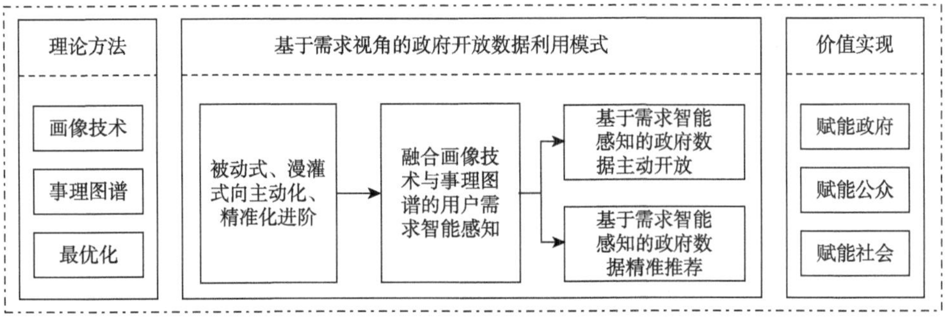

图 4.13　基于需求视角的政府开放数据利用框架

1. 融合画像技术与事理图谱的用户需求智能感知

以融合共享与协同的数据为基础，采用数据画像技术实现对用户基本特征的精准描述；在系统采集用户与政府交互数据的基础上，建立用户各项需求之间的关联关系，形成面向用户需求的事理图谱；进而融合用户画像、事理图谱及用户需求的历史数据，精准感知用户的政府开放数据需求及其关联关系。

2. 基于需求智能感知的政府数据主动开放

在用户需求感知的基础上，智能分析其所需政府开放数据，并将其智能分发至相关部门、机构，推动其及时完成数据开放所需的准备工作，甚至主动向用户提供数据，以提高政府数据开放和利用的效率与体验。

3. 基于需求智能感知的政府数据精准推荐

在政府数据开放与利用进程中，用户常常具有个性化的需求或要求，因而，为进一步提升用户的利用体验，需要推进政府数据的个性化推荐。主要研究内容包括基于需求智能感知的政府数据推荐、基于需求智能感知的政府数据精准提醒、基于事理图谱与全局态势感知的政府数据利用规划。

第 5 章 政府开放数据服务失误补救与演化

国内外学者尤其关注政府开放数据在社会、政治、经济、运营和技术等方面的效益，行业报告将开放数据作为创新的新来源和公共产品。然而，尽管对政府开放数据有着大量的热情，但仍有研究人员表达了他们对虚假透明和难以理解的长期问题与公开数据的负面影响的担忧①。尽管如此，政治家和学者都有一个隐含的、毋庸置疑的假设，即公开数据的好处大于风险和负面影响，关于数据透明度的正面影响和负面影响、意想不到的后果之间关系的研究文献较少。Zuiderwijk 和 Janssen 认为，关于开放数据的某些缺点是否大于其优点几乎没有文献进行讨论②。本章在构建政府开放数据融合利用模型的基础上对政府开放数据服务模式与失误补救进行研究。通过演化博弈分析提出对政府开放数据服务失误补救的对策建议。

5.1 政府开放数据服务失误的成因

自 20 世纪 70 年代，英、美等西方发达国家相继展开了声势浩大的以“3E”（economy、efficiency、effectiveness，经济、效率、效益）为目标的政府改革运动，争相转变政府职能，建立以满足公众需求为导向的服务型政府，并对传统的政府治理模式进行了改革。传统的管制型政府治理模式效率较低，对公众需

---

① Marjanovic O，Cecez-Kecmanovic D. Exploring the tension between transparency and datification effects of open government IS through the lens of complex adaptive systems[J]. Journal of Strategic Information Systems，2017，26（3）：210-232.

②Zuiderwijk A，Janssen M. Open data policies，their implementation and impact：a framework for comparison[J]. Government Information Quarterly，2014，31（1）：17-29.

求响应较慢，已无法满足社会公众对政府服务质量的需求。为了摆脱财政困境、管理危机和信任危机，各国政府逐渐认识到公众在政府公共管理活动中的核心地位，认为公共服务应重视公众的需求和满意度，从公众的视角出发建设服务型政府。社会领域正在经历一系列重大变革，给传统政府管理模式带来了巨大挑战。

近年来，政务大数据、政府信息共享与政府开放数据等新兴的政府数据治理模式在世界各国的推广与普及，不仅让政学界认识到了数据治理的重要性，促进了数据及数据管理技术在公共服务中的应用，也让数据治理成为一个重要的议题①。全球政府开放的数据与日俱增，如何有效地对这些数据进行治理，克服政府开放数据运行过程中的障碍，识别并应对风险，从而实现数据资源价值的最大化，已成为构建服务型政府的关键问题。政府部门缺乏数据治理与风险意识，就无法实现其数据资源价值的最大化。

5.1.1　政府开放数据服务障碍

越来越多的学者发现，政府开放数据实现全部潜力的关键挑战在于开放数据未被充分使用，通过公众参与和合作实现政府服务创新的全部潜力尚未成为现实。公众参与是指公众能够在多大程度上参与一个开放的政府数据门户的治理，如建议发布什么数据，或者对门户本身的数据集或特性进行评级。协作是参与的扩展，是指政府开放数据门户支持不同利益相关者之间的合作的功能。然而，除了简单的数据下载之外，很少有政府开放数据门户提供数据消费功能等数据服务。为了增强消费体验，Janev 等探讨了与开放数据集成和分析相关的挑战，提出以下问题：①缺乏查询政府入门网站的标准程序；②元数据质量低；③公共数据集可靠性低、不完整；④用于发布开放数据的格式的异构性②。

阻碍政府部门等实体积极投入政府开放数据计划的因素包括意识、动机、能力和制度等③。政府开放数据的概念虽不新鲜，但对于不熟悉这个术语及其内涵的人来说，似乎是一项艰巨的任务④。在过去，公共部门只关心将格式化的报告

---

① 黄璜. 美国联邦政府数据治理：政策与结构[J]. 中国行政管理，2017，（8）：47-56.

② Janev V，Mijovi V，Paunovi D，et al. Modeling，fusion and exploration of regional statistics and indicators with linked data tools[C]//International Conference on Electronic Government and the Information Systems Perspective. Springer，Cham，2014.

③ Attard J，Orlandi F，Scerri S，et al. A systematic review of open government data initiatives[J]. Government Information Quarterly，2015，32（4）：399-418.

④ Dulong de Rosnay M，Janssen K. Legal and institutional challenges for opening data across public sectors：towards common policy solutions[J]. Journal of Theoretical & Applied Electronic Commerce Research，2014，9（3）：1-14.

以给定的模板进行交付，可能并没有清楚地理解以原始格式提供数据的请求①。因此，需要培养公共部门开放数据的意识，向公共部门强调原始开放数据的价值和潜在用途②。然而，公共部门可能缺乏提供原始数据的动机，认为开放数据是额外的工作。培养公共部门开放数据的意识和动机，指出日常管理工作中生成的数据蕴含的价值，开放数据集的重用可以极大地促进对新生成数据的“意外”使用，还可以帮助数据生产者理解他们创建和发布数据的真正价值。

通过分析不同的政府开放数据失误类型，根据失误严重程度、公众对政府的信任程度等，有针对性、科学合理地制定政府开放数据服务补救策略，有助于实现政府开放数据的潜在价值，帮助公众更多地参与政府决策，共建服务型政府。政府部门采取恰当的服务补救策略之后，公众对服务补救的感知将提升其对政府的信任感，进而促进公众对政府开放数据的使用意愿，提升政府开放数据活动的总体效果。通过开放数据后的服务补救，将政府开放数据“开放后”的工作提上日程，构建一个完整的政府开放数据生态体系。

政府开放数据是一种跨公共部门的流程创新。政府开放数据面临着各种挑战，实施过程中遇到的障碍包括宏观、中观和微观层面的因素③。

第一类障碍因素侧重于宏观层面的障碍，包括国内经济和法律问题，缺乏法律保证、规范的程序或数据保护协议等政策法规可能会阻碍政府数据的发布进程。强制性信息披露的法律和政策虽然是改进行政机关透明行为的一种方式，但却有产生大量无意义信息以逃避公共问责的不利影响。支持者经常提倡数据透明度政策，以补充强制性政策，让政府机构在发布数据方面拥有一定程度的自由裁量权。然而，由于透明度和隐私往往是相伴而生的，没有隐私规则的透明度监管对政府开放数据是有阻碍的，因为它增加了透明度的阻力④。

第二类障碍因素侧重于中观（组织）层面的特征，如组织结构、文化和能力。研究发现，等级分明或权力集中的组织结构可能会抑制组织中的个人自主权，因此与创新采纳呈负相关⑤。特别是，具有较好工作惯例的组织与风险厌恶

① Peter C，Sunil C. On the barriers for local government releasing open data[J]. Government Information Quarterly，2014，31（1）：10-17.

② Helbig N，Janssen M. Special issue on innovation through open data：a review of the state-of-the-art and an emerging research agenda：guest editors' introduction[J]. Journal of Theoretical & Applied Electronic Commerce Research，2014，9（2）：i-xiii.

③ Huang H，Liao Z P，Liao H C，et al. Resisting by workarounds：unraveling the barriers of implementing open government data policy[J]. Government Information Quarterly，2020，37（4）：101495.

④ Janssen M，Hoven J. Big and Open Linked Data（BOLD）in government：a challenge to transparency and privacy?[J]. Government Information Quarterly，2015，32（4）：363-368.

⑤ Grimmelikhuijsen S G，Feeney M K. Developing and testing an integrative framework for open government adoption in local governments[J]. Public Administration Review，2016，77（4）：579-590.

文化呈正相关，从而减少了政府部门对开放数据的采纳。一些不好的文化倾向阻碍数据披露，如默许不透明、非记录文化和政治正确性。此外，实施开放政府数据的组织准备和能力，包括组织资源、技术基础设施和员工的能力等有可能成为政府开放数据运行的阻碍。

第三类障碍因素侧重于解释微观（个体）层面的障碍，如个体的等级、技术技能、资历、年龄或认知对行为和技术采纳的影响。政府员工可能会在特定框架内使用自由裁量权来解释规则，以避免使用新技术。一些文献研究了由于公务员的认知感知而对新组织变革的抵制，如害怕被机器和智能技术所取代，信息与通信技术（information and communication technology，ICT）的威胁，缺乏向公众提供政府数据的价值认识①及个体的风险感知②等。这些研究的有用之处在于，它们提供了从微观基础角度理解政府开放数据政策障碍的见解。然而，这些研究并没有从理论上解释这些障碍是如何发生的，我们对这些障碍产生的机制仍然知之甚少。

5.1.2　政府开放数据服务风险

政府开放数据能够最大限度地激发数据潜在的经济和社会价值，但也存在可能产生负面影响的风险。例如，英国国家审计署（National Audit Office，NAO）提出，政府开放数据存在隐私风险和欺诈风险，应建立风险管理流程作为对这一问题的回应。

形式主义的盛行使得政府工作脱离群众路线，忽略工作开展的质量和效率，减少对公众反馈的重视，进而形成一种风险——厌恶文化（risk aversion culture）③。在这种文化盛行的政府组织中，相关工作者会倾向于不与他人合作，只聚焦自己手上的工作，而这种独立的工作方式会降低相关工作者的服务质量和效率，较为封闭的政府服务流程不易受到外部因素的影响，具备较强的可控性，但会因为封闭而降低效率，制约着政府服务创新的生成。政府开放数据从一定程度上打破了政府服务的封闭流程，带来了政府服务创新发展的机遇。但是，对政府服务来说，更多地开放数据也可能产生更多不可预测的风险，如不同的利益相关者有不

① Attard J，Orlandi F，Scerri S，et al. A systematic review of open government data initiatives[J]. Government Information Quarterly，2015，32（4）：399-418.

② Bernd W W，Robert P，Marc-Julian T，et al. Resistance of public personnel to open government：a cognitive theory view of implementation barriers towards open government data[J]. Public Management Review，2016，18（9）：1335-1364.

③ Bozeman B，Kingsley G. Risk culture in public and private organizations[J]. Public Administration Review，1998，58（2）：109-119.

同的服务需求。因此，必须强化政府服务流程的风险监控，从系统角度做好风险防控工作。

在政府数据开放服务功能研究方面，可将政府数据开放服务功能划分为数据管理、检索和用户参与三个组成部分，未来公众服务需求的增长将对数据分析和再利用功能提出更高的要求①。针对我国地方政府数据开放的服务功能发展不均衡、服务模式不完善的现状，需进一步针对公众需求提供个性化的服务②。政府部门为了更好地提供数据服务，实现“最多跑一次”的目标，充分挖掘数据价值，应基于大数据技术按用户需求提供数据服务内容，对广泛分布的数据进行聚合，进而实现按需提供数据服务③。引入“数据即服务”（data as a service，Daas）模式可改善政府数据服务。数据即服务政府数据服务架构如图 5.1 所示。

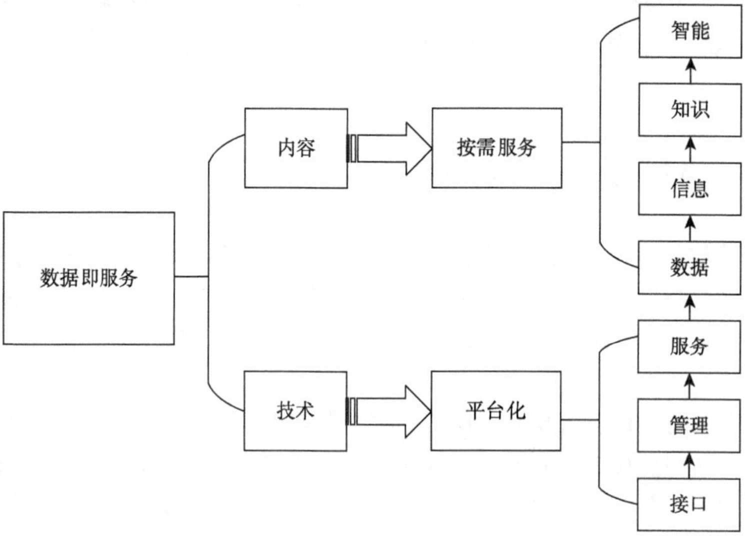

图 5.1　政府数据服务架构

政府部门通过数字化渠道提供政务服务，对于政府的治理能力提出了更高的要求，包括政府信息服务的效率、突发事件的应急管理能力、大数据获取及分析应用能力等。公众对于更便捷、更高效、有回应、可互动的政府服务也会有越来越高的期待。

表 5.1 描述了政府开放数据运行过程中可能面临的一系列风险。分配给每个

---

① 周志峰，黄如花. 国外政府开放数据门户服务功能探析[J]. 情报杂志，2013，32（3）：144-147，165.

② 屠健，马海群. 我国政府数据开放平台在线服务功能调研与分析[J]. 图书馆研究与工作，2019，（9）：39-43.

③ 杨国立，周鑫. “数据即服务”背景下图书情报机构科学数据服务的发展机遇[J]. 情报学报，2017，36（8）：772-780.

风险的严重程度代表了特定风险严重程度的看法。

表 5.1 政府开放数据可能产生的运行风险

编号	风险	说明	严重程度
R_1	违背法律	违反某些法律，如法律禁止或侵犯他人权利或自由的数据的发布	高
R_2	侵犯商业机密	发布了应该受到保护的商业秘密的数据	高
R_3	侵犯隐私	公布应受保护的个人资料	高
R_4	破坏基础设施安全的风险	有关基础设施（发电厂、水坝、发射机等）的详细数据可能被滥用，造成基础设施的破坏	高
R_5	公布不适当的数据或信息	不违反法律但可能导致其他公共部门机构的负面宣传或负面态度的数据的公布	中
R_6	公布不准确数据	个人和组织可能向公共部门机构提供不正确的数据。如果数据集来自不正确的数据源，那么不正确的数据可能会被开放	中
R_7	对数据的误解	发布的数据可以用不同的方式解释。用户可能有意或无意地曲解数据（为了引起丑闻、获得竞争优势、对其他主体造成伤害等）	中
R_8	缺乏数据消费者	没有数据的消费者，因为无法定位数据集，或者没有人会对数据集感兴趣	中
R_9	不愿意合作	公布行政监督结果的数据可能会给不遵守立法的人带来负面宣传。这些对象可能不太愿意与公共部门机构合作	低
R_{10}	重叠的数据	数据集可能包含重叠的数据集合。不同网站上的更多数据集可能包含同一主题的数据。如果这些数据集不一致，用户可能会感到困惑	低
R_{11}	对数据的请求增加	发布数据集数量的增加可能导致对发布数据或一些相关数据的请求或问题数量的增加	低

5.1.3 障碍消除与风险防范

为了减少或减轻上述风险，克服政府开放数据运行过程中可能遇到的障碍，本章研究提出了一系列障碍消除与风险防范措施。

1）监测和评估公众对数据的需求

公共部门应评估公众对数据的需求，以便提供潜在消费者需要的数据集。这种需求可以通过不同的方式进行评估，如通过对收到的数据请求的分析、网站监控或通过对数据集的投票。应该正确地指定哪些数据包含在政府开放数据数据集中，分析正在开放的数据是否已经由其他公共部门机构发布，减少数据集的重叠。

2）合法性检测

所有待公布的数据集均应被评估是否符合法律法规的规定。应确定待开放数据集的潜在法律障碍。在评估过程中应该考虑对隐私的潜在风险，但也可能存在其他类型的受保护信息，如商业机密信息等。数据发布者应该确保在开放许可下发布的数据集中没有机密信息。

如果由于隐私保护或其他原因禁止发布某些数据，则可以选择发布匿名或聚合的数据，对敏感数据进行匿名化。然而，某些情况下有可能对匿名化数据进行去匿名化，因此还应对数据去匿名化的潜在风险进行评估。

3）数据的质量控制

政府部门应在发布数据集之前对数据集的质量进行管理与控制，其目标是评估数据集是否满足所有的质量标准。这些措施可能有助于识别不准确或不正确的数据。验证已执行的数据聚合、转换或匿名化也可能是质量控制的一部分。数据集管理员应该负责保证政府开放数据的质量。将发布的数据集链接到已发布的数据集，有助于避免发布重叠的数据集。一些相关数据集的链接可以丰富数据集，从而增加数据集的重用潜力。

4）元数据管理

数据目录是一个目录记录的集合，它由描述数据集的元数据组成。内部数据目录是不可公开只在组织内部维护的，它可以包含关于内部管理的数据的目录记录，这样不仅政府开放数据数据集可以在这个目录中编目，内部目录记录还可能记录了收集数据的部门信息、数据的保密级别、数据是否包含个人信息或其他受保护的信息等，该元数据可能有助于对发布的数据质量进行评估。外部数据目录是一种公开可用的数据目录。它包含关于政府开放数据数据集的目录记录，它改进了它们的可发现性。元数据（包括数据集的描述）帮助用户理解数据，因此有助于防止数据被误解。

5）持续监测政府开放数据的失误并及时进行补救

监测政府开放数据可能产生的失误有助于更好地促使其发展。政府部门不能防止错误的第一次发生，但有可能防止错误的再次发生。例如，政府部门应提供必要的反馈渠道，明确某些数据是不适当的。对这种反馈的分析有助于更好地调整新开放或更新的数据集的评估程序。

上述的缓解措施可以作为政府开放数据全生命周期中的一部分实施。除了上述步骤外，合理设计的失误补救程序应有助于缓解政府开放数据运行障碍与风险，促进其可持续发展。

5.2 政府开放数据服务失误补救模型构建

作为公共服务的一种，政府开放数据服务通过网络平台提供数据给用户，兼具公共服务和网络服务的特点，其失误类型和补救效果都与传统服务有着明显区别，这使得其补救效果的不确定性大大增加。当前，政府开放数据平台已经将大量数据公布于众，但问题的症结并不在于政府数据发布量的多少，而是缺乏标准化的数据库以及如何以用户易于理解和再利用的方式发布数据①。政府虽然已经意识到这些问题并加以防范，但并没有制定相应的策略。政府的决策依据依然是数据开放是否遵守法律法规的要求，而不是根据开放数据的质量是否让用户满意。因此，从数据质量的视角研究政府开放数据服务失误补救策略具有重要的理论和现实意义。

数据是可以被反复使用的重要资源，而政府开放数据的过程存在许多风险和挑战，因此失误发生后的补救策略是整个政府开放数据生态系统良性发展的重要保障。目前，学术界对政府开放数据服务能力的研究较多，但服务补救研究相对不足。学者们从数据提供者和数据使用者两个角度出发，对开放数据平台的服务能力进行了研究。通过对澳大利亚 20 个地方级政府的数据开放平台进行实证研究后发现，各平台的服务能力存在巨大差异；开放数据数量与格式、政策强度、企业级数据门户服务质量共同决定了开放数据平台的服务能力，可促进有意义的开放数据重用；政府领导者的资源管理和资源配置能力对于促进开放数据门户服务能力的长期发展是非常重要和必要的②。从数据使用者的角度出发，Fan 和 Zhao 从跨界信息共享的理论出发构建了一个衡量政府开放数据质量的评价指标，选取了中国上海、北京、武汉等 128 个政府部门作为样本进行实证分析，发现制度能力是影响政府部门开放数据质量的重要因素③。相对而言，由于政府开放数据尚属于新生事物，政府开放数据后的失误补救问题在学术界关注较少，可能世界各国的政府部门正努力提高开放数据的数量和质量，“开放后”的服务补救问题较少被关注。

目前我国关于政府开放数据的研究主要有这三个方面：第一是价值发现与价

① 夏义堃. 国际比较视野下我国开放政府数据的现状、问题与对策[J]. 图书情报工作，2016，60（7）：34-40.

② Chatfield A T，Reddick C G. A longitudinal cross-sector analysis of open data portal service capability：the case of Australian local governments[J]. Government Information Quarterly，2017，34（2）：231-243.

③ Fan B，Zhao Y. The moderating effect of external pressure on the relationship between internal organizational factors and the quality of open government data[J]. Government Information Quarterly，2017，34（3）：396-405.

值挖掘研究；第二是影响因素研究；第三是风险研究。在提供了改善决策和节约成本的可能性的同时，政府开放数据也存在着巨大的风险，如数据质量不高、关键数据缺失、数据安全及隐私数据泄露等数据失误问题。政界和学界在积极关注政府开放数据的价值与意义的同时，也开始研究政府数据开放和共享过程中存在的问题与障碍，不少学者开始关注政府开放数据的障碍与原因、风险与防范。政府开放数据生态系统的良性发展离不开监督和失误补救工作，失误补救效果将影响公众对政府开放数据的态度和使用意愿。政府部门的失误补救策略对公众态度有较为深远的影响。政府部门在开放数据出现失误后应如何补救，尽可能减少公众损失并恢复公众信任感，是一项亟待研究的研究。

因此，在对相关研究成果进行回顾的基础上，本节将对政府开放数据失误补救策略进行分析，在理论分析基础上构建数学模型及演化博弈模型，进一步提出相应的对策建议。本节研究将借鉴政府开放数据风险识别、电子政务服务失误与补救研究的诸多成果，对“开放后”的失误与补救机制展开探索性的研究，试图拓展政府开放数据的研究范围。

5.2.1 政府开放数据服务失误类型

对服务补救的研究开始于20世纪80年代，Gronroos提出了顾客抱怨处理或服务补救是指服务提供者对其所产生的缺陷或失误采取的反应与行动，目的是使遭遇服务失误的顾客由不满意变为满意状态①。Hart等认为服务补救不仅能够减轻或修补服务失败给顾客造成的损失，有利于提升顾客对整体服务质量的评价，也能改善企业与顾客间的关系，提高顾客对企业的满意度，增加顾客的信任和忠诚②。Keaveney提出，不合适的服务补救方式是造成顾客选择其他商家的关键因素，实施与失误类型相匹配的补救措施至关重要③。随着互联网服务的兴起，网络服务失误的补救问题引起了学界重视。Choi等研究了在发生隐私泄露事件后，企业的失误补救行为将如何影响在线客户行为④。简兆权和柯云指出，目前网络服务失误研究大多不考虑失误类型或笼统将其分为过程与结果失误，忽略了网络服务失误的特

① Gronroos C. Service quality：the six criteria of good perceived quality service[J]. Review of Business，1988，9（8）：10-13.

② Hart C W L，Heskett J L，Sasser W E. The profitable art of service recovery[J]. Harvard Business Review，1990，68（4）：148-156.

③ Keaveney S M. Customer switching behavior in service industries：an exploratory study[J]. Journal of Marketing，1995，59（2）：71-82.

④ Choi B C F，Kim S S，Jiang Z H，et al. Influence of firm's recovery endeavors upon privacy breach on online customer behavior[J]. Journal of Management Information Systems，2016，33（3）：904-933.

殊性[①]。但是，国内外学者对服务失误与补救及顾客后续行为意向的研究多集中在满意度、忠诚度和感知公平性方面，对补救满意及其后续行为意向的影响研究较少[②]。Zhu 等认为，未来服务失误与补救的研究方向应该拓展到更为复杂、更为广泛的领域[③]。在提倡构建服务型政府的时代背景下，政府公共服务领域也应重视服务失误补救的相关研究。由于政府提供的公共服务具有“不可分割性”“非排他性”“不可选择性”等特殊性，相较于传统服务行业，针对公共服务领域开展的服务失误补救的研究较少，危机与突发事件、舆情传播与控制等相关研究较多。从舆情控制的角度出发，张飞和吴金红研究了政府公共服务失败时服务补救对舆情潜伏期的大众口碑传播意愿的影响，并进行实证研究发现主动补救总是比被动补救效果更好、结果失误中的补救效果显著高于过程失误中的补救效果[④]。该研究表明，政府提供的公共服务也应重视服务失误补救问题，重视用户服务感受。

数据服务失误的潜在风险降低了公众对政府开放数据的信任和使用意愿[⑤]，而部分失误是由政府部门的主观过失造成的，部分是由第三方企业导致的，如“瑞典数据泄露”事件等。由于政府开放数据的独特性和复杂性，政府开放数据全过程是动态演化的，要求数据提供者、管理者、使用者等各利益相关方通力配合才能构建良好的数据生态系统，该过程的每一个环节都可能出现失误；收集、清洗、发布、融合、利用数据也可能对数据质量造成影响出现失误，失误难以避免。从数据使用者的角度看，对数据的使用目的和预期不同，数据使用者对政府开放数据的态度也不尽相同。

英美等发达国家的政府开放数据工作一直处于领先地位，注重与公民的互动、主动发掘数据的潜在价值，并积极监督政府的相关行为。美国总统奥巴马于 2010 年发布《13556 号总统令》，提出创建开放的信息交流环境，允许公众对制度提出意见和建议，让政策受众等利益相关者参与政策执行的过程，提高政府数据政策的执行能力[⑥]。欧盟也十分重视开放政府数据实践的推广，2013 年 2 月欧盟发布了一个众包工具来测量开放数据的状态和欧洲公共信息再利用情况，在国

① 简兆权，柯云. 网络购物服务失误、服务补救与顾客二次满意及忠诚度的关系研究[J]. 管理评论，2017，29（1）：175-186.

② 胡瑶瑛，李煜华，胡兴宾. 网购服务失败发生后不同归因对顾客后续行为意向影响研究[J]. 软科学，2016，30（7）：113-117.

③ Zhu Z，Sivakumark K，Parasuraman A. A mathematical model of service failure and recovery strategies[J]. Decision Sciences，2004，35（3）：493-525.

④ 张飞，吴金红. 舆情潜伏期不同服务补救方式对大众口碑传播意愿的影响[J]. 情报资料工作，2016，（3）：85-89.

⑤ Weerakkody V，Irani Z，Kapoor K，et al. Open data and its usability：an empirical view from the citizen's perspective[J]. Information Systems Frontiers，2017，19（2）：285-300.

⑥ Carrasco C，Sobrepere X. Opening government data[J]. Social-Science Computer Review，2015，33（5）：631-644；邓林艳. 中国政府开放数据现状研究[J]. 信息技术与信息化，2018，（9）：175-177.

家的信息再利用政策指标中设置了“补救机制”二级指标①。相较而言，我国政府开放数据起步较晚，失误响应机制与保护生态尚不健全，补救意识较为落后。除了《中华人民共和国政府信息公开条例》及其实施细则外，我国尚未出台针对政府开放数据和开发利用的政策法规②，国家层面的政府开放数据总体发展还面临着一系列的问题和挑战，各城市政府开放数据平台不对数据的准确性、完整性等承担责任，或不对软硬件故障造成的损失承担责任，出现失误后不补救或象征性补救。国内政府部门对开放数据用户的权益保障力度与发达国家存在差距，缺乏服务意识，并且缺乏明晰、一致的失误补救规章制度。

政府开放数据服务出现失误是无法完全避免的，造成失误的原因主要有以下几点：①政府开放数据平台技术落后，服务质量低下③；②数据本身在收集、处理、发布、融合利用等过程中出现质量问题④；③用户在搜索、使用数据的过程中发现数据未达到其预期⑤。政府虽然已经意识到这些问题并加以防范，但决策依据依然是法律法规的要求，而不是用户是否满意数据质量。

近年来，政务大数据、政府信息共享与政府开放数据等新兴的政府数据治理模式在世界各国得到大范围推广和普及，政界和学界不仅认同政务数据治理的重要性，积极促进数据管理技术在公共服务中的应用，也使得数据治理成为重要的研究议题。政府开放数据具有多源异构的特点，处于相对复杂的数据环境、利益相关者众多，需要数据提供者、管理者、使用者等各方的通力配合才能保证质量。数据收集、清洗、发布、融合、利用等任何环节的失误都可能影响政府开放数据的整体效果和数据价值的实现。另外，个人、研究机构、企业及政府机构等政府开放数据的使用者们对数据的需求各不相同，对数据质量的敏感度也不尽相同。

因此，本节研究中的政府开放数据服务失误是指政府开放数据服务提供者（政府）提供的数据服务未达到数据服务接受者（用户）的预期水平⑥。出现失误之后，政府部门的失误补救策略对公众态度有着深远的影响。

塞巴斯蒂安提出，数据质量由两个相关的因素定义：它满足消费者的预期的

---

① European PSI scoreboard. https://data.europa.eu/sites/default/files/report/overview-page_-_epsi-platform_scoreboard.pdf.

② 王芳，陈锋. 国家治理进程中的政府大数据开放利用研究[J]. 中国行政管理，2015，（11）：6-12.

③ 黄如花，王春迎. 我国政府数据开放平台现状调查与分析[J]. 情报理论与实践，2016，39（7）：50-55.

④ 黄如花，赖彤. 数据生命周期视角下我国政府数据开放的障碍研究[J]. 情报理论与实践，2018，41（2）：7-13.

⑤ 王今，马海群. 政府开放数据质量的用户满意度评价研究[J]. 现代情报，2016，36（9）：4-9.

⑥ 赵延昇，王仕海. 网购中服务失误对关系质量及顾客重购意愿的影响——基于关系类型调节下的实证研究[J]. 中南大学学报（社会科学版），2012，18（3）：123-130，134.

程度，以及它在多大程度上表示了创建它的对象、事件和概念[①]。数据在多大程度上表示了创建它的对象、事件和概念，是可量化的质量，可认为是数据的客观质量；数据满足用户预期的程度取决于数据的可量化质量和用户敏感度，可认为是数据的主观质量。因此，可将政府开放数据服务失误的原因分为客观原因和主观原因。对于政府数据开放者，可从数据客观质量视角将政府开放数据服务失误分为准确性失误、易用性失误、安全性失误和及时性失误；对于政府数据利用者，可从数据主观质量视角将政府开放数据服务失误分为感知服务失误和感知补救失误。失误类型、含义及对应的政府开放数据的准则与原则如表 5.2 所示。

表 5.2　基于数据质量的政府开放数据服务失误类型

政府开放数据服务失误类型		失误的含义	对应的政府开放数据准则与原则
数据客观质量视角	准确性失误	用户找不到需要的数据或者找到的数据不准确，就会产生数据服务失误，称之为准确性失误。准确性失误包括数据缺失、数据重复、数据不一致等失误	完整性、原生性
	易用性失误	政府发布开放数据时未考虑后续的数据消费问题称为易用性失误，包括数据格式失误、可访问性失误、可检索性失误等	机器可处理性、可访问性、非专利性
	安全性失误	政府开放数据过程中涉及国家机密和个人隐私的数据遭到泄露，或者开放平台遭到攻击等，包括隐私数据泄露失误、网络安全失误等	非歧视性、免许可证
	及时性失误	不能根据用户需求及时更新数据	及时性
数据主观质量视角	感知服务失误	用户受其对开放数据的敏感度的影响，感知到的政府开放数据质量小于预期数据质量	注重数据质量和数量
	感知补救失误	用户受其对失误补救的敏感度的影响，感知到的政府开放数据失误补救数据质量小于预期补救质量	为了改善治理而发布数据

5.2.2　概念模型构建

在政府开放数据过程中，公众态度与政府失误补救策略存在长期的博弈，博弈的演化结果对政府开放数据运动的成败有至关重要的影响。由于公众的心理行为特征各异，政府开放数据具有系统性和复杂性，政府部门应系统、长远地考虑失误补救策略的后果。

概念模型旨在研究政府部门制定开放数据服务失误补救时机策略时的影响因

① 塞巴斯蒂安-科尔曼 L. 数据质量测量的持续改进[M]. 卢涛，李颖译. 北京：机械工业出版社，2016.

素及其关系，通过提高数据的客观质量缩小用户感知与期望之间的差距，制定成功的失误补救策略。服务失误与补救在国内外已有较为系统的研究，早在1991年就有学者提出，当企业无法在所提供的服务中满足用户的最低期待，这便是服务失误①。根据客户满意理论的“期望—差异”范式，用户感知低于用户预期时用户不满意，服务失误出现。价值导向的服务失误与补救数学模型为失误补救研究提供了新的思路，从感知价值的角度研究失误补救效果，并认为未来服务失误与补救的研究方向应该拓展到更为复杂、更为广泛的领域②。另外，失误补救研究还应考虑用户的差异性。即使面对同样的服务，不同用户的期望与感知也不尽相同。借鉴信息敏感度是“消费者对个人资料的敏感程度”的定义③，本小节提出的“用户的数据敏感度”是指用户感知数据质量的程度。用户敏感度是指用户的数据敏感度，用户的数据敏感度受情景、用户的个体特征、用户对数据的获取和利用能力等因素影响。在政府开放数据领域，失误发生前用户对政府开放数据质量的感知存在差异，即用户对开放数据的敏感度不同；失误发生后用户对政府失误补救提高的数据质量的感知也存在差异，即用户对失误补救的敏感度不同。因此，用户的数据敏感度会影响用户对数据质量的感知，影响用户满意，进而对政府开放数据服务失误与补救效果产生影响。根据唐小飞等④的研究，补救时机也会对失误补救效果产生影响，政府部门应选择恰当的失误补救时机，根据不同的用户敏感度制定不同的失误补救策略。

本小节结合塞巴斯蒂安对数据质量的定义和八大开放政府数据准则，从数据的准确性、易用性、及时性和安全性四个维度衡量政府开放数据质量，将用户敏感度、补救时机等变量作为政府开放数据服务失误补救质量的影响因子，提出了政府开放数据服务失误补救时机策略的概念模型。模型参数的假设如下。

假设 5.1：用户感知数据质量小于预期数据质量时服务失误发生。

假设 5.2：用户感知失误敏感度和用户感知补救敏感度会影响用户感知数据质量。

假设 5.3：政府开放数据服务失误前后用户敏感度会发生变化。

假设 5.4：补救时机会影响用户感知的补救数据质量。

基于上述假设，构建概念模型如图 5.2 所示。

---

① Parasuraman A，Berry L L，Zeithaml V A. Understanding customer expectations of service[J]. Sloan Management Review，1991，32（3）：39-48.

② Zhu Z，Sivakumar K，Parasuraman A. A mathematical model of service failure and recovery strategies[J]. Decision Sciences，2004，35（3）：493-525.

③ 黄沛，徐海兵. 中、美、法三国消费者的信息敏感度比较分析[J]. 系统工程理论方法应用，2005，（3）：259-263.

④ 唐小飞，钟帅，郑杰. 补救时机和人格特质对补救绩效影响研究[J]. 管理世界，2011，（4）：178-179.

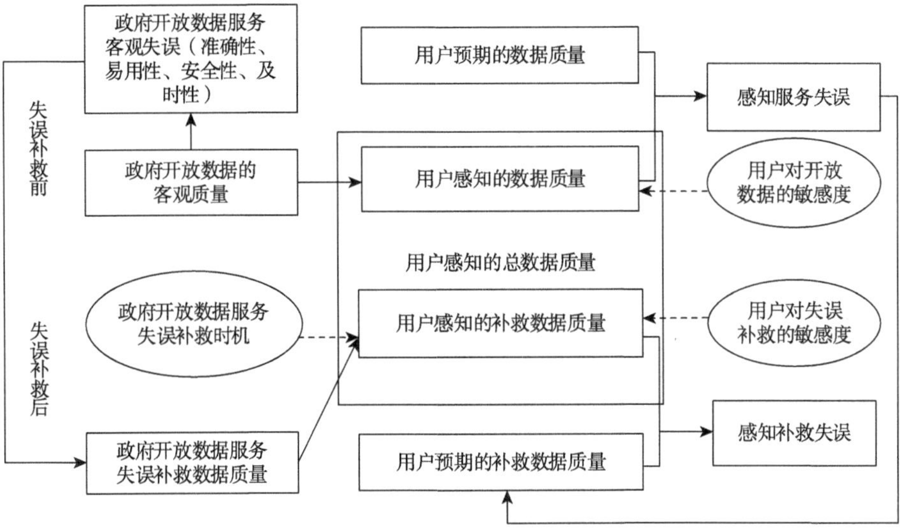

图 5.2　政府开放数据服务失误补救时机策略概念模型

该模型分为失误补救前和失误补救后两个阶段，关注用户对开放数据的敏感度和用户对失误补救的敏感度对用户感知的总数据质量的影响，关注补救时机对用户感知的补救数据质量的影响。当用户感知的数据质量小于用户预期的数据质量时，政府开放数据服务失误发生；失误发生后，用户对失误补救的敏感度发生变化，影响用户感知的补救数据质量；政府选择恰当的失误补救时机及时采取补救措施，使用户感知的补救数据质量大于用户预期的补救数据质量，则政府开放数据服务失误补救时机策略成功。

参数假设及含义如表 5.3 所示。

表 5.3　模型中参数及其含义对照表

符号	含义
$X=\sum_{i=1}^{4} r_i \times X_i$	X 为开放数据的客观质量；X_i 分别为 X_1 准确性质量，X_2 易用性质量，X_3 安全性质量，X_4 及时性质量 对于不同类型的数据，四个指标各自的权重不同，权重系数分别为 r_i，$i=1,2,3,4$
Y	用户预期数据质量：政府开放数据的用户在接受某一类数据服务之前的期望值，即用户认为该类政府开放数据应具备什么样的质量
θ	用户对开放数据的敏感度：用户感知的政府开放数据的数据质量的程度（$0 \leqslant \theta \leqslant 1$）
G	用户感知数据质量：为用户感知到的政府开放数据质量（$G=\theta \times X$）
β	用户对失误补救的敏感度：政府开放数据服务失误发生后，用户对政府部门采取失误补救措施提高的数据质量的感知程度（$0 \leqslant \beta \leqslant 1$）
Y'	用户预期的补救数据质量：政府开放数据服务失误发生后，用户对政府部门采取补救措施提高的数据质量的期望值。假设 $Y'=Y-G$（当 $Y>G$ 时）

续表

符号	含义
T	补救时机：政府开放数据服务失误发生后，政府部门采取补救措施的时机。假设数据用户能够接受的失误补救时间区间为 0-1，则政府部门失误补救越早，T 的取值越接近 0；政府部门失误补救越晚，T 的取值越接近 1
X'	补救数据质量：政府开放数据服务失误发生后，政府部门采取补救措施所提高的数据质量
G'	用户感知的补救数据质量：政府开放数据服务失误发生后，用户感知到的补救数据质量。用户感知的补救数据质量为补救数据质量、补救时机和用户对失误补救的敏感度的函数，即 $G' = f(\beta, T, X') = \beta \times (1-T) \times X'$

概念模型中用户感知的数据质量 G、用户预期的数据质量 Y、用户感知的补救数据质量 G' 和用户预期的补救数据质量 Y' 之间的关系如图 5.3 所示（当数据失误发生时）。

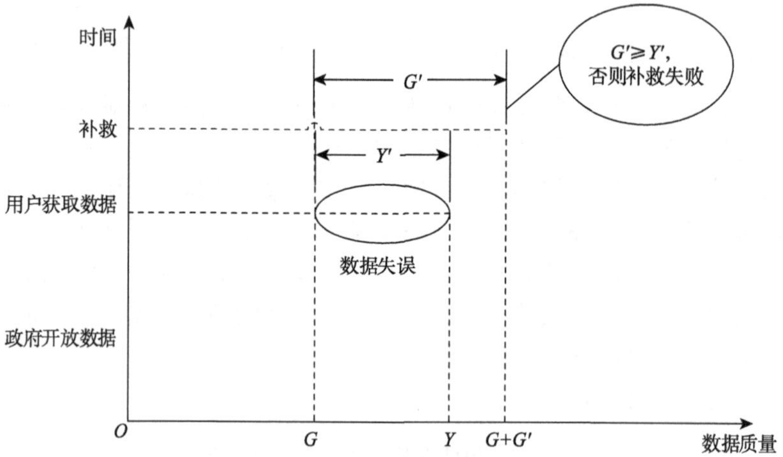

图 5.3 概念模型中关键变量关系

概念模型中的关键变量及其关系如下。

（1）当用户感知的数据质量 G 小于用户预期的数据质量 Y 时，服务失误发生；

（2）用户预期的补救数据质量 Y' 为用户预期数据质量 Y 与用户感知数据质量 G 之差；

（3）用户感知的补救数据质量 G' 大于用户预期的补救数据质量 Y'，失误补救策略成功。

5.2.3　数学模型与求解

基于概念模型及各种参数假定，本小节将概念模型转化为数学模型并采用拉格朗日乘数法进行求解。政府开放数据服务失误补救的最优策略是在用户满意的前提下使政府补救过程中需提高的数据质量最少。即数学模型构建的目标为补救数据质量（ X' ）最小化。

构建目标函数：

$$\text{Min}X' = X'\left(\beta,T,G'\right) = \frac{G'}{\beta\times\left(1-T\right)} \tag{5.1}$$

其中，$0\leqslant\beta\leqslant1$，$0\leqslant T\leqslant1$。

限定函数为

$$G'\geqslant Y' \tag{5.2}$$

由目标函数式（5.1）和限定函数式（5.2），构造拉格朗日函数如下：

$$\begin{aligned}\varphi=\varphi\left(\beta,T,G',\lambda\right)&=\frac{G'}{\beta\times\left(1-T\right)}+\lambda\left(G'-Y'\right)\\&=\frac{G'}{\beta\times\left(1-T\right)}+\lambda\left(G'-Y+\theta\times T\right)\end{aligned} \tag{5.3}$$

对式（5.3）各自变量分别求一阶偏导数，并令这些偏导数为零，得

$$\frac{\partial\Phi}{\partial\beta}=\frac{G'}{1-T}\times\beta^{-2}=0 \tag{5.4}$$

$$\frac{\partial\Phi}{\partial T}=\frac{G'}{\beta}\times\left(1-T\right)^{-2}=0 \tag{5.5}$$

$$\frac{\partial\Phi}{\partial G'}=\frac{1}{\beta\times\left(1-T\right)}+\lambda=0 \tag{5.6}$$

$$\frac{\partial\Phi}{\partial\lambda}=G'-Y'=0 \tag{5.7}$$

联立式（5.4）~式（5.7），求得最优解为

$$\begin{cases}\lambda=-\dfrac{1}{\beta\times\left(1-T\right)} & (5.8)\\ T=1-\beta & (5.9)\\ G'=Y' & (5.10)\end{cases}$$

数学模型求解得到政府开放数据服务失误补救策略的最优解，即式（5.8）。最优解表明：政府失误补救时机与用户对失误补救的敏感度呈负相关关系且两者之和等于 1，即用户对失误补救的敏感度越高，政府应越早采取失误补救措施；用户感知的补救数据质量等于用户预期的补救数据质量时，政府开放数据服务失

误补救策略效果最佳。

政府开放数据失误补救时机最优策略不仅取决于用户对失误补救的敏感度，还取决于用户对开放数据的敏感度。政府应根据不同类型的用户对开放数据的敏感度和对失误补救的敏感度，选择最佳补救时机，制定失误补救策略。无论是否发生失误，用户往往都需要政府对开放数据的质量加以改进。因此，我们不仅应关注政府补救策略的最优解，还应结合实际研究补救时机和用户敏感度的变化及其对补救数据质量的影响。接下来将通过算例分析讨论补救时机、用户敏感度对政府补救数据质量的影响及其相互关系。

5.2.4 算例分析

为使研究结果更具普适性，假设 W 市数据开放平台某类政府开放数据质量分别为 $X_1=10$，$X_2=8$，$X_3=7$，$X_4=6$，取值范围为（0-10）。假设该类数据质量更注重易用性和准确性，对安全性和及时性要求不高，权重系数分别为 $r_1=0.3$，$r_2=0.4$，$r_3=0.2$，$r_4=0.1$，则 $X=\sum_{i=1}^{4} r_i \times X_i = 8.2$。设用户预期数据质量 Y 为 9，则政府开放数据服务失误发生。设用户对开放数据的敏感度 θ 与用户对失误补救的敏感度 β 呈正相关关系，则可通过第 3 部分中的最优解求出参数 T 从 0 到 1 取不同值时政府补救数据质量 X' 的变化情况。在 θ 与 β 的关系曲线不同时，补救时机 T 的变化（从 0 到 1）对政府补救数据质量 X' 的影响如图 5.4 所示。

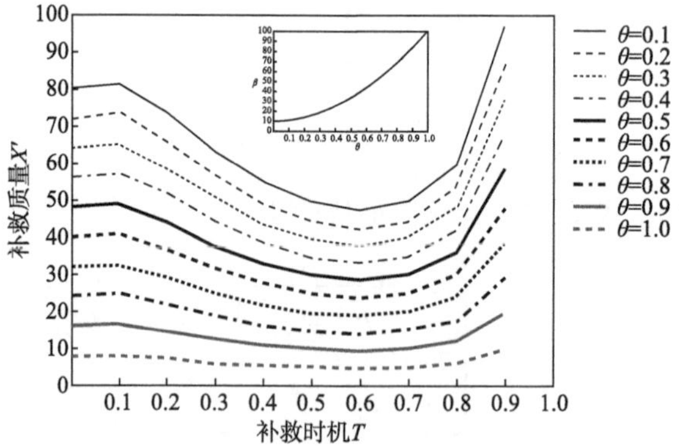

（a）当 β 从 10 取值时，补救时机 T 与补救质量 X' 关系图

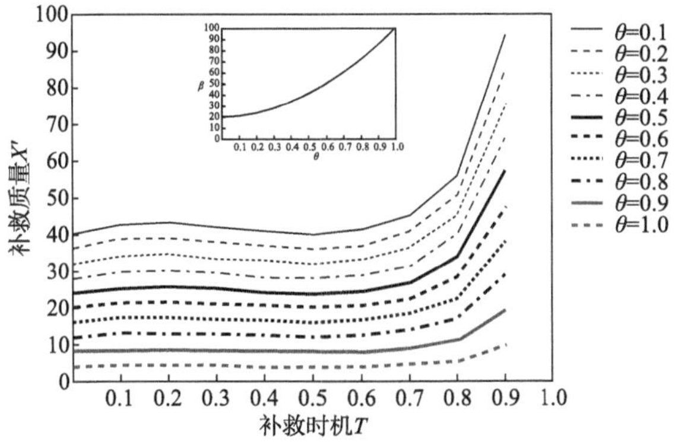

（b）当 β 从 20 取值时，补救时机 T 与补救质量 X' 关系图

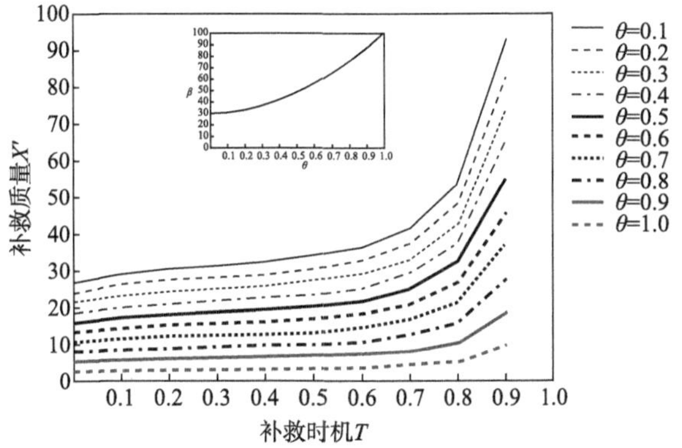

（c）当 β 从 30 取值时，补救时机 T 与补救质量 X' 关系图

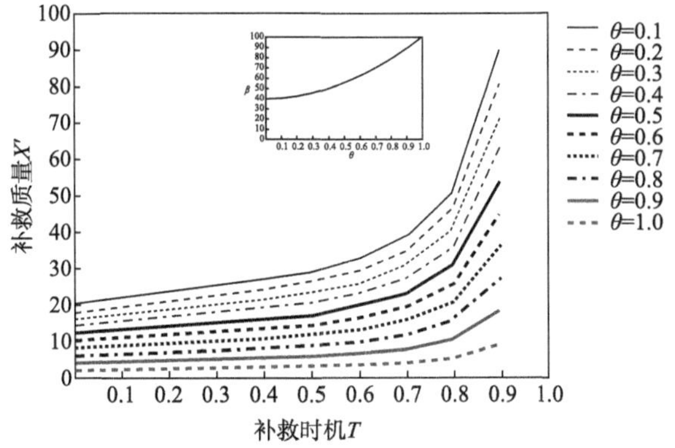

（d）当 β 从 40 取值时，补救时机 T 与补救质量 X' 关系图

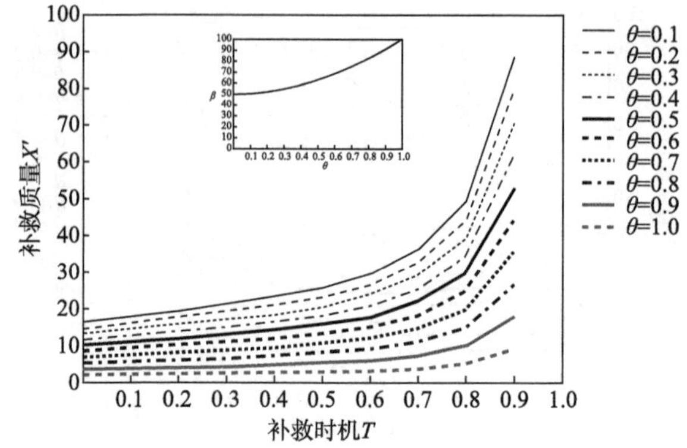

（e）当 β 从 50 取值时，补救时机 T 与补救质量 X' 关系图

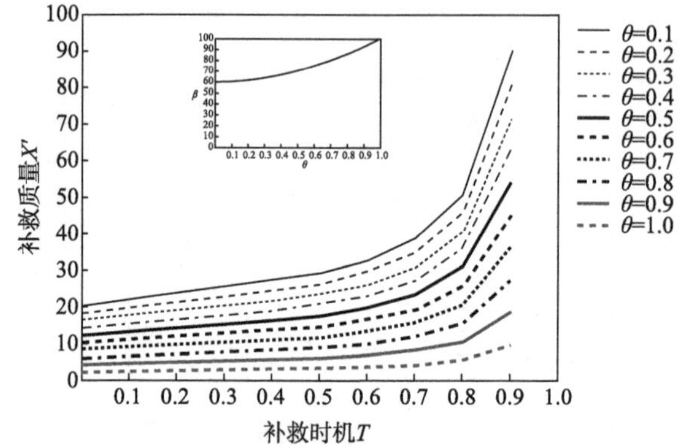

（f）当 β 从 60 取值时，补救时机 T 与补救质量 X' 关系图

图 5.4　模型最优解时失误补救时机 T 与政府补救数据质量 X' 的关系曲线

图 5.4（a）~（f）每图中分别有十条曲线，是用户对开放数据的敏感度 θ 从 0.1 到 1 取值时补救时机 T 和补救质量 X' 的关系曲线；图 5.4（a）~（f）图中的子图分别为参数 θ 和 β 相关系数不同的关系曲线。算例分析的结果表明以下几方面。

（1）用户对失误补救的敏感度 β 相比用户对开放数据的敏感度 θ 提高得越多（曲线越平缓），政府失误补救措施需提高的数据质量 X' 越少。

（2）用户对开放数据的敏感度 θ 取值与补救数据质量为负相关关系，越敏感的用户（θ 取值越高），政府失误补救需提高的数据质量 X' 越少。

（3）除图 5.4（a）（用户对失误补救的敏感度相比用户对开放数据的敏感度基本没有变化）外，图 5.4（b）~（f）均显示补救时机 T 增加（补救时机延迟）时政府失误补救需提高的数据质量 X' 随之增加。

（4）图 5.4（a）~（f）均显示补救时机 $T\approx 0.8$ 时政府失误补救需提高的数据质量 X' 开始陡增，说明补救时机 T 存在阈值，阈值 ≈ 0.8。失误补救时机 T 超过该阈值后，政府失误补救需提高的数据质量 X' 的值陡增。

算例分析表明，用户敏感度对政府开放数据服务失误补救效果有显著影响，政府开放数据的过程中应重视用户敏感度。政府部门应依据不同的用户敏感度选择恰当的补救时机，制定政府开放数据服务失误补救策略。另外，政府开放数据服务失误的补救时机要选择在阈值之前，否则很难达到失误补救策略的最佳效果。

政府数据治理过程存在着系统性风险、个人风险、财产风险和监管风险①，政府开放数据可能引发的风险仍未引起高度关注，政府开放数据的监管体系尚未建立，对政府开放数据进度、问题的有效监控和跟踪分析不足②。政府开放数据平台将数据公布于众的关键问题不是政府数据发布数量的多少，而是缺乏标准化的数据库以及如何以用户易于理解和再利用的方式发布数据③。

5.3　政府开放数据服务失误补救演化博弈模型构建

提升数据治理水平已成为政府面临的重要任务④。面对可能出现的数据服务失误，政府部门和公众将在信息不对称的环境中，不断调整自身的策略选择。政府部门采取不补救、象征性补救或实质性补救策略，所付出的经济成本并不相同；公众由于损失规避和敏感性等因素，感知补救价值不同，选择积极或消极策略，所获得的收益也不相同。从公众的角度出发，政府部门采取正确的补救策略可提高公众的满意度及其对政府的信任；从政府的角度出发，失误补救策略有助于实现数据的潜在价值，促进政府开放数据运动的良性、可持续发展。从长远来看，政府方和公众方的演化博弈趋势决定了政府开放数据的最终效果。因此，在构建数学模型探讨政府开放数据失误补救的基础上，继续探讨政府开放数据服务失误补救策略对用户态度的长远影响是一项亟待研究的科学问题。

---

① 夏义堃. 试论数据开放环境下的政府数据治理：概念框架与主要问题[J]. 图书情报知识，2018，（1）：95-104.

② 夏义堃. 论政府数据开放风险与风险管理[J]. 情报学报，2017，36（1）：18-27.

③ 夏义堃. 国际比较视野下我国开放政府数据的现状、问题与对策[J]. 图书情报工作，2016，60（7）：34-40.

④ 黄璜. 美国联邦政府数据治理：政策与结构[J]. 中国行政管理，2017，（8）：47-56.

5.3.1 演化博弈模型构建

演化博弈理论在国内经济学、管理学及公共管理领域取得了广泛的应用。近年来，与公共治理演化博弈相关的研究文献逐渐增多。国内学者主要运用演化博弈方法研究了电子政务信息服务[①]、政府规制下的医患纠纷问题、企业合作及政府监管的机会主义行为、政府与污染企业环境规制策略[②]、产学研创新联盟三方演化博弈分析[③]，以及针对重大动物疫情公共危机事件中的社会失信问题[④]。国外学者更加关注演化博弈论的跨学科应用，如解释和预测公共健康保险供应链的可持续性[⑤]，研究和解释流行动态和网络用户行为[⑥]等。上述研究对决策者的行为进行了动态分析，但未对信息不对称条件下决策者的有限理性特征和决策偏好行为进行充分解释。政府部门开放数据的过程中存在潜在的不稳定因素，利益相关者之间存在利益冲突，政府在制定服务补救策略时，应充分考虑公众态度的动态演变。

前景理论描述了决策者的有限理性，可解释决策者在风险环境下的决策行为，可较好地描述参照依赖、损失规避和概率判断扭曲等决策者行为特征[⑦]。根据该理论，决策者会根据自身的认知、知识和经验等对决策结果形成一定的心理预期，如果实际结果高于预期，则决策者的感受为“收益”，反之为“损失”。研究发现，人们在面对跨期选择（intertemporal choice）时，更喜欢避免不确定性，而规避不确定性既可能带来收益，也可能带来损失[⑧]。国外学者基于前景理

---

① 常永华，李春玲. 基于演化博弈的电子政务信息服务模型分析研究[J]. 情报学报，2013，32（7）：733-741.

② 陈真玲，王文举. 环境税制下政府与污染企业演化博弈分析[J]. 管理评论，2017，29（5）：226-236；潘峰，西宝，王琳. 基于演化博弈的地方政府环境规制策略分析[J]. 系统工程理论与实践，2015，35（6）：1393-1404.

③ 曹霞，于娟. 基于政府治理的产学研创新联盟稳定性研究[J]. 系统管理学报，2017，26（5）：916-925.

④ 李燕凌，苏青松，王珺. 多方博弈视角下动物疫情公共危机的社会信任修复策略[J]. 管理评论，2016，28（8）：250-259.

⑤ Babu S，Mohan U. An integrated approach to evaluating sustainability in supply chains using evolutionary game theory[J]. Computers & Operations Research，2018，89（1）：269-283.

⑥ Cao X，Chen Y，Liu K. Understanding popularity dynamics：decision-making with long-term incentives[J]. IEEE Transactions on Signal and Information Processing over Networks，2017，3（1）：91-103.

⑦ Tversky A，Kahneman D. Advances in prospect theory：cumulative representation of uncertainty[J]. Journal of Risk and Uncertainty，1992，5（4）：297-323.

⑧ Hardisty D J，Pfeffer J. Intertemporal uncertainty avoidance：when the future is uncertain，people prefer the present，and when the present is uncertain，people prefer the future[J]. Management Science，2015，63（2）：2015-2349.

论的演化博弈研究范围较广，包括政府参与的生态保护问题[①]、企业家精神的持久性和异质性问题[②]及突发事件应急决策[③]等问题。国内学者基于前景理论运营演化博弈理论研究了政企低碳策略[④]、交通流和用户均衡演化博弈分析[⑤]、工程风险管理行为[⑥]与安全管理行为[⑦]等问题。上述博弈分析的核心是有限理性博弈方组成的群体成员的策略调整过程、趋势和稳定性[⑧]。在演化博弈的过程中，有限理性的个体无法准确计算自己的收益，做出最优决策的能力有限，其预期和感知收益非常关键。因此，面对政府开放数据服务失误，公众容易出现规避不确定性的倾向以避免损失，而对补救后数据带来的收益出现感知偏差。基于前景理论进行政府开放数据服务失误补救的演化分析，有助于长期、系统地看待政府开放数据服务的失误补救问题。

在实践层面，我国政府数据服务意识较为落后，问题响应机制与生态系统尚不健全。除《中华人民共和国政府信息公开条例》及其实施细则外，我国尚未出台针对政府开放数据开发和利用保护的政策法规[⑨]。英、美等国家的政府开放数据工作开始较早，较为注重与公民互动、主动发掘数据潜在价值，并积极监督政府行为。例如，美国于 2010 年提出，应创建开放的信息交流环境，允许公众对制度提出意见和建议，让政策受众等利益相关者参与政策执行的过程，提高政府数据政策的执行能力[⑩]；欧盟于 2013 年 2 月发布测量开放数据状态和再利用情况的工具，在“信息再利用政策”指标下设置了“补救机制”二级评价指标[⑪]。多数

---

① Zhao X，Zhang Y. The system dynamics（SD）analysis of the government and power producers' evolutionary game strategies based on carbon trading（CT）mechanism：a case of China[J]. Sustainability，2018，（10）：1150-1168.

② Kuechle G. Persistence and heterogeneity in entrepreneurship：an evolutionary game theoretic analysis[J]. Journal of Business Venturing，2011，26（4）：458-471.

③ Zhang Z X，Wang L，Wang Y M. An emergency decision making method based on prospect theory for different emergency situations[J]. International Journal of Disaster Risk Science，2018，（9）：407-420.

④ 刘枚莲，李宗活，张婕. 基于前景理论的政企低碳策略演化博弈分析[J]. 科技管理研究，2017，37（20）：245-253.

⑤ 张波，隽志才，倪安宁. 基于累积前景理论的动态交通流演化博弈模型[J]. 管理工程学报，2014，28（3）：164-173.

⑥ 赵泽斌，满庆鹏. 基于前景理论的重大基础设施工程风险管理行为演化博弈分析[J]. 系统管理学报，2018，27（1）：109-117.

⑦ 周国华，张羽，李延来，等. 基于前景理论的施工安全管理行为演化博弈[J]. 系统管理学报，2012，21（4）：501-509.

⑧ 王先甲，全吉，刘伟兵. 有限理性下的演化博弈与合作机制研究[J]. 系统工程理论与实践，2011，31（S1）：82-93.

⑨ 王芳，陈锋. 国家治理进程中的政府大数据开放利用研究[J]. 中国行政管理，2015，（11）：6-12.

⑩ Carrasco C，Sobrepere X. Opening government data[J]. Social-Science Computer Review，2015，33（5）：631-644.

⑪ 夏义堃. 国际组织开放政府数据评估方法的比较与分析[J]. 图书情报工作，2015，59（19）：75-83.

国内政府开放数据平台的免责条款声称，平台不对数据的准确性、完整性等承担责任，不对软硬件故障造成的损失承担责任。然而，英国 Find Open Data 平台和美国 DATA.GOV 平台对网站的外部链接进行了免责声明，责任界定清晰，明确了数据失误补救的责任机构，并为用户提供多种纠错和补救途径，详情如表 5.4 所示。

表 5.4 政府开放数据服务提供者免责条款与服务补救措施

数据服务提供者	免责条款	服务补救措施
上海市公共数据开放平台 https://data.sh.gov.cn/	·保留由于法律法规或政策调整等原因而变更、中断或终止部分或全部网络服务的权利； ·各类信息服务内容所涉及的数据信息准确性、完整性、合法性及真实性以注册发布该数据信息的政府相关部门或第三方机构为准； ·不对由于其他可链接网站的内容和隐私策略造成的后果承担责任； ·不对任何因使用数据或任何衍生的分析和应用程序而造成的直接或间接损失承担责任； ·不对由于操作或传播的延迟、通信失败，互联网接入设备的困难，硬件或软件故障而造成的直接或间接损失承担责任	·互动交流模块：调查问卷；需求调查；联系我们；开发者社区；用户帮助（新用户操作指南及常用开发工具提供）
深圳市政府数据开放平台 http://opendata.sz.gov.cn	·对所提供数据的完整性、准确性、及时性不作任何承诺或担保； ·用户因使用本网站所提供数据、App 而造成的任何损失，由用户自行承担； ·不对由于其他可链接网站的内容和隐私策略造成的后果承担责任； ·保留由于法律、法规、规章或政策调整等原因而修订、中止、终止部分或全部网站、网络服务的权利； ·不对任何因使用数据或任何衍生的分析和应用程序而造成的直接或间接损失承担责任	·互动交流模块：数据需求；调查问卷；咨询建议 ·找错功能："我为政府网站找错"
英国 Find Open Data http://data.gov.uk	Find Open Data 可链接至由其他政府部门和机构、服务提供商或其他组织管理的网站。我们对以下情况没有责任： ·保护您提供给这些网站的任何信息 ·您使用这些网站，或他们链接到的任何其他网站可能造成的任何损失或损害	·政府数字服务（government digital service，GDS）：负责维护服务，并帮助发布者管理和更新数据 ·如果质疑一个数据集，可直接与数据发布者联系 ·支持功能：我们可以如何帮助你？ ——我想报告一个问题； ——我有一个数据请求； ——我想发布组织数据
美国 DATA.GOV https://www.data.gov/	DATA.GOV 网站包括超文本链接或指针，可得到其他公共和/或私人组织创建和维护的信息。DATA.GOV 只为您的信息和方便提供这些链接与指针。当您选择外部网站的链接时，您将离开 DATA.GOV 站点，并受外部网站的所有者/赞助商的隐私和安全政策的影响	·咨询问题 ·提出请求 ·报告错误

理论层面，国内外学者从各学科角度开展政府开放数据服务失误研究。学者Marjanovic和Cecez-Kecmanovic认为，开放政府是一个随时间推移而不断适应和进化的复杂系统，人们普遍忽视了开放数据的负面作用，开放政府形成的社会效果是深远的[①]。Zuiderwijk和Janssen认为，政府部门面临的重大挑战是没有意识到可能存在的数据误解和滥用，它们在开放数据的过程中需要权衡和决策支持[②]。政府开放数据的社会影响尚未得到充分研究，利益相关者们的基本权利保障和维护将成为未来可能出现的研究动向之一[③]。国内学者黄如花和王春迎[④]及郑磊和高丰[⑤]调查了中国政府开放数据平台网站，发现大多数据目录并没有对数据集进行恰当的分类和索引，搜索功能过于简单、不能总是返回准确的响应等应用障碍影响了用户体验和公众对政府开放数据的信任。数据资源与公众之间存在界限，普通公众包括中小企业很难从政府开放数据中获取利益和价值[⑥]。李雪松等认为，政府服务补救是政府对公共服务对象（企事业单位和市民个人）服务缺陷或失误所采取的反应与行动，是政府希望将抱怨不满的市民转化为满意市民的过程[⑦]。王娟等分析了政府与公众在政府数据开放共享中的博弈问题，探讨博弈双方最优均衡策略的选择，建议政府部门积极主动开放共享政府数据，完善政府开放数据的问责机制[⑧]。数据服务失误可能影响公众对政府开放数据的信任和使用意愿[⑨]，政府部门的补救策略对探索政府开放数据生态系统演进、识别公众态度有着深远的影响。构建演化博弈模型探讨双赢的演化策略对政府开放数据的可持续发展具有重要意义。

从国内外的研究中可以看出，学术界已经开始重视政府开放数据服务的失误和补救问题，但仍存在一定的局限性。现有文献大多为定性分析，主要停留在政

① Marjanovic O，Cecez-Kecmanovic D. Exploring the tension between transparency and datification effects of open government IS through the lens of complex adaptive systems[J]. The Journal of Strategic Information Systems，2017，26（3）：210-232.

② Zuiderwijk A，Janssen M. Open data policies，their implementation and impact：a framework for comparison[J]. Government Information Quarterly，2014，31（1）：17-29.

③ 马海群，蒲攀. 国内外开放数据政策研究现状分析及我国研究动向研判[J]. 中国图书馆学报，2015，41（5）：76-86.

④ 黄如花，王春迎. 我国政府数据开放平台现状调查与分析[J]. 情报理论与实践，2016，39（7）：50-55.

⑤ 郑磊，高丰. 中国开放政府数据平台研究：框架、现状与建议[J]. 电子政务，2015，（7）：8-16.

⑥ 胡小明. 从政府信息公开到政府数据开放[J]. 电子政务，2015，（1）：67-72.

⑦ 李雪松，司有和，孙卫平. 虚拟电子政府对市民投诉服务补救的影响因素研究——基于重庆市县级虚拟电子政府的案例分析[J]. 图书情报工作，2010，54（9）：124-127.

⑧ 王娟，王赟芝，曹芬芳. 大数据时代政府数据开放共享的博弈分析——基于不完全信息动态模型[J]. 情报科学，2018，36（11）：17-22.

⑨ Weerakkody V，Irani Z，Kapoor K，et al. Open data and its usability：an empirical view from the citizen's perspective[J]. Information Systems Frontiers，2017，19（2）：285-300.

府开放数据存在的问题层面进行研究，研究视角过于单一。政府开放数据属于重大经济社会问题，多个利益相关者长期博弈决定了其效果，整个博弈过程具有动态性和反馈性。在培育数据市场要素、提升数据资源价值目标的引导下，沿着数据价值链向后延展，开展跨学科的定性研究和定量研究，有助于培育良好的政府开放数据生态系统。为了满足构建服务型政府的社会需要、实现政府开放数据的经济价值和社会效益，需要深入研究公众对政府开放数据态度的长期演变趋势，把握大数据时代公众对政府信任的动态特征。本小节研究将结合演化博弈论和案例研究方法，研究政府和公众应对政府开放数据服务失误的演化博弈，结合案例研究疫情视角下公众对政府开放数据态度的演化趋势，研究政府开放数据服务补救策略效果的动态演变。研究结果有助于提升政府数据治理的系统性和科学性，促进政府数据治理流程的优化和动态资源的有效配置，打造良好的政府开放数据生态系统。

5.3.2 条件假设

政府开放数据具有独特性和复杂性，开放过程是动态演化的，要求数据提供者、管理者、使用者等各方通力配合，该过程的每个环节都可能出现失误；数据质量和数据用户的敏感度也会影响用户对政府开放数据服务的感知，感知低于预期则出现失误。服务补救是寻找和处理服务交付中的失误的组织行为，公共服务补救绩效受到多种因素的影响，有必要开展跨学科的研究①。在分析政府开放数据失误补救策略制定时，应综合考虑政府决策者和公众的有限理性特征，改变博弈主体间的互动结构与行为选择，逐步实现理想的演化博弈均衡策略。根据前景理论，公众对失误补救的感知价值可通过前景价值 V 衡量，前景价值 V 可正可负，由价值函数和权重函数决定。根据政府与公众在政府开放数据服务失误过程中的行为特点，结合前景理论，做出以下基本假设。

假设 5.5：在不考虑其他外部因素的情况下，政府开放数据服务失误补救事件的参与主体涉及政府方和公众方，双方均为有限理性，基于自身对策略损益的感知选择不同的策略。

假设 5.6：当服务失误发生时，政府方的决策集有{补救，不补救}，补救决策集有{实质性补救，象征性补救}；公众方的决策集有{积极、消极}两种策略。政府方选择补救的概率为 y，选择不补救的概率为 $1-y$；选择补救策略时又有 ε 的概率选择实质性补救，$1-\varepsilon$ 的概率选择象征性补救。公众方选择积极策略的概率

① Tuan L T, Thao V T. Charismatic leadership and public service recovery performance[J]. Marketing Intelligence & Planning, 2018, 36 (1): 108-123.

为 x，选择消极策略的概率为 $1-x$。

假设 5.7：政府选择实质性补救策略时，政府付出的成本包括制度构建与监督管理成本 c_1 和服务补救成本 c_2，政府会积极对政府开放数据服务过程中出现的失误进行实质性补救，获得公众信任、提升政府形象，带来的社会收益为 r_1，广泛的公众参与以及数据的高效利用可使政府部门获得数据增值收益 r_2。此时，公众若选择积极态度，会信任和继续使用政府开放数据，通过深度数据挖掘能够创造更多的收益，因此公众付出了数据应用成本 c_3，获得了感知补救价值 V 与更多的数据增值收益 r_2；公众若由于自身数据素养或数据应用能力的欠缺等原因选择消极态度，则不继续使用政府开放数据，不付出成本但仍获得感知补救价值 V。

假设 5.8：政府选择象征性补救策略时，政府不付出制度构建与监督管理成本 c_1，只付出服务补救成本 c_2 进行象征性补救，公众将减少数据利用避免进一步遭受损失，政府将无法获得数据增值收益，因此政府所获收益为 r_1-c_2。公众若选择积极态度，则获得了感知补救价值 V，并付出了数据应用成本 c_3，但无法与政府形成数据服务的互动，无法获得数据增值收益 r_2；公众若选择消极态度，则不付出成本，只获得感知补救价值 V。

假设 5.9：政府选择不补救策略时，政府社会形象受损，所获收益为 $-r_1$。公众若选择积极态度，继续使用数据，则付出数据应用成本 c_3，感知补救价值 V 为负；公众若选择消极态度，则只获得感知补救价值 V。

5.3.3　收益矩阵构建及参数说明

根据以上假设，建立政府开放数据服务失误补救博弈收益矩阵，如表 5.5 所示。

表 5.5　政府开放数据服务失误补救博弈收益矩阵

政府方决策集 公众方决策集	补救（y）		不补救（$1-y$）
	实质性补救（ε）	象征性补救（$1-\varepsilon$）	
积极（x）	$V+r_2-c_3, r_1+r_2-c_1-c_2$	$V-c_3, r_1-c_2$	$V-c_3, -r_1$
消极（$1-x$）	$V, r_1-c_1-c_2$	V, r_1-c_2	$V, -r_1$

感知收益矩阵中的参数说明如表 5.6 所示。

表 5.6　收益矩阵参数说明

公众方	政府方
V：感知补救价值	r_1：社会收益
r_2：数据增值收益	r_2：数据增值收益

续表

公众方	政府方
c_3：数据应用成本	c_1：制度构建与监督管理成本
x：积极的概率	c_2：服务补救成本
	y：补救的概率
	ε：实质性补救的概率

根据前景理论，博弈双方对不确定的成本和收益会产生心理感知效用，公众采取不同策略时的感知补救价值各不相同。公众将把补救结果看作相对于参照点的收益或损失，结果比预期好则感知为收益；结果比预期差则感知为损失。因此，公众对政府开放数据服务补救的感知价值函数为

$$v(\Delta\pi)=\begin{cases}(\Delta\pi)^{\alpha}, & \Delta\pi\geqslant 0\\ -\lambda(-\Delta\pi)^{\beta}, & \Delta\pi<0\end{cases}$$

其中，$\Delta\pi$ 为服务补救的实际价值（v_s）与预期价值（v_y）之差；α 和 β 分别为决策者感知“收益”和“损失”价值的边际递减程度（$0\leqslant\alpha\leqslant 1$，$0\leqslant\beta\leqslant 1$），其值越大边际递减的程度越大；$\lambda$为损失规避系数（$\lambda>1$），表示公众对损失比对收益更敏感。

由于公众对数据的敏感度不同，假设积极公众对服务补救的预期（v_y）要高于消极公众的预期（v_y'），政府采取实质性补救的实际价值（v_s'）大于或等于积极公众的预期价值，而政府采取象征性补救的实际价值（v_s'）小于等于消极公众的预期价值，即$v_s'\leqslant v_y'\leqslant v_y\leqslant v_s$。政府采取不补救策略，补救价值为 0。公众感知补救价值计算公式分别为

积极公众感知政府实质性补救的价值：$V_1=(v_s-v_y)^{\alpha}$；

积极公众感知政府象征性补救的价值：$V_2=-\lambda(v_y-v_s')^{\beta}$；

积极公众感知政府不补救的价值：$V_3=-\lambda(v_y-0)^{\beta}$；

消极公众感知政府实质性补救的价值：$V_4=(v_s-v_y')^{\alpha}$；

消极公众感知政府象征性补救的价值：$V_5=-\lambda(v_y'-v_s')^{\beta}$；

消极公众感知政府不补救的价值：$V_6=-\lambda(v_y'-0)^{\beta}$。

结合价值函数比较上述公式取值可得积极公众和消极公众感知不同补救策略

的价值$V_1 \sim V_6$之间的关系，如图 5.5 所示。

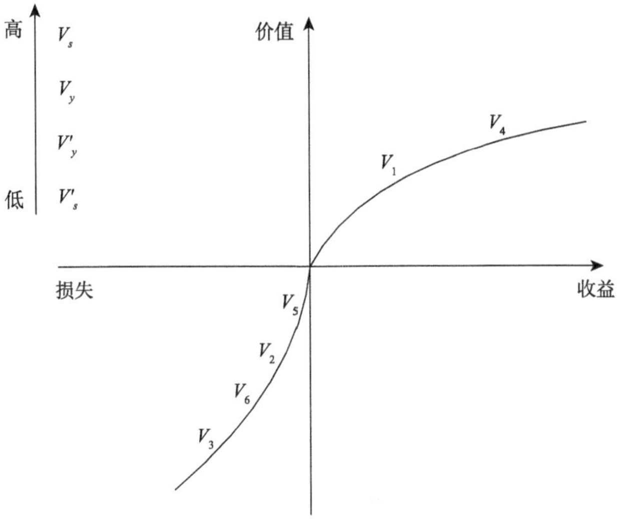

图 5.5　公众对政府开放数据服务失误补救的感知价值图

根据上述分析，基于前景理论修正政府开放数据服务失误补救博弈收益矩阵，如表 5.7 所示。

表 5.7　基于前景理论的政府开放数据服务失误补救博弈收益矩阵

政府方决策集 公众方决策集	补救（y）		不补救（$1-y$）
	实质性补救（ε）	象征性补救（$1-\varepsilon$）	
积极（x）	$V_1+r_2-c_3$，$r_1+r_2-c_1-c_2$	V_2-c_3，r_1-c_2	$V_3-c_3,-r_1$
消极（$1-x$）	V_4，$r_1-c_1-c_2$	V_5，r_1-c_2	$V_6,-r_1$

5.3.4　演化博弈分析

1. 演化博弈的平衡点分析

1）政府方的演化稳定策略

政府方采取“补救”和“不补救”策略的期望收益和平均收益分别为

$$U_{1Y}=\varepsilon\times\left[x\times\left(r_1+r_2-c_1-c_2\right)+\left(1-x\right)\times\left(r_1-c_1-c_2\right)\right]+\left(1-\varepsilon\right)\times\left[x\times\left(r_1-c_2\right)+\left(1-x\right)\times\left(r_1-c_2\right)\right] \quad (5.11)$$

$$U_{1N}=x\times\left(-r_1\right)+\left(1-x\right)\times\left(-r_1\right) \quad (5.12)$$

$$\bar{U}_1=y\times U_{1Y}+\left(1-y\right)\times U_{1N} \quad (5.13)$$

复制动态模型是演化博弈中最常用的一种决策机制，此模型用常微分方程来

描述博弈策略的演化，是一种确定性演化模型。政府方策略的复制动态微分方程为

$$\begin{aligned} F(y)=\frac{\mathrm{d}y}{\mathrm{d}t}&=y\left(U_{1Y}-\bar{U}_1\right)=y(1-y)\left[U_{1Y}-U_{1N}\right] \\ &=y(1-y)\left(\varepsilon\times r_2\times x-\varepsilon\times c_1+2r_1-c_2\right) \end{aligned} \tag{5.14}$$

令 $F(y)=0$，则政府部门选择补救策略的可能平衡点如下：$y_1=0$，$y_2=1$，$x=\dfrac{\varepsilon\times c_1-2r_1+c_2}{\varepsilon\times r_2}$。对复制动态方程进行分析，当 $x=\dfrac{\varepsilon\times c_1-2r_1+c_2}{\varepsilon\times r_2}$ 时，$\dfrac{\mathrm{d}y}{\mathrm{d}t}\equiv 0$，即所有的 y 都是稳定状态；当 $x>\dfrac{\varepsilon\times c_1-2r_1+c_2}{\varepsilon\times r_2}$ 时，$y_1=0$ 或 $y_2=1$ 是两个稳定状态，其中，$y_2=1$ 是进化稳定的策略；当 $x<\dfrac{\varepsilon\times c_1-2r_1+c_2}{\varepsilon\times r_2}$ 时，稳定状态仍是 $y_1=0$ 或 $y_2=1$，其中，$y_1=0$ 是进化稳定的策略，即公众持积极态度的比率高于某个阈值时，政府的策略趋向补救策略。

2）公众方的演化稳定策略

公众采取"积极"和"消极"策略的期望收益和平均收益分别为

$$U_{2Y}=y\times\left[\varepsilon\times\left(V_1+r_2-c_3\right)+(1-\varepsilon)\times\left(V_2-c_3\right)\right]+(1-y)\times\left(V_3-c_3\right) \tag{5.15}$$

$$U_{2N}=y\times\left[\varepsilon\times V_4+(1-\varepsilon)\times V_5\right]+(1-y)\times V_6 \tag{5.16}$$

$$\bar{U}_2=x\times U_{2Y}+(1-x)\times U_{2N} \tag{5.17}$$

公众策略的复制动态微分方程为

$$\begin{aligned} F(x)=\frac{\mathrm{d}x}{\mathrm{d}t}&=x\left(U_{2Y}-\bar{U}_2\right)=x(1-x)\left[U_{2Y}-U_{2N}\right] \\ &=x(1-x)\left\{y\times\left[\varepsilon\left(V_1-V_2+r_2-V_4+V_5\right)+\left(V_6-V_5\right)\right]-\left(c_3+V_6-V_3\right)\right\} \end{aligned} \tag{5.18}$$

同样地，令 $F(x)=0$，当 $y=\dfrac{c_3+V_6-V_3}{\varepsilon\left(V_1-V_2+r_2-V_4+V_5\right)+\left(V_6-V_5\right)}$ 时，$\dfrac{\mathrm{d}x}{\mathrm{d}t}\equiv 0$，即公众选择积极策略的概率处于稳定状态；当 $y>\dfrac{c_3+V_6-V_3}{\varepsilon\left(V_1-V_2+r_2-V_4+V_5\right)+\left(V_6-V_5\right)}$ 时，$x_1=0$ 或 $x_2=1$ 是两个稳定状态，其中，$x_2=1$ 是进化稳定的策略；当 $y<\dfrac{c_3+V_6-V_3}{\varepsilon\left(V_1-V_2+r_2-V_4+V_5\right)+\left(V_6-V_5\right)}$ 时，$x_1=0$ 或 $x_2=1$ 仍是两个稳定状态，其中，$x_1=0$ 是进化稳定的策略。即当政府采取补救策略的概率高于某阈值时，公众倾向对补救持积极态度。

通过动态复制模型求解可知，$E_1(0,0)$、$E_2(1,0)$、$E_3(0,1)$、$E_4(1,1)$ 为系统演

化博弈平衡点。另外，当$0<\frac{\varepsilon\times c_1-2r_1+c_2}{\varepsilon\times r_2}$，$\frac{c_3+V_6-V_3}{\varepsilon(V_1-V_2+r_2-V_4+V_5)+(V_6-V_5)}<1$时，$E_5\left(\frac{\varepsilon\times c_1-2r_1+c_2}{\varepsilon\times r_2},\frac{c_3+V_6-V_3}{\varepsilon(V_1-V_2+r_2-V_4+V_5)+(V_6-V_5)}\right)$也是系统的一个平衡点，它们分别对应着一个演化博弈均衡。

2. 平衡点的稳定性分析

通过复制动态方程求出的平衡点不一定是系统的演化稳定策略（evolutionarily stable strategy，ESS）。为了研究博弈策略的变化趋势，可利用微分方程稳定性理论，分析系统的雅可比矩阵，进行平衡点的稳定性分析。令：$A=\varepsilon\times c_1-2r_1+c_2$，$B=\varepsilon\times r_2$，$C=\varepsilon\times(V_1-V_2+r_2-V_4+V_5)+(V_6-V_5)$，$D=c_3+V_6-V_3$，则系统的雅可比矩阵为

$$J(x,y)=\begin{bmatrix} yC-D-2(yC-D)x & Cx(1-x) \\ By(1-y) & Bx-A-2(Bx-A)y \end{bmatrix} \tag{5.19}$$

计算矩阵J在 5 个平衡点的行列式和迹的值及符号，可判断出局部稳定性。

$$\det J=\left[yC-D-2(yC-D)x\right]\left[Bx-A-2(Bx-A)y\right]-ByCx(1-x)(1-y) \tag{5.20}$$

$$\mathrm{tr}J=yC-D-2(yC-D)x+Bx-A-2(Bx-A)y \tag{5.21}$$

将E_1、E_2、E_3、E_4、E_5分别代入雅可比矩阵，即式（5.19），可计算出行列式及矩阵迹的值，如表 5.8 所示。

表 5.8　系统平衡点对应的雅可比矩阵行列式和迹的表达式

平衡点	$\det J$	$\mathrm{tr}J$
$E_1(0,0)$	$A\times D$	$-D-A$
$E_2(1,0)$	$D\times(B-A)$	$D+B-A$
$E_3(0,1)$	$A\times(C-D)$	$C-D+A$
$E_4(1,1)$	$(C-D)(B-A)$	$D-C+A-B$
$E_5(x^*,y^*)$	$-A\times D\times\left(1-\frac{A}{B}\right)\left(1-\frac{D}{C}\right)$	0

根据演化博弈理论，通过雅可比矩阵在上述五个平衡点的行列式和迹的符号可以分析出平衡点的局部稳定性。观察表 5.8 中各表达式，由于$D>0$，$B>0$，各式的符号取决于A、$A-B$和$C-D$的取值。分 6 种情形讨论平衡点的局部稳定性，如表 5.9 所示。

表 5.9 平衡点局部稳定性

点	情形 1 $A>0$，$A<B$，$C>D$			情形 2 $A>0$，$A<B$，$C<D$			情形 3 $A>0$，$A>B$，$C>D$		
	det$J$	tr$J$	均衡结果	det$J$	tr$J$	均衡结果	det$J$	tr$J$	均衡结果
$E_1(0,0)$	+	−	ESS	+	−	ESS	+	−	ESS
$E_2(1,0)$	+	+	不稳定	+	+	不稳定	−	不定	鞍点
$E_3(0,1)$	+	+	不稳定	−	不定	鞍点	+	+	不稳定
$E_4(1,1)$	+	−	ESS	−	不定	鞍点	−	不定	鞍点
$E_5(x^*,y^*)$	−	0	鞍点	非平衡点			非平衡点		

点	情形 4 $A>0$，$A>B$，$C<D$			情形 5 $A<0$，$A<B$，$C>D$			情形 6 $A<0$，$A<B$，$C<D$		
	det$J$	tr$J$	均衡结果	det$J$	tr$J$	均衡结果	det$J$	tr$J$	均衡结果
$E_1(0,0)$	+	−	ESS	−	不定	鞍点	−	不定	鞍点
$E_2(1,0)$	−	不定	鞍点	+	+	不稳定	+	+	不稳定
$E_3(0,1)$	−	不定	鞍点	−	不定	鞍点	+	−	ESS
$E_4(1,1)$	+	+	不稳定	+	−	ESS	−	不定	鞍点
$E_5(x^*,y^*)$	非平衡点			非平衡点			非平衡点		

3. 演化结果分析与相位图

从表 5.8 可以看出，$E_1(0,0)$、$E_3(0,1)$和$E_4(1,1)$分别是不同情形下系统的演化稳定策略。

系统的演化稳定策略分别如下：情形 1 为（消极，不补救）或（积极，补救）；情形 2、情形 3 和情形 4 为（消极，不补救）；情形 5 为（积极，补救）；情形 6 为（消极，补救）。系统的动态演化相位图如图 5.6 所示。

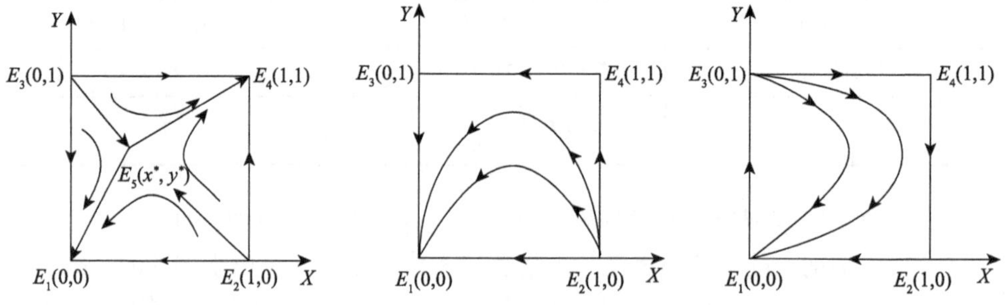

（a）情形 1　　（b）情形 2　　（c）情形 3

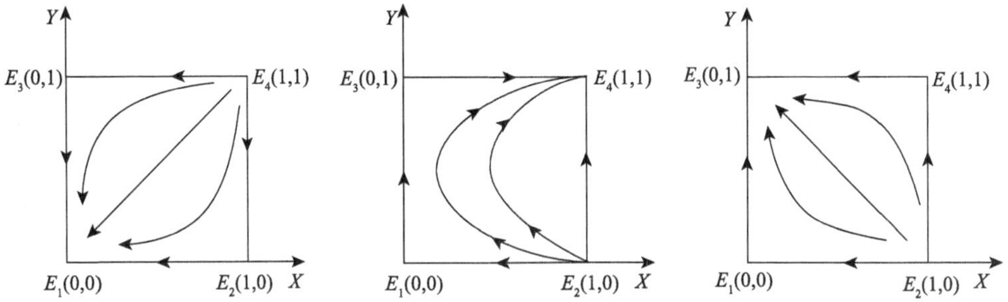

（d）情形 4　　（e）情形 5　　（f）情形 6

图 5.6　系统动态演化相位图

5.3.5　参数讨论与分析

从演化稳定策略分析结果可知，政府开放数据服务失误补救演化博弈均衡策略有三种：（积极，补救）、（消极，补救）或（消极，不补救）。结合实际来看，（积极，补救）策略是最理想的演化稳定策略，双方都能获得政府开放数据带来的潜在价值；（消极，不补救）策略影响政府开放数据的良性发展，应极力避免系统演化至该策略；（消极，补救）策略则是政府方付出诸多成本进行补救，公众仍持消极态度不继续使用数据，也是政府部门应极力避免的演化稳定策略。分析影响博弈过程的参数及其变化趋势，有助于政府的决策支持。

1. 演化稳定策略为（积极，补救）时的参数取值分析

从模型中可以看出，满足情形 5（ $A<0$ ， $A<B$ ， $C>D$ ）、满足情形 1（ $A>0$ ， $A<B$ ， $C>D$ ）且初始概率(x_0, y_0)落在右上区域$E_2E_5E_3E_4$中时，系统的演化稳定策略为（积极，补救）。

1）参数满足情形 5 时的取值分析

参数满足情形 5，分析条件：$A<0$ ，$A<B$ ，$C>D$ ，可得

$$r_1 > \frac{\varepsilon \times c_1 + c_2}{2} \tag{5.22}$$

$$\varepsilon > \frac{c_3 + V_5 - V_3}{V_1 - V_2 - (V_4 - V_5) + r_2} \tag{5.23}$$

又$0<\varepsilon<1$ ，可得

$$r_2 > c_3 + (V_4 - V_1) + (V_2 - V_3) \tag{5.24}$$

由图 5.5 可知，$(V_4 - V_1) + (V_2 - V_3) > 0$ ，可得

$$r_2 > c_3 \tag{5.25}$$

当政府开放数据社会收益（r_1）超过某阈值（$\frac{\varepsilon \times c_1 + c_2}{2}$），且政府采取实质性补救策略的概率（$\varepsilon$）大于某阈值（$\frac{c_3 + V_5 - V_3}{V_1 - V_2 - (V_4 - V_5) + r_2}$），并且数据增值收益（$r_2$）大于数据的应用成本（$c_3$）时，演化博弈的稳定策略为（积极，补救）。

结论 5.1.1：当政府开放数据带来的社会收益（r_1）超过阈值、政府方采取实质性补救的概率（ε）超过阈值，且数据的增值收益大于公众应用数据的成本时，不论双方采取（积极，补救）策略的初始概率（x_0，y_0）如何，系统最终将演化为（积极，补救）策略，即达到双方期待的失误补救效果。

2）参数满足情形 1 且初始概率位于区域 $E_2E_5E_3E_4$ 时的取值分析

参数满足情形 1，公众和政府方采取（积极，补救）策略的初始概率（x_0，y_0）位于区域 $E_2E_5E_3E_4$ 中时，系统的演化稳定策略为（积极，补救）。

分析情形 1 条件 $A > 0$，$A < B$，$C > D$，可得

$$\frac{\varepsilon \times (c_1 - r_2) + c_2}{2} < r_1 < \frac{\varepsilon \times c_1 + c_2}{2} \tag{5.26}$$

$$\varepsilon > \frac{c_3 + V_5 - V_3}{V_1 - V_2 - (V_4 - V_5) + r_2} \tag{5.27}$$

$$r_2 > c_3 \tag{5.28}$$

即当政府开放数据带来的社会收益（r_1）位于区间（$\frac{\varepsilon \times (c_1 - r_2) + c_2}{2}$，$\frac{\varepsilon \times c_1 + c_2}{2}$）中，政府方采取实质性补救的概率（$\varepsilon$）大于某阈值（$\frac{c_3 + V_5 - V_3}{V_1 - V_2 - (V_4 - V_5) + r_2}$），并且数据的增值收益大于数据的应用成本时，只要公众与政府采取（积极，补救）策略的初始概率（x_0，y_0）位于右上区域 $E_2E_5E_3E_4$ 中，则演化博弈的稳定策略为（积极，补救）。

结论 5.1.2：当政府开放数据带来的社会收益（r_1）并不足够大，但政府方采取实质性补救的概率（ε）超过阈值，且数据的增值收益大于公众应用数据的成本时，只要公众方和政府方采取（积极，补救）策略的初始概率足够大，则系统最终将演化为（积极，补救）策略，即达到双方期待的失误补救效果。

2. 演化稳定策略为（消极，补救）时的参数取值分析

参数满足情形 6 时，系统的演化稳定策略为（消极，补救），即政府方采取补救策略，而公众方不为所动仍持消极态度，不相信、不继续使用政府开放数

据。该演化稳定策略是政府方应极力避免的。

分析情形6条件$A<0$，$A<B$，$C<D$，可得

$$r_1 > \frac{\varepsilon \times c_1 + c_2}{2} \tag{5.29}$$

$$\varepsilon < \frac{c_3 + V_5 - V_3}{V_1 - V_2 - (V_4 - V_5) + r_2} \tag{5.30}$$

可见，当政府开放数据的社会收益（r_1）超过某阈值（$\frac{\varepsilon \times c_1 + c_2}{2}$），但是政府采取实质性补救策略的概率（$\varepsilon$）小于某阈值（$\frac{c_3 + V_5 - V_3}{V_1 - V_2 - (V_4 - V_5) + r_2}$）时，系统最终演化稳定策略为政府趋向于采取补救措施、公众倾向持消极态度。

结论5.2：即使政府开放数据的社会收益（r_1）足够大，但只要政府采取实质性补救策略的概率（ε）偏小，演化稳定策略为政府方应极力避免的（消极，补救）策略。

3. 演化稳定策略为（消极，不补救）时的参数取值与结论

参数满足情形 1 且（积极，补救）策略初始概率位于$E_2E_5E_3E_1$区域、情形2、情形3和情形4时，系统的演化稳定策略均为（消极，不补救）。

1）参数满足情形3和情形4时的取值分析

合并情形3和4条件可得$A>B$，分析结果为

$$r_1 < \frac{\varepsilon \times (c_1 - r_2) + c_2}{2} \tag{5.31}$$

2）参数满足情形2时的取值分析

分析情形2条件$0<A<B$，$C<D$，可得

$$\frac{\varepsilon \times (c_1 - r_2) + c_2}{2} < r_1 < \frac{\varepsilon \times c_1 + c_2}{2} \tag{5.32}$$

$$\varepsilon < \frac{c_3 + V_5 - V_3}{V_1 - V_2 - (V_4 - V_5) + r_2} \tag{5.33}$$

3）参数满足情形1且（积极，补救）初始概率位于区域$E_2E_5E_3E_1$时的取值分析

分析情形1条件$A>0$，$A<B$，$C>D$，可得

$$\frac{\varepsilon \times (c_1 - r_2) + c_2}{2} < r_1 < \frac{\varepsilon \times c_1 + c_2}{2} \tag{5.34}$$

$$\varepsilon > \frac{c_3 + V_5 - V_3}{V_1 - V_2 - (V_4 - V_5) + r_2} \tag{5.35}$$

结论5.3：三种情况下系统将演化为双方最不期待出现的（消极，不补救）策略：①政府开放数据的社会收益（r_1）偏小；②政府开放数据的社会收益（r_1）为中等水平，但政府方采取实质性补救的概率（ε）偏小；③政府开放数据的社会收益（r_1）为中等水平、政府方采取实质性补救的概率（ε）偏大，但双方采取（积极，补救）策略的初始概率（x_0，y_0）偏低。

分析以上结论可发现，政府开放数据社会收益（r_1）、政府采取实质性补救策略的概率（ε）及公众方与政府方采取（积极，补救）策略的初始概率（x_0，y_0）为系统演化稳定的关键参数，决定了系统的演化博弈结果。

5.4 政府开放数据服务失误补救对策建议

政府开放数据用户作为政府服务的接受者，对于政府服务的体验和感知是非常重要的，出现服务失误之后政府部门应及时补救，采取恰当的补救策略。构建服务型政府需要对传统的政府服务模式进行创新和优化，公众的数据需求是重要的驱动因素，公众的态度、行为和数据素养对政府服务创新有显著影响[①]。本章研究聚焦政府开放数据服务失误补救策略，探讨了数据质量视角下的政府开放数据服务失误类型，并构建基于数据质量和用户敏感度的政府开放数据服务失误补救时机策略模型，并采用拉格朗日乘数法对模型求解。模型求解结果表明，补救时机、用户对开放数据质量的敏感度和用户对失误补救质量的敏感度对政府开放数据服务失误补救策略有重要影响。

在对模型进行数学求解的基础上，针对政府开放数据服务失误补救策略对公众态度的长期影响，本章研究运用演化博弈论对公众态度的动态演化路径与收益矩阵进行探讨，并运用系统动力学软件进行数值仿真模拟，探讨了政府开放数据服务失误补救策略对公众态度的长期影响，旨在探析政府数据治理策略长期效果的关键影响因素，对政府部门决策起到支持作用。演化博弈分析结果显示：系统演化至理想平衡点（信任，补救）的关键变量为政府部门主动补救的概率、公众因信任而继续使用数据所产生的增值收益以及公众的信任受损。仿真模拟分析结果表明：公众的初始信任态度很重要，如果公众初始态度为信任，除非因政府服务失误导致公众遭受极大的损失，系统基本不会演化为不信任的状态；但是，如果公众的初始态度为不信任，则只有在数据增值收益非常高或公众损失极小时，公众态度才可能演化至信任状态。

---

① 高国伟，竺沐雨，段佳琪. 基于数据策展的政府大数据服务规范化体系研究[J]. 电子政务，2020，（12）：110-120.

根据上述研究，现给出如下政策建议。

1. 政府部门应充分重视用户敏感度

算例分析表明，用户敏感度对政府开放数据服务失误补救效果有显著影响，政府开放数据的过程中应重视用户敏感度。政府部门应依据不同的用户敏感度选择恰当的补救时机，制定政府开放数据服务失误补救策略。政府开放数据服务应树立“以用户为中心”的理念，从用户需求和期望入手，提供用户需要的数据服务，提高数据质量，基于用户敏感度进行失误补救。政府部门应对政府开放数据服务过程进行深入理解，在角色定位、服务过程管理、失误补救等方面重新思考，站在构建政府开放数据生态系统的高度洞察服务过程中各环节的相互作用，最终实现政府开放数据的可持续发展。通过利用问卷调研、实地考察、用户行为数据等方式获取公民的反馈，并依据反馈有针对性地对服务方式进行优化和升级，真正做到从群众来到群众中去的路线，以广大人民群众最直接的诉求作为服务改善的动力。在进行政府开放数据平台建设中，应当结合基层工作的特点和基层工作人员的需求，有重点地设计，既要注重全面性与科学性又要保障用户可以没有很大负担地使用平台进行服务，在模块设计、程序操作等方面要注重基层工作的实用性、简易性，提高数据服务的易用性和可用性，充分实现政府开放数据的价值。

2. 选择恰当的补救时机及时进行服务失误补救

本章研究发现，政府开放数据服务出现失误之后，用户对失误补救的敏感度越高，政府应越早采取失误补救措施。当用户感知的补救数据质量等于用户预期的补救数据质量时，政府开放数据服务失误补救策略效果最佳。另外，政府开放数据服务失误的补救时机要选择在阈值之前，否则很难达到失误补救策略的最佳效果。政府应根据不同类型的用户对开放数据的敏感度和对失误补救的敏感度，选择最佳补救时机，制定失误补救策略。

3. 政府服务失误出现后，政府应尽可能地采取实质性补救措施

在政府开放数据失误补救过程中，政府方采取实质性补救的概率对政府开放数据系统的长期演化博弈的最终结果非常关键。即使数据带来的社会收益非常高，一旦政府只采取象征性补救策略简单敷衍一下公众，可能最终变成即使政府积极补救，公众仍不信任、不继续使用数据。在政府开放数据的进程中，服务失误补救缺失或只采取象征性补救措施可能会降低公众的信任，从而影响政府开放数据的实际利用效果。

从长远来看，政府的主动补救策略对公众的政府信任有积极影响，对政府开

放数据生态系统的良性发展有促进作用。不同类型的补救策略对公众的信任影响结果存在显著差异。演化博弈分析结果和系统动力学仿真结果均表明，政府部门主动补救策略的概率是影响公众长期态度的关键因素。开放数据不及时或不准确可能造成谣言泛滥，引起公众恐慌，甚至造成医疗资源挤兑，产生重大损失。此时，政府部门及时主动进行补救，可以起到控制舆情，稳定民心的作用。随着事态发展，公众逐渐了解真实信息，此时权威性的政府开放数据可修复受损的政府信任，从而使得公众倾向相信政府有能力提供开放数据服务。

演化分析和仿真模拟的结果表明，当发生重大公共危机事件时，出现数据服务失误后，政府的公信力的恢复与其采取补救措施的时间、有效程度有直接的关联。这与王化起和龙书芹①的研究结果一致，也印证了在重大自然灾害或疫情发生后，政府主动发布信息、积极管控舆情对公众的信任修复有显著影响的观点②。

4. 政府部门应努力增加开放数据的社会效益

本章研究发现，面对政府开放数据实践活动中出现的失误，只要数据带来的社会收益足够高，公众方与政府方博弈的最终结果仍然演变为公众对失误补救持积极态度、政府选择采取补救策略。政府对于政府开放数据的社会价值实现不应短视。政府开放数据对于我国公众尚属新鲜事物，随着社会价值的充分实现，公众持积极态度将是演化博弈的最终结果。

政府机构应积极宣传政府开放数据可带来的增值收益，促进公众参与。如何提升公众对政府开放数据的长期信任和持续使用意向，是对政府治理能力的考验。本章研究通过演化博弈分析后发现，积极主动的失误补救策略、促进社会力量的广泛参与、提高数据利用带来的增值收益及降低公众信任受损，从长远来看是政府服务失误补救的最佳应急策略。公众利用正确的政府开放数据可产生增值收益，政府部门应建立协作机制引导社会力量有效协作，努力打造数据开放的文化、促进数据利用，实现数据的潜在价值。公众参与是政府开放数据价值实现的关键路径。在我国的新冠疫情防控过程中，阿里巴巴、丁香医生等民间企业积极利用政府开放数据，开发了大量 App，为公众创造了巨大的社会收益。在本章研究构建的演化博弈系统中，当政府开放数据的增值收益足够大时，公众对失误补救策略的态度极有可能最终演变为信任策略。然而，我国现有政府数据开放平台在此次疫情数据开放中的利用率约占 12.75%，80%以上的地方政府数据开放平台

① 王化起，龙书芹. 政府能力、敬业精神与经济损失——疫情时期政府信任变化的影响因素分析[J]. 东南大学学报（哲学社会科学版），2020，22（5）：112-120，156.

② 李燕凌，丁莹. 网络舆情公共危机治理中社会信任修复研究——基于动物疫情危机演化博弈的实证分析[J]. 公共管理学报，2017，14（4）：91-101，157.

并没有开放疫情相关数据，这些数据主要被披露于各级卫健委和新闻媒体等处，地方政府数据开放平台在疫情相关数据开放中整体利用率处于较低水平，疫情数据的社会价值并未得到充分挖掘①。本次政府开放数据在疫情防控中的应用情况并不理想，反映出建设国家级政府开放数据平台的必要性和紧迫性。

5. 政府部门应尽早培养公众对政府开放数据的信任感

研究发现，公众方和政府方面对政府开放数据失误的初始态度非常关键。如果双方面对问题时采取消极态度，公众不信任、不继续使用数据，政府无视问题不采取补救措施，即使数据带来可观的社会收益，最终系统的演化博弈结果仍为（消极，不补救）。这是双方最不希望看到的结果，意味着政府开放数据无法可持续发展。

从信息治理的角度来看，新媒体时代的政府部门既要追求政府数据服务的规范性和合理性，又要重视对过往信息服务失误的梳理、检视和反馈，与公众保持沟通和互动，尽力扭转不良印象，修复过去公众在政府信任上的损失，重塑公众心目中的正面形象。该道歉的要及时道歉，该问责的要毫不留情地问责，绝不能回避矛盾、逃避现实、敷衍塞责，或采取任何其他消极和偏激的抗争行为②。

公众的初始态度非常重要，应培养公众的初始信任态度。从仿真模拟分析结果可以看出，当公众初始态度为不信任时，公众态度很难演化至信任。除非政府采取非常积极的主动补救策略、增值收益非常大或者未造成损失，演化博弈系统中的公众态度才有可能最终演化为信任态度。本章的演化博弈分析结果和仿真结果验证了数学建模的研究结论，即公众对政府的信任对其期望确认有显著的正向影响，将间接影响公众的持续使用意向。借鉴该研究结论，政府部门应加大技术投入，从数字政府的便利性、可靠性、易用性等特征入手，注重工作的感受，满足公众的数据需求，建立风险保障机制，积极回应公众反馈，从而提高公众对政府和对技术的信任。

政府开放数据服务失误带来的“损失”并不能直接导致公众的“不信任”。“没有哪一次巨大的历史灾难不是以历史的进步为补偿的”③。近年来，新冠疫情带给人类的是一场灾难，也带来了许多提升政府综合治理能力的启发。本章研究发现，若 $\varepsilon\times(r+1)>1$，则系统最终将演化为理想的（信任，补救）策略相一

① 周林兴，徐承来，宋大成. 重大疫情灾害中政府数据开放模式研究——以新型冠状病毒肺炎疫情为实证分析[J]. 现代情报，2020，40（6）：3-18.

② 沈正赋. 社会风险视野中网络舆情的生成、传播及其信息治理——基于新冠肺炎疫情网络信息的梳理与阐发[J]. 安徽师范大学学报（人文社会科学版），2020，48（5）：140-147.

③ 中共中央马克思恩格斯列宁斯大林著作编译局. 马克思恩格斯文集：第 10 卷[M]. 北京：人民出版社，2009.

致。出现损失并不能直接导致公众最终的不信任态度。这与王化起和龙书芹[①]的实证研究结论一致，疫情时期过半公众的政府信任水平反而提高了，而经济损失对政府信任变化影响不大。疫情中无论个体社会经济特征差异多大，大多数民众都提高了政府信任水平，即便遭遇了一定的经济损失也是如此。该研究还发现，政府的信息能力和组织与物资能力越高，公众对政府的信任水平越高；政府信息能力的作用要大于其组织与物资能力。本章研究的结论也告诉我们，政府选择主动补救策略的比率和数据带来的潜在收益是公众态度长期演化为“信任”策略的决定因素，这离不开政府数据治理水平的提升。

服务失误补救是在服务交付中寻找和处理服务失误的组织行为，尽管许多研究已经讨论了各领域的服务补救策略问题，但政府服务失误补救仍缺乏一个综合框架，包括失误补救过程的结构、影响因素及跨学科的服务补救理论模型。未来研究应进一步分析各种因素对政府开放数据用户长期态度的影响，并开展实证研究。

① 王化起，龙书芹. 政府能力、敬业精神与经济损失——疫情时期政府信任变化的影响因素分析[J]. 东南大学学报（哲学社会科学版），2020，22（5）：112-120，156.

第 6 章　政府开放数据质量及效果评价

政府开放数据的评价是衡量政府开放数据整合开放和融合利用的标准。数据贯穿整个政府数据开放的全生命周期，数据质量直接影响用户对数据的利用体验[①]，进而影响用户进行数据利用行为所产生的利用效果。作为政府开放数据全生命周期中关键一环，本章通过实证的方式阐述了政府开放数据的质量以及效果评价，从政府开放数据质量评价、政府开放数据政策运行效率评价、政府开放数据成熟度评价和用户满意度评价四个视角对政府开放数据的质量进行评价，并提出相应的对策与建议。

6.1　政府开放数据质量评价

开放数据集是政府开放数据平台进行数据发布与预览的基本构成单位，元数据在极大程度上有助于开放数据集的描述、发现和管理[②]，就政府开放数据质量而言，数据集与元数据质量是进行政府开放数据质量评价不可避免的两个视角。结合政府开放数据的数据特性以及政府开放数据平台的实践情况，从元数据与数据集两方面出发进行政府开放数据质量评价分析，通过平台数据集及元数据的发布与利用状况来反映政府开放数据的数据质量，以显示数据层面下政府数据开放的现状及效果。

---

① 谭必勇，陈艳. 我国开放政府数据平台数据质量研究——以十省、市为研究对象[J]. 情报杂志，2017，36（11）：99-105.

② 赵荣荣，梁蕙玮，萨蕾. 公共图书馆政府公开信息元数据研究——以中国政府公开信息整合服务平台为例[J]. 图书馆学研究，2013，（15）：63-67，49.

6.1.1 政府开放数据质量评价的研究路径设计

1. 政府开放数据质量评价指标

1）数据质量评价指标

数据质量评价是指在特定条件下，对数据特性的明确程度与隐含要求的满足程度进行科学评价[①]，数据质量影响数据价值，数据质量评价是企业进行有效数据管理的关键所在，也是用户进行高效数据利用的核心所在。现有的数据质量评价一般来说以全国信息技术标准化技术委员会发布并实施的数据质量评价指标框架为统一标准，包含规范性、完整性、准确性、一致性、时效性与可访问性六个指标（图 6.1）。

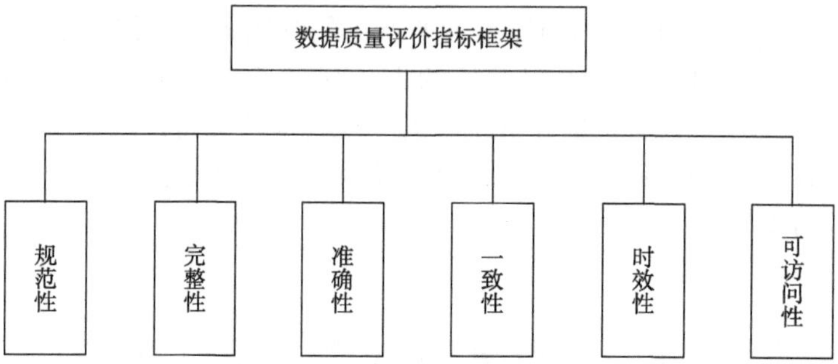

图 6.1 数据质量评价指标框架

规范性涉及数据标准、数据模型、元数据、业务规则、权威参考数据、安全隐私等，评价数据是否符合以上业界标准的度量；完整性主要是指数据元素与数据记录的完整性，考察数据的记录与描述是否存在缺失情况；准确性包含数据内容、数据格式、数据重复、数据唯一、无效数据五方面，体现了数据描述的正确性与数据记录字段中值的准确性；一致性体现在相同数据与关联数据两方面，考察前后数据是否保持统一，是否有助于数据的互联互通；时效性强调了时间段、时间点与时序关系，是数据在时间维度上的评价指标；可访问性包括数据的可获得性与可使用性，更强调数据的利用。

2）政府开放数据质量已有评价指标

政府开放数据质量评价相较于数据质量评价而言，尽管针对数据这一主体，政府开放数据的限定范围更小，然而对政府开放数据进行质量评价的纬度应具有覆盖面更广、包容性更大的特点，这是由政府开放数据其开放主体是政府，且

① 国家市场监督管理总局 中国国家标准化管理委员会. 信息技术 数据质量评价指标（GB/T 36344—2018）[S]. 2018.

"开放政府数据"这一行动尚处于发展阶段而决定的。对政府开放数据质量进行评价，应该在对数据质量进行评价的基础上，考虑政府开放数据平台建设情况，以反映政府开放数据数据集与元数据的发布情况与利用效果，进一步完善政府开放数据质量评价。

通过梳理政府开放数据质量评价相关文献，得到涉及数据集与元数据评价的政府开放数据质量已有评价指标（表 6.1），详细阐述了政府开放数据质量评价的各指标以及指标来源情况，重点列举客观评价指标。隐私性和安全性、准确性和正确性、可理解性和易理解性、全面性和多样性等代表相同或相似含义的指标，只列举了隐私性、准确性、可理解性等其中的一种说明。

表 6.1　政府开放数据质量已有评价指标

指标	说明	文献来源
完整性	元数据设置的充分情况以及元数据与数据集的非空情况	翟军，陶晨阳，李晓彤. 开放政府数据质量评估研究进展及启示[J]. 图书馆，2018，（12）：74-79. 刘博浩. 我国开放政府数据质量评价研究[D]. 郑州大学硕士学位论文，2019. 邵艳红. 我国政府开放数据质量评价指标体系构建研究[D]. 河北大学硕士学位论文，2019. 莫祖英，邝苗苗. 基于用户视角的政府开放数据质量评价模型及实证研究[J]. 大学图书情报学刊，2020，38（4）：84-89.
全面性	数据涉及主题、部门的开放情况	翟军，陶晨阳，李晓彤. 开放政府数据质量评估研究进展及启示[J]. 图书馆，2018，（12）：74-79.
兼容性	元数据方案对比各国标准是否兼容	邵艳红. 我国政府开放数据质量评价指标体系构建研究[D]. 河北大学硕士学位论文，2019.
准确性	数据内容与元数据描述的差异、文件和数据记录与真实值的差异	邵艳红. 我国政府开放数据质量评价指标体系构建研究[D]. 河北大学硕士学位论文，2019. 莫祖英，邝苗苗. 基于用户视角的政府开放数据质量评价模型及实证研究[J]. 大学图书情报学刊，2020，38（4）：84-89. 谭必勇，陈艳. 我国开放政府数据平台数据质量研究——以十省、市为研究对象[J]. 情报杂志，2017，36（11）：99-105.
开放性	文件格式与授权许可的开放情况	邵艳红. 我国政府开放数据质量评价指标体系构建研究[D]. 河北大学硕士学位论文，2019.
合规性	元数据与数据集是不是标准化、符合规范	邵艳红. 我国政府开放数据质量评价指标体系构建研究[D]. 河北大学硕士学位论文，2019.
可理解性	数据是否能被使用者理解	邵艳红. 我国政府开放数据质量评价指标体系构建研究[D]. 河北大学硕士学位论文，2019. 莫祖英，邝苗苗. 基于用户视角的政府开放数据质量评价模型及实证研究[J]. 大学图书情报学刊，2020，38（4）：84-89. 谭必勇，陈艳. 我国开放政府数据平台数据质量研究——以十省、市为研究对象[J]. 情报杂志，2017，36（11）：99-105.
可读性	数据是否能被机器理解	谭必勇，陈艳. 我国开放政府数据平台数据质量研究——以十省、市为研究对象[J]. 情报杂志，2017，36（11）：99-105.
信息量	元数据字段的信息量	邵艳红. 我国政府开放数据质量评价指标体系构建研究[D]. 河北大学硕士学位论文，2019.
数据量	开放数据的数量	谭必勇，陈艳. 我国开放政府数据平台数据质量研究——以十省、市为研究对象[J]. 情报杂志，2017，36（11）：99-105.

续表

指标	说明	文献来源
一致性	数据集字段命名是否一致	邵艳红. 我国政府开放数据质量评价指标体系构建研究[D]. 河北大学硕士学位论文，2019. 莫祖英，邝苗苗. 基于用户视角的政府开放数据质量评价模型及实证研究[J]. 大学图书情报学刊，2020，38（4）：84-89. 谭必勇，陈艳. 我国开放政府数据平台数据质量研究——以十省、市为研究对象[J]. 情报杂志，2017，36（11）：99-105.
时效性	数据集的发布情况与记录情况	邵艳红. 我国政府开放数据质量评价指标体系构建研究[D]. 河北大学硕士学位论文，2019. 莫祖英，邝苗苗. 基于用户视角的政府开放数据质量评价模型及实证研究[J]. 大学图书情报学刊，2020，38（4）：84-89. 谭必勇，陈艳. 我国开放政府数据平台数据质量研究——以十省、市为研究对象[J]. 情报杂志，2017，36（11）：99-105.
可追溯性	数据发布的时间历史、用途是否可追溯	莫祖英，邝苗苗. 基于用户视角的政府开放数据质量评价模型及实证研究[J]. 大学图书情报学刊，2020，38（4）：84-89.
隐私性	数据发布是否涉及隐私问题，是否进行技术处理	莫祖英，邝苗苗. 基于用户视角的政府开放数据质量评价模型及实证研究[J]. 大学图书情报学刊，2020，38（4）：84-89.
易用性	数据是否可以个性化定制以及互动分享	莫祖英，邝苗苗. 基于用户视角的政府开放数据质量评价模型及实证研究[J]. 大学图书情报学刊，2020，38（4）：84-89.
可用性	数据能被数据使用者利用的程度	谭必勇，陈艳. 我国开放政府数据平台数据质量研究——以十省、市为研究对象[J]. 情报杂志，2017，36（11）：99-105.
交互性	政府与社会对于数据进行互动交流的方便程度	谭必勇，陈艳. 我国开放政府数据平台数据质量研究——以十省、市为研究对象[J]. 情报杂志，2017，36（11）：99-105.

3）政府开放数据质量评价指标体系构建

合理的评价指标体系构建是进行政府开放数据质量评价工作的基础，为保证最终评价结果的科学性与有效性，以开放数据原则为依据，结合政府开放数据平台实际情况进行网络调研，一方面考虑指标数据的可获得性，一方面在实践层面的基础上考核与完善评价指标体系，主要针对可在政府开放数据平台中采集到的客观数据进行评价指标选取。在前人相关研究的基础之上，对已有部分评价指标进行重新梳理与整合，并通过聚类的方法，结合数据质量评价指标框架，最终确定数据完整性、数据全面性、数据开放性、数据可持续性、数据可利用性 5 个一级指标和外部信息元数据、内部数量元数据等 18 个二级指标，相关指标及参数设置如表 6.2 所示。其中，数据完整性是根据数据质量评价指标框架，结合政府开放数据实践平台数据可获得性选取的，针对元数据的设置情况进行了整理并新增了外部信息元数据与内部数量元数据两个二级指标；数据全面性是根据已有相关研究进行设置的；数据开放性是针对政府开放数据的开放原则，结合已有相关研究与政府开放数据平台实际情况，将数据格式、固定链接、API 等设置为其二级指标；数据可持续性是根据政府开放数据质量特性及政府数据开放要求确定的；数据可利用性是根据已有研究文献进行设置的，并考虑到政府数据开放的目标以及用户利用情况对其二级指标进行了新增。

表 6.2　政府开放数据质量评价指标体系

目标	一级指标	二级指标	指标解释
政府开放数据质量评价	数据完整性 U_1	外部信息元数据 X_1	数据资源的各外部信息元数据元素的设置情况
		内部数量元数据 X_2	数据资源的各内部数量元数据元素的设置情况
		空白元数据 X_3	数据集的各元数据项是否存在空白的元数据记录
		碎片化数据集 X_4	平台数据集自创建以来数据集的集中情况
	数据全面性 U_2	所属主题 X_5	数据资源的主题覆盖情况，主题类目是否丰富
		主题分类 X_6	数据资源的主题颗粒度设置情况，是否设置二级标题
		数据提供方 X_7	数据资源的提供来源情况，参与数据发布政府部门数量是否充足
	数据开放性 U_3	可机读格式 X_8	可下载数据集的格式提供情况，是否能被计算机自动读取和处理
		开放格式 X_9	可下载数据集的格式提供情况，是不是开放的、非专属的
		开放状态 X_{10}	平台向公众开放的数据是否说明开放状态，公众是否能够合法合规使用
		固定链接 X_{11}	有助于用户发现和链接到目标数据集具体位置的数据集固定 URL（uniform resource locator，统一资源定位系统）链接设置情况
		API 接口 X_{12}	平台向公众开放数据的 API 的情况
	数据可持续性 U_4	更新类型 X_{13}	平台数据集自创建以来的数据更新情况，是不是动态更新
		更新延迟 X_{14}	平台数据集自创建以来的数据是否存在未按更新频率进行实际更新的情况
		更新提前 X_{15}	平台数据集自创建以来的数据实际更新时间是否提前于更新频率所规划时间
	数据可利用性 U_5	App 数量 X_{16}	平台将数据开发成相应 App，进行成果转化情况
		评分量 X_{17}	用户对平台数据质量的直观感受打分情况
		下载量/浏览量 X_{18}	用户对平台数据质量的使用情况与关注情况的比值

政府开放数据的数据完整性主要是指政府开放数据平台所发布的元数据元素与描述是否完整以及各数据集的整合是否充分。元数据元素归纳为外部信息元数据与内部数量元数据，外部信息元数据是便于用户了解数据集基本情况的元数据元素，分为可发现信息、时间信息、可反馈信息、开放信息和格式信息五类①，其中，可发现信息包括标题、关键词、描述（摘要）和主题，时间信息包括发布日期、更新日期和更新频率，可反馈信息包括来源、发布者联系电话或发布者邮

① 张晓娟，谭婧. 我国省级政府数据开放平台元数据质量评估研究[J]. 电子政务，2019，（3）：58-71.

箱，开放信息即开放状态，格式信息即可供下载格式；内部数量元数据涵盖数据项数量、接口数量、数据量与文件数四种向用户直观呈现数据集数量与特征以反映数据质量的元数据元素。元数据描述的数据完整性体现在空白元数据上，即数据集的各元数据项是否存在空白的元数据记录。数据集的数据完整性体现在是否存在按照时间、行政区划、政府部门等进行人为分割的数据集①。

政府开放数据的数据全面性主要体现了政府开放数据的数据广度，通过所属主题与提供机构体现。主题数量与主题设置情况共同体现主题的数据全面性，主题数量的多少一定程度上代表了发布数据内容类型的多样性；主题设置情况通过主题类目是否设置有二级类目来体现②，主题类目设置越细腻越能提高政府开放数据利用的精准度，给用户带来更好的体验。提供机构的数据全面性③是依靠平台发布数据集涉及的所有来源部门数量的衡量，参与发布数据集的政府部门越多，说明数据开放越全面。

政府开放数据的数据开放性能体现政府开放数据的开放程度，其二级指标包括可机读格式、开放格式、开放状态、固定链接及 API。可机读格式用来衡量数据是否方便用户获取和利用、是否能被计算机自动读取和处理，如 XLS、CSV、TXT、XML、JSON、XLSX、WMS、WFS、RFT、RDF 等格式，而 DOC、PDF、JPG 为机器不可识别读取的格式；开放格式是指可下载数据集应以开放的、非专属的格式提供，任何实体不得在格式上排除他人使用数据的权利，以确保数据无须通过某个特定（特别是收费的）软件或App才能访问。例如，JSON、CSV、XML、TXT、KML、WMS、WFS、RTF 等，而 XLS、XLSX、DOC、DOCX、PDF、ODT 不属于开放格式；固定链接指为数据集设置固定的 URL 链接，有助于用户发现和链接到目标数据集的具体位置在文中为 RDF 链接格式；API 是指平台向公众开放数据的 API 的情况，是否支持以数据调用接口的方式提供数据，满足部分用户开发应用程序的需求。

政府开放数据的数据可持续性关系着用户利用的后续保障，主要通过衡量各平台数据集自创建以来是否进行数据更新，以及数据是否按要求更新来实现。是否进行数据更新以数据的更新类型来衡量，由开放数据门户网站上的每一条数据更新类型所决定，归纳为动态更新和静态更新，将更新频率存在表述模糊情况（如按需更新、自定义更新、不定期更新、其他等）的视为静态更新，将更新频率整体表述清楚的情况（如每季度更新、每月更新、每周更新、每日更新、实时更新等）视为动态更新。数据是否按表述要求更新以数据的实际更新情况与更新

① 郑磊，吕文增. 地方政府开放数据的评估框架与发现[J]. 图书情报工作，2018，62（22）：32-44.

② 李凡星. 基于数据质量的政府开放数据平台评估探究[D]. 南京大学硕士学位论文，2017.

③ 沈晶. 政府数据开放发展速度指数研究[D]. 南京大学硕士学位论文，2018.

类型比对来衡量，分为更新延迟与更新提前两种，更新延迟即实际更新情况晚于数据集发布的更新类型，反之即为更新提前，两种情况皆为更新类型发布有误，同样由开放数据门户网站上的每一条数据更新类型所决定。

政府开放数据的数据可利用性是政府数据开放的目标，体现政府开放数据的利用情况，通过用户的关注度、利用反馈及利用效果反映政府开放数据质量。App、数据评分量、数据浏览量与下载量的比值是数据可利用性的二级指标。App 是指各平台是否有将数据开发成相应的 App，进行成果转化，为公众提供便民服务的功能；用户评分是用户对数据质量是否满意的最直接体现；数据的下载率是下载量与浏览量的比值，下载率从某种程度体现了公众对于政府开放数据需求与政府方面对开放数据实际质量供应的匹配情况，主要是用户对数据开放后的行为表现，此处采用开放数据门户网站上的总下载量与总关注量的比值作为计算标准，下载率越高说明数据被需求与供应匹配程度越高，可以用来衡量数据可利用性的强弱。

2. 政府开放数据质量评价模型构建

1）BP 神经网络原理

人工神经网络的运行原理是模仿人脑的运作方式，通过调整内部节点之间的相关关系，进行复杂数据处理和反复学习。BP（back propagation，反向传播）神经网络是人工神经网络的一种，其运行原理大体与人工神经网络相同，由输入层、输出层和隐含层构成，该隐含层可以是一层或多层，每一层可以有若干个神经元，也就是节点，各层节点均以全连接方式进行连接，如图 6.2 所示。图 6.2 是一个仅有一层隐含层的简单浅层 BP 神经网络的层级结构关系图，其中，节点 1、2 表示输入层节点，节点 3、4、5 表示隐含层节点，节点 6 表示输出层节点；X_1、X_2 表示输入值，Y 表示输出值，Y_P 表示期望值。层与层之间的节点状态通过权重来体现，W_{IJ}（I=1，2；J=3，4，5）、W_{JK}（J=3，4，5；K=6）分别表示输入层与隐含层的权重值、隐含层和输出层的权重值。C 为逆向传播。BP 神经网络的运行包括正向传播与反向传播两种，训练样本的输入值 X_1、X_2 从输出端起始，沿着网络指向通过各层神经元节点之间的依次权值计算与规则传递之后得到输出值 Y，这一传播行为被称作正向传播。将输出值 Y 与期望值 Y_P 进行比较得到两者之间的误差值 e，并判断该误差值 e 是否满足训练精度的要求，若不满足，则利用网络进行逆向传播，经过多次迭代进行权值调整，直至误差值满足精度要求为止，结束训练。

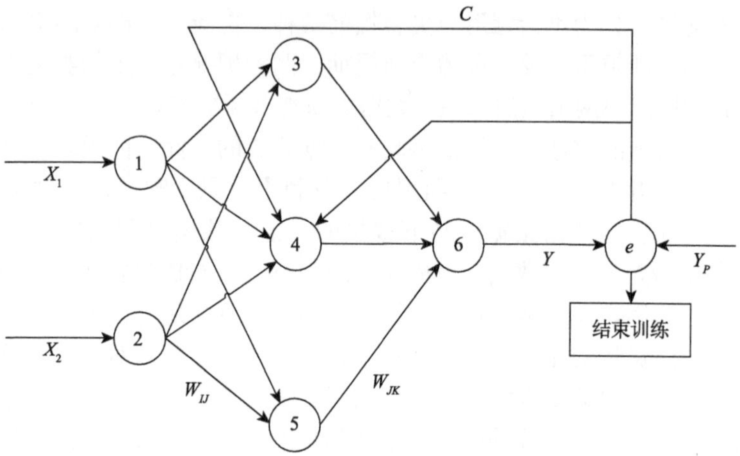

图 6.2　BP 神经网络层级关系结构图

资料来源：韩力群. 人工神经网络理论、设计及应用[M]. 北京：化学工业出版社，2007

2）基于 BP 神经网络政府开放数据质量评价模型训练步骤

本章研究基于 BP 神经网络的政府开放数据质量评价模型训练使用 Matlab 2016 b 版本的 Neural Network 工具箱，具体步骤如下。

步骤 1：获取数据样本，并对样本进行预处理与矩阵导入。

获取政府开放数据质量评价模型样本，对数据进行归一化处理，以消除数据量纲差异，避免对网络训练的准确度产生干扰。本章研究将采用 Mapminmax 函数对数据进行归一化处理。将预处理后的数据分别进行输入与输出，进行矩阵转化，确定好训练样本、验证样本与测试样本比率。

步骤 2：确定输入层、输出层、隐含层神经元个数。

本章研究将政府开放数据质量评价模型设定为单隐含层结构，选用 3 层 BP 神经网络，包括输入层、隐含层和输出层。输入神经元个数为评价指标个数，本章研究质量评价体系设立了 5 个一级指标，18 个二级指标，因此输入神经元个数为 18。输出层神经元个数为评价结果（即各政府开放数据平台的综合得分）个数，因此输出层的神经元个数为 1。隐含层神经元个数根据前人相关研究经验[①]进行确定，采用公式 $M=\sqrt{m+n}+a$ 计算，选取均方误差最小时的隐含层神经元个数为最佳隐含层神经元节点的数目，其中，M 为隐含层节点个数；n 为网络的输入层神经元个数；m 为网络的输出层神经元个数；a 是 1~10 的常数。

步骤 3：设置训练算法及相关参数，利用样本集训练网络。

本章研究选用 Levenberg-Marquardt（LM）算法进行训练，该算法是使用最广泛

① 闫奕文，张海涛，孙思阳，等. 基于 BP 神经网络的政务微信公众号信息传播效果评价研究[J]. 图书情报工作，2017，61（20）：53-62.

的非线性最小二乘算法，利用梯度求最大（小）值，同时具有梯度法和牛顿法的优点，且训练速度快。其他相关参数以 Neural Network 工具箱中默认值为准。

步骤 4：查看训练结果，探究网络性能。

查看步骤 3 中训练好的政府开放数据质量评价 BP 神经网络，通过对训练误差 MSE（mean squared error，均方误差）值、拟合程度 R 值（regression，回归）判断该神经网络的网络性能，一般来说，MSE 值越小，R 值越接近于 1，训练效果越好。重复步骤 2、步骤 3，比较不同的隐含层神经元个数下网络性能差异，直至比对出良好网络性能的隐含层神经元个数为止。

步骤 5：使用训练好的网络对新数据集进行预测，并反归一化。

将步骤 4 中符合训练要求的政府开放数据质量 BP 神经网络保存，输入新样本数据至输入层，查看新样本与经过训练的网络的预测结果，并对输出结果进行反归一化。

6.1.2　政府开放数据质量评价实证分析

1. 数据来源

1）训练模型样本网站选取

本节研究选取截至 2019 年 12 月我国已上线的全部发布数据集的省级、副省级和地市级政府开放数据平台作为训练、测试集样本研究对象，在搜索引擎中以"地名+政府开放数据"为关键词进行域名为"data.gov.cn"的专有式平台的检索，以"政府开放数据""数据开放"等为关键词在各地人民政府平台中检索嵌入式政府开放数据栏目，得到可供分析 2019 年政府数据开放平台训练、验证样本 81 个，具体网站列表（部分）情况如表 6.3 所示。全部数据见附录一。

表 6.3　81 个政府开放数据质量评价训练模型样本网站列表（部分）

序号	地区	平台名称	域名
1	上海市	上海市公共数据开放平台	http://www.data.sh.gov.cn/
2	北京市	北京市公共数据开放平台	http://data.beijing.gov.cn/
3	天津市	天津市信息资源统一开放平台	https://data.tj.gov.cn/
4	宁夏回族自治区	宁夏公共数据开放平台	http://opendata.nx.gov.cn/portal/index
5	山东省	山东公共数据开放网	http://data.sd.gov.cn/
6	广东省	广东省人民政府开放广东	http://gddata.gd.gov.cn/
7	江西省	江西政务服务网	http://data.jiangxi.gov.cn/
8	河南省	河南政务服务网	http://data.hnzwfw.gov.cn/
9	浙江省	浙江・数据开放	http://data.zjzwfw.gov.cn/jdop_front/index.do
10	海南省	海南省政府数据统一开放平台	http://data.hainan.gov.cn/

2）新样本网站选取

选取截至 2017 年 12 月国内已上线的全部 10 个政府开放数据省地级平台中较具代表性的 5 个省地级地区，将其 2020 年政府开放数据平台作为预测集样本网站，检索方法与 6.1.1 节所述相同，得到同一地区不同年度的政府开放数据质量评价，具体网站列表情况如表 6.4 所示。

表 6.4　5 个代表性政府开放数据平台质量评价 2020 年样本网站列表

序号	地区	年份	平台名称	域名
1	上海市	2020 年	上海市公共数据开放平台	https://data.sh.gov.cn/
2	广州市	2020 年	广州市公共数据开放平台	https://data.gz.gov.cn
3	贵阳市	2020 年	贵阳市政府数据开放平台	https://www.guiyang.gov.cn
4	武汉市	2020 年	武汉市公共数据开放平台	https://data.wuhan.gov.cn
5	哈尔滨市	2020 年	哈尔滨市公共数据开放平台	http://data.harbin.gov.cn

3）数据获取及评分细则

本节研究数据获取采用定量的方式，根据评价体系指标对样本平台进行数据采集，并对单项二级指标进行指标分值计算，具体指标评分方式说明如表 6.5 所示。

表 6.5　各二级指标评分方式说明表

二级指标	评分解释	量化方式
外部信息元数据 X_1	是否设置有可发现信息、时间信息、可反馈信息、开放信息和格式信息五项元数据	各项元数据 是记 20，否记 0
内部数量元数据 X_2	是否设置有数据项数量、数据量、数据容量、接口数量和文件数五项元数据	各项元数据 是记 20，否记 0
空白元数据 X_3	数据集的各元数据项是否不存在空白的元数据记录	是记 100，否记 0
碎片化数据集 X_4	是否不存在发布按照时间、行政区划、政府部门等进行人为分割数据集的情况	是记 100，否记 0
所属主题 X_5	数据资源的主题类目数量	区间赋值
主题分类 X_6	数据资源的主题设置是否分级	是记 100，否记 0
数据提供方 X_7	参与数据资源发布的政府部门数量	区间赋值
可机读格式 X_8	可下载数据集是否不含有不能被计算机自动读取和处理的 DOC、PDF、JPG 格式	是记 100，否记 0
开放格式 X_9	可下载数据集是不是含有开放的 XLS、XLSX、DOC、DOCX、PDF、ODT 格式	是记 100，否记 0
开放状态 X_{10}	平台向公众开放的数据是否说明开放状态	是记 100，否记 0
固定链接 X_{11}	数据集是否提供有助于用户发现和链接到目标数据集的具体位置的 RDF 链接格式	是记 100，否记 0
API 接口 X_{12}	是否支持以数据调用接口的方式提供数据	是记 100，否记 0
更新类型 X_{13}	平台数据集是不是动态更新	是记 100，否记 50， 无法判断记 0
更新延迟 X_{14}	平台数据集是否存在未按更新频率进行实际更新的情况	是记 0，否记 100

续表

二级指标	评分解释	量化方式
更新提前 X_{15}	平台数据集实际更新时间是否提前于更新频率所规划时间	是记 0，否记 100
App 数量 X_{16}	平台提供应用数量	区间赋值
评分量 X_{17}	用户对数据集评分情况	区间赋值
下载量/浏览量 X_{18}	用户对数据集下载量与浏览量的比值	区间赋值

各平台政府开放数据质量的综合评分邀请 3 名从事政府开放数据研究的学者，对各平台整体情况以及所采集的数据进行充分的了解之后，以百分制对各平台进行综合评分，评分越高则说明该政府开放数据平台数据质量越优，最终各政府开放数据平台数据质量的各指标单项与综合评分结果如表 6.6 所示。同时，对 2020 年的 5 个地区政府开放数据质量各指标进行单项评分，具体评分情况如表 6.7 所示。全部数据见附录二。

表 6.6　2019 年政府开放数据质量评分情况表（部分）

序号	X_1	X_2	X_3	X_4	X_5	X_6	X_7	X_8	X_9	X_{10}	X_{11}	X_{12}	X_{13}	X_{14}	X_{15}	X_{16}	X_{17}	X_{18}	总分
1	80	20	0	0	60	100	60	0	0	100	0	100	50	0	0	40	85	20	59.5
2	40	40	100	0	100	0	80	0	0	0	0	100	0	0	0	100	10	10	50
3	80	60	0	0	100	0	60	0	0	0	0	100	50	0	0	20	90	10	55
4	80	60	0	100	80	0	40	100	0	100	0	100	50	0	100	40	90	10	71.5
5	80	100	0	0	40	0	80	100	0	0	0	100	50	0	0	100	100	60	64.9
6	80	40	0	0	60	0	80	0	0	100	0	100	50	0	0	40	95	20	60
7	40	40	100	100	60	0	20	100	0	100	0	100	100	0	0	0	95	10	57.2
8	100	80	100	0	80	0	60	100	0	0	0	100	100	0	0	20	100	20	63
9	100	60	0	0	100	0	80	100	0	0	100	100	50	0	0	40	60	10	65.5
10	40	0	0	0	20	0	60	100	0	100	0	100	100	0	0	0	10	10	50

表 6.7　2020 年政府开放数据质量指标单项评分情况表（部分）

序号	X_1	X_2	X_3	X_4	X_5	X_6	X_7	X_8	X_9	X_{10}	X_{11}	X_{12}	X_{13}	X_{14}	X_{15}	X_{16}	X_{17}	X_{18}
82	100	0	0	0	60	100	80	0	0	0	100	100	50	0	0	90	100	20
83	100	100	0	100	80	0	100	100	0	0	100	100	50	0	0	20	80	10
84	100	20	0	0	80	100	80	100	0	100	100	100	50	0	0	60	90	30
85	100	60	100	0	80	0	100	100	0	0	100	100	50	0	0	100	50	20
86	100	80	0	0	60	0	80	100	0	0	0	100	50	0	100	20	75	0

2. 政府开放数据质量评价分析

1）模型训练及输出结果

将样本指标数据作为输入值，用户对样本数据质量的综合评分作为输出值。首先使用 Matlab 2016 b 导入数据，设置前 70%份样本作为训练数据，验证数据及测试数据各 15%，选用 Levenberg-Marquardt 算法进行训练；根据公式 $M=$

$\sqrt{m+n}+a$计算隐含层神经元节点数目范围，其中 M 为隐含层节点个数；n 为网络的输入层神经元个数；m 为网络的输出层神经元个数；a 是 1~10 的常数。本节研究中 n 值为 18，m 值为 1，经过计算可得 M 值的范围为 6~14 中的任意一个常数；最终得到隐含神经元个数为 7 时，训练效果表现最优，如图 6.3 所示。MSE 值越小，拟合度（R）值越接近于 1，则说明该模型的效果良好。

训练学习完成后训练结果如图 6.3 所示。

MSE	R
1.635 90e-1	9.991 33e-1
9.205 98e-0	9.709 25e-1
27.424 27e-0	9.366 97e-1

图 6.3　训练误差与训练拟合情况

由图 6.4、图 6.5 同样可以看出该 BP 神经网络仿真效果较优。图 6.4 中横坐标代表迭代次数，纵坐标代表 MSE 的值，经过 9 次的训练之后得出。当 BP 神经网络被训练到第 7 次时，训练表现是最佳的。图 6.5 代表拟合度的回归图，显示了网络输出对训练集、验证和测试集目标的对应情况，4 种情况下 R 值均极度接近于 1。说明本节基于 BP 神经网络构建的政府开放数据质量评价模型具有一定的可行性，可应用于对政府开放数据平台数据质量的准确预测。

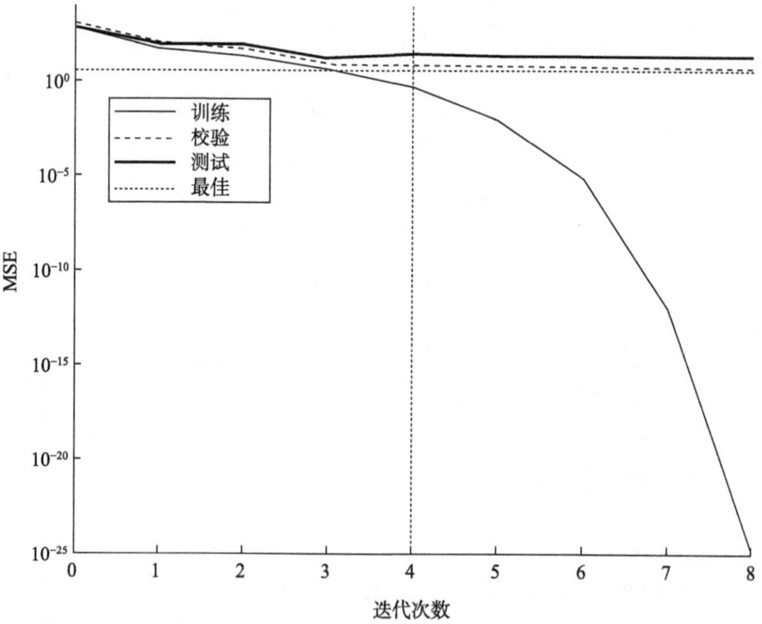

图 6.4　基于 BP 神经网络的政府开放数据质量模型拟合情况（一）

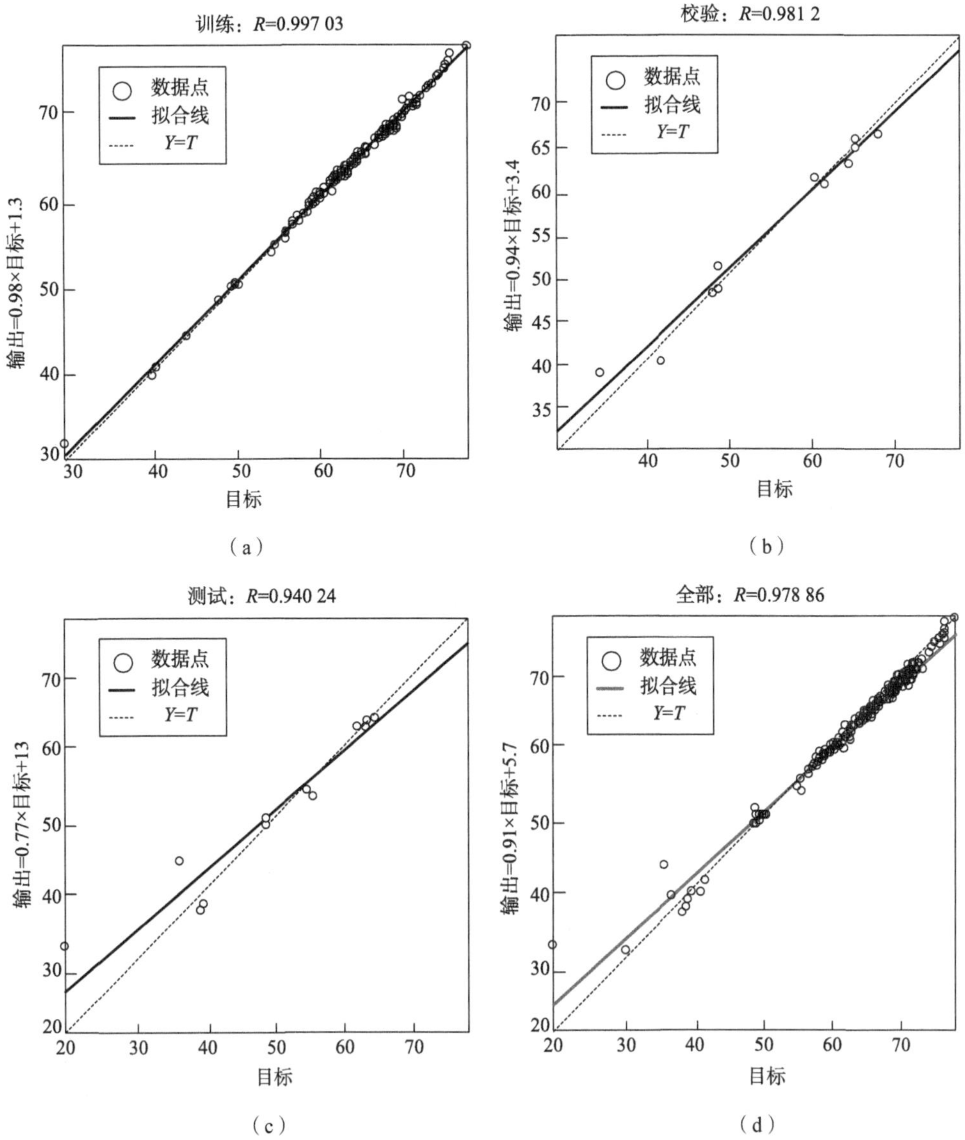

图 6.5　基于 BP 神经网络的政府开放数据质量模型拟合情况（二）

2）模型运用及输出结果

对 2020 年政府开放数据质量评价样本各指标数据进行归一化处理后，使用本节研究中训练好的政府开放数据质量评价模型进行预测，得到各地区 2020 年政府开放数据质量评价总分结果如表 6.8 所示。

表 6.8 2020 年政府开放数据质量总分评分情况表

单位名称	总分
上海市公共数据开放平台	57.427 7
广州市公共数据开放平台	71.666 5
贵阳市政府数据开放平台	67.586 3
武汉市公共数据开放平台	67.209 6
哈尔滨市公共数据开放平台	65.223 7

6.1.3 分析与总结

1. 政府开放数据质量评价指标体系分析

BP 神经网络经由各项指标的具体评分以及专家总体评分的数据构建模型，避免了对各指标的实际权重大小的计算，因而无法准确判断出政府开放数据质量评价指标体系中各指标的具体权重数值①。但通过对实际结果进行分析，可大致判断出其重要程度。

通过排名最末尾的五个样本 24、13、75、32、76 与排名前五位的样本 78、40、4、74、35 的对比发现，排名末位的五个样本在指标 X_3（空白元数据）与 X_4（碎片化数据集）中大多数表现良好，但排名仍在末尾，说明 X_3（空白元数据）与 X_4（碎片化数据集）两个指标的重要性程度可能不高；而排名前五的样本在指标 X_1（外部信息元数据）与 X_{12}（API 接口）中分数明显高于排名最末位的五个样本，这说明这两个指标在该评价体系的 18 个指标中可能较为重要。

2. 政府开放数据质量评价结果分析

基于 BP 神经网络构建的政府开放数据质量模型表现良好，说明了 BP 神经网络能有效应用于政府开放数据质量的预测中，显示出了该模型具有的一定可行性和实用性，进而证明了模型的输出结果也具有一定的科学性。为对政府开放数据质量进行更全面与更深入的分析，本节研究进行了 2019 年 81 个地区的政府开放数据质量横向对比分析与 2019 及 2020 年 5 个地区的政府开放数据质量纵向对比分析，分析结果如下所述。

① 李全喜，徐嘉徽，魏骏巍，等. 基于 BP 神经网络的共享服务平台资源信息质量评价研究——以短租类共享服务平台为例[J]. 图书情报工作，2019，63（10）：125-133.

1）横向对比分析

（1）在 81 个地区中，政府开放数据质量排名第一位的是贵阳市。其在元数据的完整性、主题数量、提供方数量、固定链接、评分等二级指标中的得分明显优于其他地区，在四个一级指标中均有表现较为出色的二级指标，说明其对政府数据开放质量的各大方面都较为重视，政府数据开放意识领先于其他地区。但同样存在有若干二级指标表现欠缺的情况，如空白元数据、碎片化元数据、更新延迟与更新提前等，这是数据发布量较大的地区平台所普遍存在的现象。一个平台的政府开放数据发布量越大，对其数据发布的管理与维护所需要的时间与人力成本越高，对旧数据的质量维护与新数据的质量把控都需要耗费相当大的精力。因此，该类政府开放数据质量表现较为优秀的平台更应该注重细节，坚持做到对每一个数据集、每一条元数据的全面把控，注重对旧数据的完善、修改与整合，在控制好新数据质量标准的同时，保障数据发布的及时性。

（2）在 81 个地区中，政府开放数据质量排名最末位的 15 个平台均存在外部信息元数据这一、二级指标相较于排名靠前的平台较弱的情况，绝大多数平台的 API 接口、评分量等二级指标弱于排名靠前的平台，说明此类平台的基础建设有待加强，数据质量的用户反馈较其他平台相比更为落后；然而在开放状态、空白元数据等二级指标中表现较好，此类平台数据发布量较少在一定程度上方便了数据的整合，但还需积极借鉴其他平台的优秀经验，完善数据基本资料，丰富数据描述，增强用户对数据质量的浏览与使用体验。

（3）18 个数据质量评价指标中也不乏一些各平台均表现较差的二级指标，如主题分类、开放格式、固定链接、更新延迟与更新提前等，这几项二级指标可以作为政府开放数据平台数据质量建设的重点注意方面。可机读格式这一项二级指标，各地区的分值均较低，说明在数据格式方面，各地政府数据开放平台日后需多注意数据格式的发布与转化，加强数据格式发布标准，以进一步提升数据质量。

2）纵向对比分析

五个地区较 2019 年相比，2020 年政府开放数据质量有一定程度的提升，其中武汉、广州两个地区政府数据开放平台数据质量提升最大，主要集中在外部信息元数据、内部数量元数据、固定链接等二级指标中，说明各地区比较重视政府数据开放平台的元数据质量的建设。而数据质量的全面性、可持续性与可利用性这三个一级指标中的各项二级指标变化不大，一方面是因为以上五个地区的政府数据开放平台上线年代较久远，发布数据量较大，对已发布的数据质量进行调整需要一定的时间；另一方面，各地区对部分二级指标的重视不够，意识有待加强。

6.2 政府开放数据政策运行效率评价

我国政府开放数据近些年在国家层面上颁布了诸多政策条例，这说明国家对政府开放数据的重视不断增强。各省也纷纷出台适合当地民情的政府开放数据政策，这推动了各个省份公共数据开放平台的积极发展。政府开放数据政策运行效率是衡量我国政府开放数据领域的一个重要内容，各地区开放数据平台的搭建，数据集、下载量和浏览量等指标的提升，都离不开政府开放数据政策颁布的作用。政府开放数据政策的出台和执行，需要通过对开放平台建设利用效果的评价，来判断政策的执行程度。评价上个阶段政策效率除了能够把握当前形势，还有助于为未来政策的走向提供参考，能够为政策制定者提供修改或终止政策实施的科学依据。不同省份对政策的响应程度参差不齐，而经过调查现有研究发现，没有关于政府开放数据政策运行效率的研究，形成了研究的空缺，因此有必要制定一套系统的评估框架对我国不同省份政府开放数据政策运行效率进行科学合理的计算，并对相关省份的效率进行比较排序。

6.2.1 评价指标体系构建及方法选取

1. 政策效率评价指标体系构建

评价指标体系的构建必须遵循科学性的原则，因为科学的结论一定源自科学的评价指标体系。依据科学的方法和原则构建的政府开放数据政策评价标准体系是科学地评估我国各个省份政府开放数据政策运行效率的先决条件。第二个原则是可得性，由于目前我国政府开放数据平台的种种限制，研究必须要在数据可得的情况下，开展实证评估工作，如果所构建的评价模型无法被数据验证，那么便失去了评估的意义。

综合评价工作的一般范式是主观因素与客观因素相结合。建立一个高质量的评价指标体系，首先应明确此次评价的目标，然后通过文献调查研究及综合分析，经专家咨询和论证建立评价指标体系。两类方法常用于指标体系的构建：专家主观评定和比较判定法及数据统计分析法，如被评价主体的信息资料并非充裕，以及主要通过专业学者的经验来进行评价，那么前一类方法是合适的；如被评价的主体是拥有定量评价指标的，那么后一类方法是合适的。

根据目前我国政府开放数据平台建设现状、政策颁布现状，并通过专家访谈和文献调研，在可得性和科学性的基础上构建政策运行效率评价指标体系。测算不同省份数据开放政策产出效率指标主要考虑质量维度，对应指标为数据集个数、浏览量和下载量。这些指标是目前可以通过一定技术手段从各省份数据开放平台上进行获取和统计获得的，具备可得性的特点。投入指标主要考虑政策本身的质量，对应指标为政策颁布数量投入。该指标可以从一定程度上显示出各个省份对政府开放数据这一领域的投入程度，政策颁布数量越多，证明该省份在政策颁布层面的投入也就越大。与此对应的产出，也就是数据集个数、浏览量和下载量也应当随着颁布政策数量的增加而扩大。

政策效率是政策效益与政策投入之间的比率，政策效率是评估一项公共政策是否达到预期目标必不可少的评估标准。政策评估包含多个维度效率、效果、公正性、充分性、回应性和适当性 6 个类别。基于政策效率内涵，政府开放数据政策效率是指政府开放数据政策投入与政府开放数据政策应获得效益之间的影响关系。本节研究中政策投入可用政策数量衡量；政策效益是指政策公开以后各平台在政府开放数据方面的成果。本节研究所构建的投入与产出指标如表 6.9 所示。

表 6.9　政府开放数据政策效率评价指标体系

一级指标	二级指标	指标定义
开放数据政策投入	政策颁布数量投入	一个时间段内各省市级行政区所颁布的与政府开放数据相关的政策和条例（单位：个）
开放数据政策产出	数据集个数	一个时间段内各省市级行政区公共数据开放平台拥有（新增的）数据集（单位：个）
	浏览量	一个时间段内各省市级行政区公共数据开放平台开放数据集所对应的浏览次数总和（单位：次）
	下载量	一段时间内各省市级行政区公共数据开放平台开放数据集所对应的下载次数总和（单位：次）

政府开放数据政策作为产出指标可以从三个方面来衡量：第一，制定和施行政策付出的各种要素资源；第二，政策文本本身的覆盖面和强度；第三，政策投入的数量。由于政策施行所付出的各种资源无法量化获取，也没有人进行过专门的统计，想要将其作为投入变量非常困难。从政策文本本身来进行内容分析，对政策文本强度评估再进行量化涉及较大的人为主观性，会在 DEA（data envelopment analysis，数据包络分析）之前先经过人为的主观加工，会丧失掉 DEA 的客观性这一优势。因此本节研究使用官方政策颁布数量这一指标作为 DEA 模型的输入变量，数量统计非常客观且符合 DEA 计算依赖面板数据这一特征。各省市在 2020 年官网中所有涉及政府数据开放的政策比较容易统计，是理想的投入变量指标。在产出指标的选取上，有些省市由于没有专门的平台而无法测算其政策运行效率，如湖南省和吉林省等；有些虽然有专门的公共数据开放网站，但其存在部分功能缺失的现象，如 API、App 服务没有，不能作为共性的产出指标。数据集个数可以很好地反映各个官方数据开放平台在政策的刺激下做出了

什么样的成果，与政策的投入数量存在直接的逻辑关联。浏览量和下载量可以反映用户对这些数据集的利用效益状况，利用效益越好，表明政策的产出效率越高，这两个指标也跟政策投入具备强逻辑关联性，且面板数据具备可得性和客观性的特点，因此本节研究所构建的评价模型选取其数据集个数、浏览量和下载量作为产出指标。

2. *研究方法*

国内外当前有关政策运行效率的研究大多采用了由著名运筹学学者 A.Charnes 和 W.W.Copper 以“相对概念”为基础提出的根据多指标投入和多指标产出对相同类型的单位进行相对有效性或效益评价的 DEA 法。DEA 法可以给定一组性质和结构相同的测评对象来评估本节研究中不同省市行政区政策运行效率，在确定本节研究政府数据开放政策评价为评估对象后，根据评估对象的基本性质选择强相关的投入和产出指标。根据DEA模型运算得到评估对象的相对效率，并将相对效率排列。需要指出的是在此处的相对效率含义是一个测量对象相较于其他测量对象的有效性百分比。DEA 法不仅可以进行效率计算和排序，还可以通过相对有效性计算发现低效、无效或者是非有效的决策单元（decision making unit，DMU）及其原因。通过对计算结果的分析和理解，可以帮助决策者和决策单元深刻分析当前现状产生的原因，并针对这些高效、有效、低效、无效和非有效背后的原因制定出未来改进与发展方向。

国内学者应用DEA模型的主要目的之一是它可以有效地计算和分析多投入与多产出的综合性相对效率问题。多投入指标与多产出指标是 DEA 法在进行 DMU 评估时经典的表现也是独有的表现，没有其他更好的方法能够系统地测算综合投入与产出效率的大小，这是 DEA 法相对于其他方法而言最突出的优点，也是 DEA 法能够从诞生到目前发展了四十多年经久不衰的直接原因。换句话说，在测算复杂综合习性的具备经济性的多投入与多产出的活动的有效性方面，DEA 法到今天仍然是不可替代的。DEA 模型特别适用于本节研究的政策效率评估的原因如下所示。

（1）DEA法以DMU输入与输出指标的权重为变量，将这些投入与产出变量的面板数据作为主要数据来源，不仅可以使数据获取难度大大缩小，还可以从最有利于 DMU 的视角出发。避免在测算前对评价指标体系中各个指标进行权重确定的环节步骤，除了可以简化评估测算活动便于操作，也可以在一定程度上避免评价指标权重设定的主观性和运算的困难性。DEA 法和其他评估方法相比最突出的优点就是不需要主观地设定任何权重比例，这就使得每一个投入与产出指标的权重可以尽可能地做到最客观。DEA 中权重比例设定是和 DMU 的实际面板数据相关的，在DEA模型运算的基础上，最优和最合理的权重配比可以被自动获取，所以，研究界对DEA法可以很好地排除主观因素具有很强的客观性这一说法是普遍认可的。

（2）DEA 模型最经典与基础的原理之一是所有的输入指标与所有的输出指标之间具备逻辑关联，即从理论上投入指标是会或多或少影响产出指标的，但在 DEA 中并不用计算出这些指标之间的逻辑相关系数，这也极大地方便了研究人员，简化了测算的操作过程。

本节研究所采纳的DEA法的基础是相对效率测算，该评价方法的工具基础是凹凸分析和线性规划。DEA 模型简单便捷，许多种国内外成熟的软件计算可以进行该研究的计算，如 DEAP、MaxDea、Matlad 和 Lingo 等使用起来都简单快捷。CCR 模型和 BCC 模型是目前在 DEA 模型应用中最为广泛和成熟的两个模型，其中 CCR 模型的独特之处是可以评估综合技术效率，换句话说就是可以评估决策单元的综合技术效率；BCC 模型可以测算纯技术效率，其含义是在既定投入的基础上，管理与技术等方面对生产效率的影响大小。DEA 还有一项常用的指标是规模效率，其数值为综合技术效率/纯技术效率的比值，这里的规模效率是指由于投入规模而受到影响的生产效率。本节将采用这两种模型对我国各省市政府开放数据政策效率进行综合评价。

DEA 通常将一些组合数据作为给定的 DMU，然后选定各个输入与输出的指标，接着测算研究所希望获得的 DMU 的有效性系数，以此来评价决策单元的效率高低，即被评价决策单元相对于给定的那组决策单元的相对有效性。也就是说通过输入和输出指标数据的测算，DEA 法可以得出每个决策单元的整体效率指标。在本节中的 DMU 为要进行相对效率评估的国家政府数据开放政策。通过 DEA 模型分析对国家政府开放数据政策的相对有效性做出排序，并进一步分析各政策非 DEA 有效的原因及改进方向，从而为政府数据开放决策者提供政策改进的决策信息。

目前已有政策效率研究可以从两个维度进行分类，第一个维度是研究范式类，第二个维度是研究主题类。在第一个维度中，研究范式类又可以分三种，第一种是将颁布和推行政策所涉及的各类资源投入等可衡量和量化的物质性投入作为政策效率测算和评价指标体系中的输入变量。也有研究将收益与成本作为分析依据，可持续经营为基准评估政府对农业废弃物第三方治理的财政补贴政策施行效率[①]。第二种是将政策本身进行强度打分，通过多个维度对政策文本进行赋值，然后将赋值作为投入数值，进行效率评估。例如，彭纪生等将技术创新政策作为研究对象，探讨了将政策文本进行量化的可行性，并给出了政策的量化的方

① 王翠霞. 农业废弃物第三方治理政府补贴政策效率的 SD 仿真[J]. 管理评论，2017，29（11）：216-226.

法与标准规范，通过量化的政策分析，描绘出了技术创新政策的经济绩效①。李伟伟在测算中国环境政策力度与环境治理效率的研究中，为了衡量我国当时各项环境治理要素的产出水平构建了随机前沿生产分析模型，其研究将量化以后的环境政策力度作为投入指标之一②。第三种研究范式则是将相关领域的政策颁布数量作为投入指标。例如，林芳芳和赵辉在我国科技成果转化效率的研究中，将当年政策总数作为投入指标之一，产品销售总收入和产值等作为产出指标，利用DEA 法测算了 2004~2013 年我国各年科技成果转化的效率③。王菲菲等在研究学术成果的利用效率的研究中，在政策文件替代计量的视角下，通过统计学术研究成果在各类政策文件中被提及的次数来表示其政策的影响力④。

在第二个维度中，大多数学者多采用 DEA 法及多种组合的方法来进行政策投入产出有效性的效率测算，领域大致可以分为农业领域、科技创新领域、企业领域和环保领域。例如，周海燕和鲍祥生将熵值法与超效率 DEA 结合，对广东省科技人才政策进行了效率评估，得出了整体政策处于技术无效的状态⑤。纪江明和陈心米利用 DEA 模型对浙江省内多个县市区的农村公共产品供给效率进行了评估⑥。

6.2.2 样本选取

1. 数据收集方法

数据获取分为两部分，第一部分为省市级行政区政府开放数据政策文件，第二部分为各省份政府公共数据开放平台统计和用户利用数据获取。第一部分遵循以下步骤：首先，确定关键词“数据开放”“数据公开”“数据共享”等，然后在各个省市级行政区政府官网的政策文件库中搜寻 2020 年所有与之相关的政策文件。其次，利用爬虫技术对全国所有省市级行政单位的政府数据开放平台进行数据爬取，主要目的是获取其 2020 年的数据集、下载总量和浏览总

① 彭纪生，仲为国，孙文祥. 政策测量、政策协同演变与经济绩效：基于创新政策的实证研究[J]. 管理世界，2008，（9）：25-36.

② 李伟伟. 中国环境政策力度与环境治理效率的实证研究[J]. 甘肃行政学院学报，2017，（4）：74-81，94，129.

③ 林芳芳，赵辉. 政策视角下的我国科技成果转化效率研究[J]. 情报杂志，2016，35（10）：86-90.

④ 王菲菲，贾晨冉，韩文菲，等. 政策文件替代计量视角下的学术成果利用效率分布态势剖析[J]. 北京工业大学学报（社会科学版），2018，18（4）：55-66.

⑤ 周海燕，鲍祥生. 基于熵值法-超效率 DEA 分析法的广东省科技人才政策效率评价研究[J]. 时代经贸，2020，（27）：84-86.

⑥ 纪江明，陈心米. 基于 DEA 模型的农村公共产品供给效率研究——以浙江省 15 个县（市、区）为案例的实证研究[J]. 华东经济管理，2019，33（12）：42-48.

量。再次，对所获取的全部数据进行清洗、脱敏和筛选工作，邀请专家形成专门小组，人工去掉机器获取中不符合本次研究要求的数据。最后，由于数据获取限制、没有专门的公共开放数据平台（如甘肃、青海、宁夏、吉林、辽宁等省区）和平台数据集过少（如湖北省数据开放平台仅有 1 条数据集，海南省政府数据统一开放平台仅有 3 条）等客观原因，不同省市级行政单位获取的数据不全，需要对比已经获取的政策数据和各大平台开放数据，去掉两份数据没有交集的省市级行政区，最终确定了 15 个省市级行政单位政府数据开放平台，分别是北京、上海、广东、天津、浙江、河南、四川、广西、江西、山东、河北、贵州、广州、乌鲁木齐、哈尔滨。

2. 数据统计信息

在本次研究所选取的 15 个省市级行政区域中，2020 年政策投入力度最大的地区为浙江、天津、上海、北京、四川和贵州，如图 6.6 所示。所有区域投入的政策文件总和为 63 个，平均值为 4.2 个，其中有 9 个行政区域的政策投入数量没有超过均值，只有上述 6 个地区超过。2020 年颁布政府开放数据相关政策最少的地区为山东，仅有 2 条，最多的地区为浙江、天津、上海，均为 6 条。

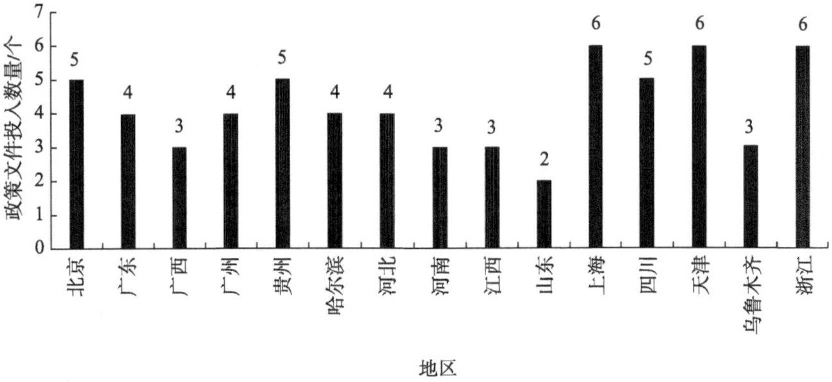

图 6.6　各省市级行政区域政策投入图

如图 6.7 和图 6.8 所示，在 15 个行政区域的官方平台政府开放数据产出指标中，2020 年数据集开放最多的是北京达到了 5 735 个，数据集最少的省市为乌鲁木齐、江西和河北，分别仅为 40 个、60 个和 196 个。浏览量方面，北京、上海和广东位列前三位，其数值分别为 22 206 389 次、5 065 828 次、4 721 140 次，远高于其余地区，浏览量最低的 3 个地区为天津、乌鲁木齐和河北，分别为 748 次、33 960 次和 37 251 次；上海、广东和浙江的下载量同样居于样本中各省市行政区域开放数据平台的前三位，其数值达到了 1 466 024 次、641 634 次和 246 233

次，下载量最低的 3 个地区为乌鲁木齐、河北和江西，其数值为 0 次、0 次和 2 708 次。这些数据表明 15 个样本省市的数据中，政府开放数据平台的产出差异较大，形成了严重的两极分化态势。

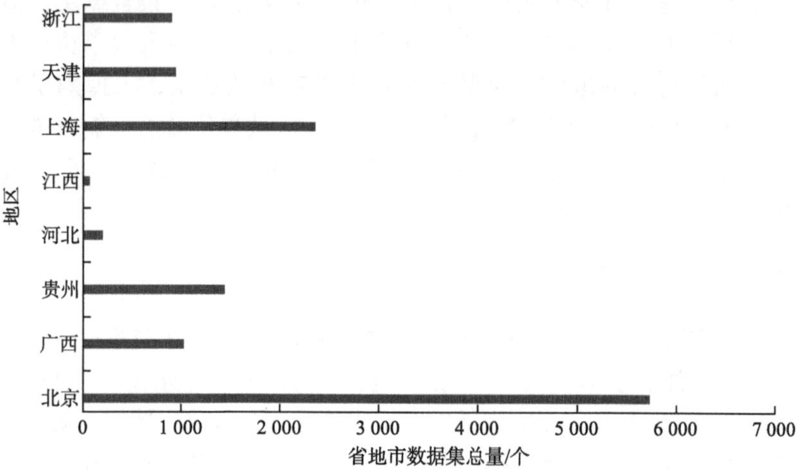

图 6.7　各省市级行政区域 2020 年数据集总量统计

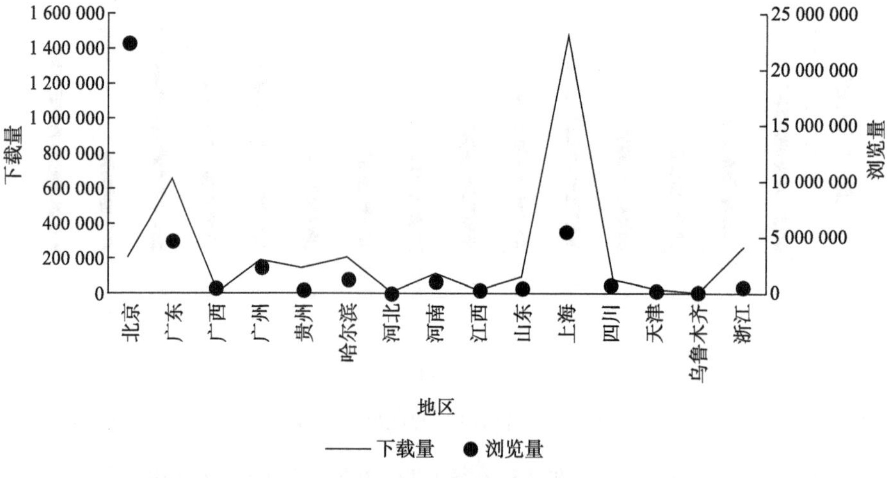

图 6.8　各省市级行政区域 2020 年数据集浏览量和下载量统计

6.2.3　实证结果分析

本节研究从全国重点省市级行政区角度出发，通过 DEAP 2.1 软件，对 15 个拥有专门的政府公共数据开放平台且数据具备可获取性和可分析价值的省市，进行了 2020 年政策运行效率的测算，并对它们的运行效率进行了排名，结果如

表 6.10 所示。本节研究将 15 个省市级行政区作为独立的决策单元，并对其进行多阶段产出导向的 DEA-VRS 模型求解。技术效率是指在政策颁布中由于管理和技术等问题，对产出指标带来的影响。规模效率是指由于政策颁布的规模影响产出的结果。

表 6.10　2020 年各省市政府开放数据政策运行效率

编号	地区	综合技术效率	纯技术效率	规模效率	规模报酬
1	北京	1	1	1	不变
2	广东	1	1	1	不变
3	广西	0.272	0.346	0.784	递增
4	广州	0.299	0.299	1	不变
5	贵州	0.226	0.272	0.829	递减
6	哈尔滨	0.271	0.287	0.943	递增
7	河北	0.039	0.039	1	不变
8	河南	0.214	0.274	0.779	递增
9	江西	0.016	0.02	0.784	递增
10	山东	0.353	1	0.353	递增
11	上海	1	1	1	不变
12	四川	0.437	0.483	0.904	递减
13	天津	0.123	0.163	0.754	递减
14	乌鲁木齐	0.011	0.013	0.784	递增
15	浙江	0.205	0.246	0.835	递减
平均值		0.364	0.429	0.850	

依据表 6.10，可以得到以下结果。

第一，15 个省市行政单位技术效率呈现出以下几个特点：①北京、广东和上海的综合技术效率、纯技术效率和规模效率均为 1，说明这些省市 2020 年的政府开放数据政策投入效率呈现出DEA有效的态势，它们在政策投入方面配置合理且收益巨大，达到了相对理想的投入与产出比。②广州、河北的规模效率为 1，山东的纯技术效率为 1，这说明这三地的政策投入呈现出极其微弱的效率 DEA 有效状态，政策投入并没有起到很理想的效果，省市级公共平台的建设存在诸多问题，需要对政策的投入进行更合理的配置，如更换政策方向、加大政策激励或者奖惩措施、强化政策执行力度等，使得数据集、浏览量和下载量等指标进一步提升，达到投入产出效率均衡的状态。③广西、贵州、哈尔滨、河南、江西、四川、天津、乌鲁木齐和浙江等地区的综合技术效率、规模效率均呈现出相对无效状态，即政策投入的数量几乎没有对官方公共数据开放平台的建设起到任何积极的作用，这些地区需要重新考虑政策本身的效果和方向，或者需要考虑是否应当更积极地搭建平台和提升平台的整体利用情况。④整体来说，样本所包含的15个行政单位在2020年政府开放数据政策投入的效率结果参差不齐且差异很大，主要是由于各地区政策颁布的数量只有个位数的差距，官方平台数据集个数、浏览量和下载量的数值却有很大的差距。这些巨大的数据差异造成了好的非常好，差的非常差，形成严重的两极分化的局面。

第二，规模报酬方面，全部的样本数据主要呈现了三种态势即规模报酬递增、规模报酬递减和规模报酬不变。①北京、广东、广州、河北和上海的规模报酬处于不变的状态，主要原因是这五地的规模效率为 1，已经到了相对峰值，即政府开放数据政策的投入和官方平台相关指标的产出已经达到了动态平衡的状态。②贵州、四川、天津和浙江四个省市处于规模报酬递减的状态，这表明四地在政府开放数据政策投入数量既定的情况下，数据集、浏览量和下载量三个指标并没有达到产出最大化。这四个地区的政策投入数分别为 5、5、6、6，均高于15个样本数据地区中政策投入的平均值 4.2，也就是它们普遍存在着投入规模过大，但是收入递减的情况，换句话说就是在远高于其他地区的政策投入的情况下，收益比率却低，超过平均值那部分的投入规模造成了投入冗余，使得地区整体的投资回报收益处于递减状态，并没有达到最高效的投入产出比。关于如何优化会在后文建议部分给出。③广西、哈尔滨、河南、江西、山东和乌鲁木齐六地的整体规模报酬处于递增态势，它们的政策投入数量分别为 3、4、3、3、2、3，均低于样本数据的整体投入数 4.2，因此数据表明如果六地提升政策投资的规模，也就是政策投入的数量，将会使规模效率提升，呈现递增的态势。目前六地的平台数据集和各项利用数据不足是政策投入不足引起的。

第三，图 6.9 中所展示的 crste 结果为 DEA-CCR 模型测算结果，其输出为综合技术效率。综合技术效率是由纯技术效率和规模效率的乘积而来，本节研究采取综合性比较强的综合技术效率测量结果来进行政策运行效率的测量结果排序。效率最高的为北京、广东和上海，均为 1，第四名是四川，效率为 0.437，这 4 个地区高于平均效率值0.364。在平均值以下的地区排名依次为山东、广州、广西、哈尔滨、河南、浙江、天津，分别为 0.353、0.299、0.272、0.271、0.214、0.205、0.123。效率测量值最低的 2 个地区是江西和乌鲁木齐，仅为 0.016 和 0.011。山东的政策投入为 2 是最低的，尽管其官方数据开放平台的数据集、浏览量和下载量非常大，其政策运行效率貌似会非常高，但是其平台将该省所有地市的政府开放平台汇聚起来，绝大部分数据集来源于省内其他地市的开放平台，而它本身只有 896 条数据，因此其效率在平均值以下。值得一提的是，山东所有地市均有独立的公共数据开放平台，利用率非常之高，且都在山东政府数据开放平台中进行了汇总，这一点是别的省级行政单位没有出现过的。天津的政策实施效率远低于平均值的原因主要在于其投入量为所有省份之首，即政策文件数量为 6 个，但是其对应的数据集、浏览量和下载量仅能排在所有样本数据靠后的位置。河北排名第 13 名的原因是其政策数量颁布数为 4 个，仅仅比平均值低 0.2，但是其下载量为 0 次，数据集个数仅有 196 个，浏览量仅有 748 次，均处于所有样本数据中后三名的水平。同理，乌鲁木齐和江西也是数据集、浏览量和下载量过低，导致其产出效率排名倒数。

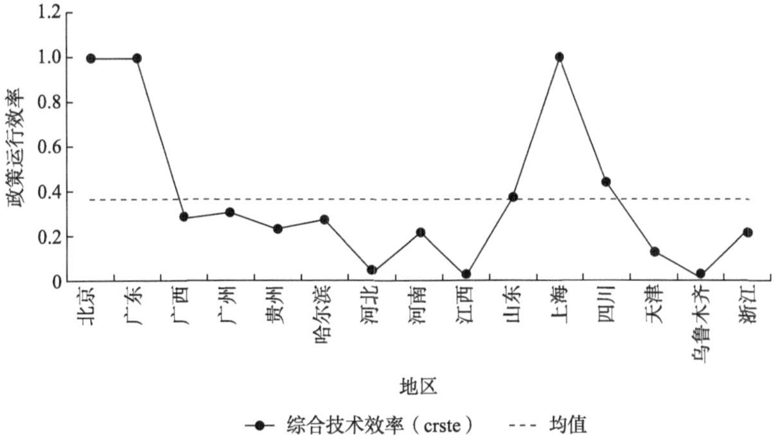

图 6.9　基于 DEA-CCR 模型的政策运行效率分析图

6.2.4　结论及建议

在上述计算的基础上，DEAP 2.1 软件还计算出了在各省市级行政区政策投入数量既定的情况下，2020 年政府开放数据平台理想状态下应有的数据集数量、浏览量和下载量。通过对理想状态下指标和现有产出指标的比较，可以从一定程度上为未来平台发展提出一些指导性建议。

从样本数据的整体视角出发，15 个省市中，仅有北京、上海和广东的政策投入处于综合技术效率、纯技术效率和规模效率有效的状态，其余省市在 2020 年的开放数据政策投入均处于技术无效或者规模小的状态，具体分析如表 6.11 所示。

表 6.11　2020 年政策投入数量恒定情况下各指标理想产出

地区/理想产出指标	数据集/个	浏览量/次	下载量/次	政策（投入）
北京	5 735.000	22 206 389.000	246 233.000	5
广东	5 074.000	4 721 140.000	641 634.000	4

续表

地区/理想产出指标	数据集/个	浏览量/次	下载量/次	政策（投入）
广西	2 985.000	2 53 417.000	375 594.000	3
广州	5 074.000	4 721 140.000	641 634.000	4
贵州	5 260.389	9 651 644.565	530 138.508	5
哈尔滨	3 873.321	4 021 785.882	692 477.200	4
河北	5 074.000	4 421 140.000	108 534.000	4
河南	2 937.041	2 510 482.813	377 624.822	3
江西	2 985.000	2 538 417.000	375 594.000	3
山东	896.000	355 694.000	109 554.000	2
上海	2 349.000	5 065 828.000	1 466 024.000	6
四川	5 735.000	22 206 389.000	246 233.000	5
天津	5 735.000	22 206 389.000	246 233.000	6
乌鲁木齐	2 985.000	2 138 417.000	100 024.000	3
浙江	3 700.792	4 894 838.407	1 057 068.333	6

如表 6.11 所示，北京、上海、广东三地政策施行综合效率为 1，因此在三个指标上不需要进一步提升，稳定当前的产出效率即可。广西在 2020 年政府开放数据政策投入总量不变的情况下（3 个），其理想的数据集个数、下载量和浏览量应至少达到 2 985 个、253 417 次和 375 594 次的水平才能够使得政策投入与产出达到相对均衡的状态。这需要广西在实际数据的基础上增加数据集个数、浏览量和下载量理想数据分别为 1 951 个、2 283 790 次、367 366 次。广州政府开放数据平台当前的数据集、浏览量和下载量分别为 1 518 个、1 267 425 次、174 874 次，当政策投入数量依然为 4 的情况下，其 2020 年的理想产出指标应当达到 5 074 个、4 721 140 次、641 634 次，分别在原有基础上增加 3 556 个、3 453 715 次、466 760 次。贵州 2020 年政策投入数量为 5，按照 DEA 相对效率计算，在其政策投入数量为 5 的情况下，其政府公共数据开放平台的数据应达到 5 260 个的数据集总量、9 651 645 次的浏览量、530 139 次的下载量，进入相对投入产出平衡态势，但其目前实际的数据仅为 1 432 个、160 819 次、144 316 次，与理想数据相差了 3 828 个、9 490 826 次、385 823 次。哈尔滨 2020 年的政策投入数量为 4 个，其理想的投入产出状态是在当前政策投入数量不变的情况下，数据集、浏览量和下载量分别达到 3 873 个、4 021 786 次、692 477 次的水平，目前的水平仅为 1 111 个、1 069 239 次、198 626 次，距离理想状态还需要分别增加 2 762 个、2 952 547

次、493 851 次。河北当前的产出指标分别为 196 个数据集、748 次浏览量和 0 次下载量，若在政策投入数量依旧为 4 的情况下，其理想产出还需要增加 4 878 个、4 420 392 次、108 354 次，达到 5 074 个、4 421 140 次和 108 534 次的水平。河南 2020 年的政策投入仅为 3 个，在所有样本中相对较少，在投入不变的情况下，其理想的产出应当达到 2 937 个数据集、2 510 483 次浏览量、377 625 次下载量，在当前实际数据 806 个、159 070 次、103 630 次的基础上，还需提升 2 131 个、2 351 413 次、273 995 次。江西在政策投入依旧为当前数量 3 的情况下，其数据集、浏览量和下载量达到 2 985 个、2 538 417 次、375 594 次，可以实现投入与产出均衡，其平台在当前 60 个、37 215 次、2 708 次的基础上，还需要增加 2 925 个、2 501 202 次、372 886 次。山东在 2020 年政府开放数据投入政策依旧为 2 的情况下，其理想的产出数据保持现状即是当前最高的产出效率，但是建议其在此基础上增加政策投入为 4 个达到平均水平，可以获得更高的产出。

四川 2020 年政府开放数据投入数量为 5，其实际的产出指标数据集个数、浏览量和下载量分别为 2 771 个、165 821 次、74 603 次，尚未达到 DEA 相对均衡的生产率，在投资不变的情况下，各项指标应至少达到 5 735 个、22 206 389 次、246 233 次，才能够实现理想的产出目标，而实现这一目标还需要分别提升三项产出指标 2 964 个、22 040 568 次、171 630 次。天津当前政策投入数量为 6 个，DEA 计算结果显示其投资存在冗余，建议将投入数量减少为 5 个，且在减少政策投资的基础上，其理想的投入产出均衡值分别为 5 735 个数据集、22 206 389 次浏览量、246 233 次下载量，在目前实际产出值 936 个、196 904 次、16 609 次的基础上，还需要增加 4 799 个数据集、22 009 485 次浏览量、229 624 次下载量。乌鲁木齐在 2020 年的统计数据中共颁布有关政府开放数据政策 3 个，在政策数量既定的情况下，其公共数据开放平台的各项指标均没有达到产出最大化的状态，理想数值应为 2 985 个数据集、2 138 417 次浏览量、100 024 次下载量，而其在 2020 年的实际数据为 40 个、33 960 次、0 次，因此其还需要提升 2 945 个数据集、2 104 457 次浏览量和 100 024 次下载量才能达到理想产出状态。浙江 2020 年政府公共数据开放政策投入总数为 6 个，位居所有 15 个地区样本数据的首位，根据 DEA 最优效率计算结果，政策投入减少为 5 个为最优投入，此时数据集个数、浏览量和下载量理论上应该达到 3 701 个、4 894 838 次、1 057 068 次能够实现产出效率最大化，而目前实际的产出值 910 个数据集、758 706 次浏览量、259 926 次下载量还需要分别提升 2 791 个、4 136 132 次、797 142 次才能实现最优目标。

6.3 政府开放数据成熟度评价

Hersey和Blanchard在情境领导理论中将成熟度定义为个体对自己的直接行为负责的能力和意愿①。成熟度的概念能够判断一个组织能力是否达到标准，对于数据质量的评价和优化有重要的参考价值。政府开放数据成熟度是指政府对自身数据能力承担责任的能力和愿望的大小。它反映的并不是能力的平均水平，而是所有能力的集合。政府开放数据成熟度的应用不仅是对数据能力成熟度领域的拓展，也能够使政府开放数据能力的评价方式更加丰富。

根据对成熟度模型的研究可知，成熟度模型主要包括成熟度等级、关键过程域（key process area，KPA）、关键实践（key practice，KP）。据此将政府开放数据成熟度的内部结构分为成熟度等级层、关键指标层、关键过程层。成熟度等级由若干关键指标影响，关键指标由若干关键过程影响。成熟度等级设定为数据基础级、数据服务级、数据衍生级、数据中心级、数据优化级。

6.3.1 评价指标体系的构建

在构建指标体系的过程中，遵循目的性、科学性、全面性、定量与定性相结合、动态性等原则，从两个方面对指标的确定进行研究。一方面通过对网站数据的收集从不同评价角度的一些指标进行分析选取适合政府开放数据成熟度评价的指标。在此基础上，选择了埃森哲电子政务评价指标和SERVQUAL评价指标作为参考。

另一方面通过访谈的形式对政府相关工作人员进行了关于政府开放数据成熟度方面的调研。从实际角度出发得出能够影响政府开放数据成熟度的因素并进行深入挖掘，得出的指标如表6.12所示。

表6.12 政府开放数据成熟度指标体系

目标层	准则层	指标层
政府开放数据成熟度	数据质量	全面性
		完整性
		开放性
		可持续性
		可利用性

① Hersey P，Blanchard K H. Management of Organizational Behavior：Utilizing Human Resources[M]. 6th ed. Englewood Cliffs：Prentice-Hall，1993.

续表

目标层	准则层	指标层
政府开放数据成熟度	平台准备	开放数据平台建设
		数据技术水平
		数据人员能力
		计划实现能力
		政策法规完善程度
	数据服务	数据资源共享
		数据评价反馈
		制度规范
		模式匹配
	公众满意度	公众期望
		感知质量
		感知获取难易度
		公众信任

6.3.2　政府开放数据成熟度指标权重的确定

层次分析法是美国运筹学家匹茨堡大学教授萨蒂于 20 世纪 70 年代为了分析层次权重决策在应用网络理论基础上建立的多目标分层次的综合评价方法①。层次分析法首先将与目标总相关的影响因素分为准则层和指标层，将相对复杂的结构用简洁的方式呈现出来，其次通过建立层次结构模型，对同级指标进行互相比较的方法来判断影响最终目标的重要性。最后结合决策者的理解，将最后的结果进行重要性排序，使决策者能够更好地应用和判断。

应用层次分析法确定权重的流程如图 6.10 所示。

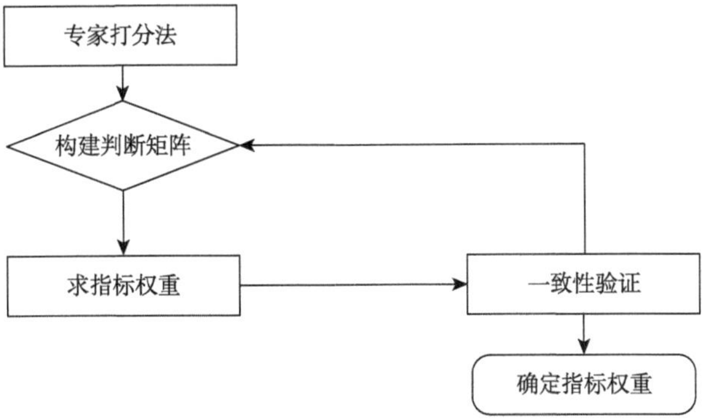

图 6.10　应用层次分析法确定权重流程

① 冯保成. 模糊数学实用集粹[M]. 北京：中国建筑工业出版社，1991.

具体方法如下。

1）建立目标关系

在确定研究对象和研究的各级指标后，将它们之间的关系分为最顶层、中间层和最底层。构造有层次的结构图。最顶层为最终要解决的问题，也是决策的目的。中间层是指考虑影响其决策的因素准则。最底层为具体的指标。我们通常将最高层列为目标层，最底层列为指标层。

2）构造判断矩阵

判断矩阵的构建是层次分析法中的最关键的一步，构建良好的判断矩阵才能够进行定量计算，判断矩阵的构建是否合理直接影响了最终能否成功产生有效的结果。通过以数字从 1 到 9 的标注方式对各个指标进行比较，用以体现指标与指标之间的重要性程度，需要注意的是在比较指标时应把每一层相应的指标均进行两两对比以保证全面性。由于专家对目标领域的了解和权威性，这个过程一般由专家来完成。判断矩阵标度尺见表 6.13。

表 6.13　判断矩阵标度尺

标度	含义
1	两个指标相比较，重要性相同
3	两个指标相比较，前者比后者稍重要
5	两个指标相比较，前者比后者明显重要
7	两个指标相比较，前者比后者非常重要
9	两个指标相比较，前者比后者极端重要
2、4、6、8	指标重要性比较的中间值

在确定了各因素之间的重要性标度后，应对这些重要性数值建立矩阵，即判断矩阵（表 6.14）。

表 6.14　判断矩阵

Y	X_1	X_2	…	X_n
X_1	x_{11}	x_{12}	…	x_{1n}
X_2	x_{21}	x_{22}	…	x_{2n}
…	…	…	…	…
X_n	x_{n1}	x_{n2}	…	x_{nn}

其中，Y 为目标层；x_{ij} 为指标 X_i 和 X_j 重要性的比值。矩阵标度尺判断矩阵的

性质 $x_{ij}=\dfrac{1}{X_{ij}}$。

3）确定指标权重

通常我们将判断式写成如下形式：

$$A=\begin{bmatrix} a_{11} & a_{12} & \cdots & a_{1n} \\ a_{21} & a_{22} & \cdots & a_{2n} \\ \vdots & \vdots & & \vdots \\ a_{n1} & a_{n2} & \cdots & a_{nn} \end{bmatrix}$$

将判断矩阵每一列归一化：

$$\overline{a}_{ij}=\frac{a_{ij}}{\sum_{k=1}^{n}a_{kj}} \quad i,j=1,2,\cdots,n$$

将归一化的矩阵按其对应的行相加：

$$M_i=\sum_{j=1}^{n}\overline{a}_{ij} \quad i=1,2,\cdots,n$$

将向量 $M=\left(M_1,M_2,\cdots,M_n\right)^{\mathrm{T}}$ 归一化：

$$W_i=\frac{M_i}{\sum_{j=1}^{n}M_j} \quad i=1,2,\cdots,n$$

所求得 $W=\left(W_1,W_2,\cdots,W_n\right)^{\mathrm{T}}$ 为最后的特征向量，也是实验所需的确定后的权重。

计算判断矩阵最大特征根：

$$\lambda_{\max}=\sum_{i=1}^{n}\frac{(\mathrm{AW})_i}{nW_i}$$

其中，$(\mathrm{AW})_i$ 为向量 AW 的第 i 个元素。

4）一致性检验

为了避免在重要性标度和判断矩阵中出现的“A 的重要性大于 B 的重要性、B 的重要性大于 C 的重要性、C 的重要性又大于 A 的重要性”。我们需要对判断矩阵进行一致性检验。其一致性检验是由一致性指标和检验系数检验的。

一致性指标的计算公式为

$$\mathrm{CI}=\frac{\lambda_{\max}-n}{n-1} \tag{6.1}$$

检验系数的计算公式为

$$CR = \frac{CI}{RI} \tag{6.2}$$

RI是平均一致性指标，查表得出随机一致性指标，见表6.15。

表6.15 随机一致性指标

阶数	1	2	3	4	5	6	7	8	9
RI	0.00	0.00	0.52	0.90	1.12	1.24	1.35	1.42	1.46

一般来说，通过计算出的CR，我们认为当CR小于0.10时，可认为判断矩阵具有能够通过的一致性，否则就需要重新对判断矩阵进行调整，直到 CR 的值降到0.10以下。

根据专家访谈得出的结果如表6.16所示。

表6.16 政府开放数据成熟度评价指标权重

目标层	准则层	指标层	二级指标占总体系权重
政府开放数据成熟度	数据质量（0.257）	全面性（0.090 0）	0.023 2
		完整性（0.241 5）	0.062 2
		开放性（0.144 4）	0.037 2
		可持续性（0.479 4）	0.123 5
		可利用性（0.044 8）	0.011 5
	平台准备（0.181）	开放数据平台建设（0.056 6）	0.010 3
		数据技术水平（0.218 7）	0.039 7
		数据人员能力（0.218 7）	0.039 7
		计划实现能力（0.378 2）	0.068 6
		政策法规完善程度（0.127 7）	0.023 2
	数据服务（0.446）	数据资源共享（0.225 9）	0.100 8
		数据评价反馈（0.061 2）	0.027 3
		制度规范（0.580 1）	0.258 7
		模式匹配（0.132 9）	0.059 2
	公众满意度（0.115）	公众期望（0.185 0）	0.021 2
		感知质量（0.345 1）	0.039 7
		感知获取难易度（0.370 1）	0.042 6
		公众信任（0.099 9）	0.011 5

6.3.3　政府开放数据成熟度评价方法

1. 评价的前期准备

在进行评价前，首先要明确评价的对象，在确定评价对象的基础上，针对该评价目标的相关背景信息，成立评价小组和制订相关评价方案，包括评价的对象、评价的实际应用价值、评价的数据来源、评价的时间规划等。最重要的是对评价政府做好沟通，获得当地政府的支持，避免在评价过程中出现的敏感性等问题。在收集评价数据的时候，所收集的数据应能充分反映该政府开放数据的特点，确保调查内容具备一定的深度，调查范围具有一定的广度。

2. 评价的方法

在做好评价的前期准备之后，对政府开放数据成熟度评价的方法尤为重要。由于政府开放数据评价中涉及的指标较多，运用简单的线性相加的方法难以量化，选择综合模糊评价法对其数据进行研究。

1965 年美国自动控制专家扎德（Zadeh）教授提出模糊集合理论（fuzzy sets）的概念去解释不定量的事物。模糊综合评价法是一种基于模糊数学的综合评价方法。该方法能够通过数学计算的方式将难以定量的定性问题转化，即通过运用足够科学的数学计算使由很多种影响因素决定的同一个主体做出宏观上精确的评价①。模糊综合评价法是用以解决目标不确定性的方法，其结果明确，方法相对科学，具有系统性强的特点。

模糊综合评价法步骤如下。

1）确定模糊评价的因素集合

根据政府开放数据成熟度指标评价体系，构建指标集合=$\{X_1, X_2, \cdots, X_n\}$，$n$ 为准则层数量。本节研究中 $n=4$。集合内容为数据质量、平台准备、数据服务、公众满意度。二级指标集合同理设定。

2）构建评语集

$U=\{U_1, U_2,\cdots,U_n\}$，其中，$U$ 为评价等级标准；n 为等级数，本节研究中 $n=5$，即网络基础级、定向服务级、衍生服务级、用户中心级、优化级。

3）确定指标权重

本节研究应用层次分析法对各个准则层和指标层在整个指标体系所占权重进行了计算。能够表示出各个指标在整个体系所占的重要程度。

① Kondo M，Dudek W A. On the transfer principle in fuzzy theory[J]. QAI，2005，12（1）：41-55.

4）确定评价矩阵

我们对单个因素进行评价能够得到一个关于 U_n 的模糊向量，若对 n 个指标进行综合评价则能够得出一个相应的矩阵，我们称之为隶属度 R。该矩阵中的元素是对单个元素的评价结果，整个矩阵包含了评价标准对评价因素集合的全部信息。

5）计算结果

运用模糊理论进行计算，综合分析，得到政府开放数据成熟度的具体等级。

6.3.4　实证结果分析

政府开放数据成熟度模型包括五个等级，即数据基础级、数据服务级、数据衍生级、数据中心级、数据优化级。根据综合模糊评价法将其评价集 V 定义为{数据基础级，数据服务级，数据衍生级，数据中心级，数据优化级}={1，2，3，4，5}。

在确定了政府开放数据成熟度模型和测评指标的权重基础上，本节研究对某市政府从事政府信息服务相关工作的人员进行了调查，并对其政府开放数据网站进行了详细研究。从评价级 U={1，2，3，4，5}对政府开放数据成熟度的 4 个准则层级 18 个指标层进行评价，数字越高表示该指标成熟度越高。目标层结果如下：根据上述计算的泛在网络环境政府信息服务的一级指标的评价结果构建矩阵 Y 如下所示：

$$\begin{pmatrix} 0.099 & 0.242 & 0.312 & 0.241 & 0.112 \\ 0.170 & 0.237 & 0.218 & 0.225 & 0.167 \\ 0.087 & 0.125 & 0.288 & 0.273 & 0.230 \\ 0.123 & 0.187 & 0.289 & 0.241 & 0.115 \end{pmatrix}$$

其相应的权重矩阵 Z：（0.257　0.181　0.446　0.115）

合成评价结果向量 B 为 $Z\times Y$=（0.257　0.181　0.446　0.115）Y

=（0.111　0.182　0.281　0.252　0.175）

由此可对泛在网络环境下政府信息服务进行评价：

$$\mathrm{RY}=B\times\mathrm{UT}=(0.111\quad 0.182\quad 0.281\quad 0.252\quad 0.175)\,\mathrm{UT}=3.201$$

由此可得某市政府开放数据成熟度综合评分为 3.201。

全部评价结果如表 6.17 所示。

表 6.17　政府开放数据成熟度评价结果

目标层	准则层	指标层
政府开放数据成熟度（3.201）	数据质量（3.043）	全面性（3.06）
		完整性（3.18）

续表

目标层	准则层	指标层
政府开放数据成熟度（3.201）	数据质量（3.043）	开放性（3.00）
		可持续性（3.04）
		可利用性（2.25）
	平台准备（3.033）	开放数据平台建设（2.89）
		数据技术水平（2.18）
		数据人员能力（3.76）
		计划实现能力（2.83）
		政策法规完善程度（3.51）
	数据服务（3.443）	数据资源共享（2.78）
		数据评价反馈（2.72）
		制度规范（3.95）
		模式匹配（2.60）
	公众满意度（2.903）	公众期望（3.01）
		感知质量（2.82）
		感知获取难易度（3.01）
		公众信任（2.59）

6.4　政府开放数据用户满意度评价

用户满意度是指用户满足预期要求的心理感受。这种感觉是一种抽象的心理过程和结果，不能用具体的量表来衡量，只有在建立了既定的标准之后，才能判断满意度的高低。用户满意度是用户在使用某一对象后主观情感反应的定量指标，是对用户满意度的定量描述。在对用户满意度概念理解的基础上，本节主要基于结构方程模型来构建政府开放数据用户满意度评价模型。结构方程模型由两部分组成：①联系观察变量和潜变量的测量模型；②反映潜变量之间因果关系的结构模型，包括未解释的残差部分。

本节通过上述原理，基于 2018 年和 2020 年政府开放数据报告，建立用户满意度的结构方程模型进行评估，来实现用户对政府开放数据满意度定量评价。

6.4.1 变量选择

1. 用户预期

公众往往是被某种目的所驱使才会开始关注政府开放数据平台和服务，这种目的性会使其产生一种期望，这种期望主要反映了公众希望从政府开放数据平台获得一些对自己有价值的数据和服务。用户预期与用户实际体验进行比较，可以获得公众对政府开放式平台和服务的满意度与接受程度，进而测度政府开放数据的质量。本节设定 10 个观测变量来反映用户预期：预期的政府开放数据的真实性、预期的政府开放数据的可靠性、预期的政府开放数据的全面性、预期的政府开放数据的有用性、预期的政府开放数据的格式多样性、预期的政府开放数据的更新及时性、预期的政府开放数据的时效性、预期的政府开放数据的可机读格式、预期的政府开放数据分类的科学性、预期的政府开放数据的时间与空间一致性。

2. 用户感知质量

用户感知质量由 Foenell 等于 1995 年在 SCSB（Sweden customer satisfaction barometer，瑞典顾客满意度指数）的基础上通过 15 个可测变量研究构建起的 ACSI（Amercian customer satisfaction index，美国顾客满意度指数）模型①中提出，ACSI 模型包括感知质量、感知价值、用户预期、用户满意度、用户抱怨、用户忠诚 6 个结构变量以及 9 种关系，如图 6.11 所示。

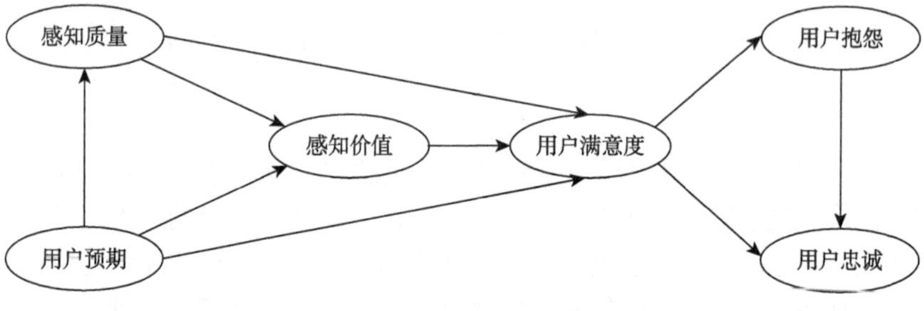

图 6.11 ACSI 模型

Foenell 等认为，将质量和价值明显区分开来，可以探测质量和价值对满意度作用的强弱信息，同时也可考察两者之间的关系。感知质量是用来衡量产品或服务满足用户需求的程度和可靠性。感知质量通过定制化、可靠性和总体评价三个

① 霍映宝. 顾客满意度测评理论与应用研究[M]. 南京：东南大学出版社，2010.

变量来观察[①]。在本节中，用户感知质量是指用户对政府开放数据使用中或使用后的数据感知和判断，它是决定用户是否满意的一个重要因素。用户感知质量作为一个内生潜变量，无法直接测量。本节采用一些指标作为观察变量，来考察政府公开数据的用户感知质量，将用户感知质量的观测变量分为政府开放数据的格式多样性感知、政府开放数据的更新及时性感知、政府开放数据的可机读格式感知、政府开放数据分类的科学性感知、政府开放数据的全面性感知、政府开放数据的时间、空间一致性感知。

3. 用户感知价值

考虑用户获取政府开放数据的成本因素，引入用户感知价值。关于感知价值的定义，目前较多的说法是个人对感知利益和感知牺牲的衡量。Zeithaml 从消费者角度提出并阐述了感知价格、感知质量、感知价值的内涵[②]。通过对前人关于价值、消费者价值定义的比较、总结得出一个整体定义：感知价值是消费者对产品或服务效用的总体评估，认为它受到感知质量、感知牺牲、内在属性、外在属性等因素的影响。由于研究对象主要是获取政府开放数据的普通用户，本节的感知价值是指用户在使用政府开放数据后的个人主观感受。因此，本节设定用来测量用户感知价值的观测变量有政府开放数据的可靠性感知、政府开放数据的真实性感知、政府开放数据的有用性感知、政府开放数据的时效性感知。

4. 期望差异

在许多满意度研究理论中，Oliver 提出的期望差异理论[③]一直占据主导地位。期望差异理论又称期望不一致理论，认为用户在消费产品或服务之前形成一定的期望，并将用户在使用过程中的实际满意度感知与消费后对产品的期望进行比较。两者差距的大小和方向决定了用户满意度的高低。如果实际感知高于期望，就产生积极差异，意味着消费者高度满意和在此消费意愿；如果实际感知低于期望，就导致消极差异，意味着消费者不满意和下次不会消费。本节参考 ACSI 模型加入“期望差异”，并设定了 10 个观测变量来反映用户期望差异情况：真实性预期与感知的差距、可靠性预期与感知的差距、全面性预期与感知的差距、有用性预期与感知的差距、格式多样性预期与感知的差距、更新及时性预期与感知的差距、时效性预期与感知的差距、可机读格式预期与感知的差距、分类科学性预

---

① 崔福玲. 智慧教育云平台用户满意度调查研究[D]. 安徽师范大学硕士学位论文，2020.

② Zeithaml V A. Consumer perceptions of price，quality，and value：a means-end model and synthesis of evidence[J]. Journal of Marketing，1988，52（3）：2-22.

③ 李欠强，陈秋华. 生态旅游景区游客满意度调查研究——以福州国家森林公园为例[J]. 林业经济问题，2006，（2）：167-169，173.

期与感知的差距、时间与空间预期与感知的差距。

5. 用户满意度

Cardozo 最早在营销学中提出顾客满意度的概念①，即顾客购买产品前对产品的期望值和购买产品花费的努力程度（如时间、精力等），与接收到产品的价值之间的差距，从而产生的正面或负面评价。本节研究将用户满意度表示为用户政府开放数据的总体满意情况，其观测变量包括整体满意度、相对于预期的满意度、相对于感知的满意度，具体如表 6.18 所示。

表 6.18　政府开放数据用户满意度模型的观测变量表

潜变量	标识符号	测量项	标识符号
用户预期	E	预期的政府开放数据的真实性	Y_1
		预期的政府开放数据的可靠性	Y_2
		预期的政府开放数据的全面性	Y_3
		预期的政府开放数据的有用性	Y_4
		预期的政府开放数据的格式多样性	Y_5
		预期的政府开放数据的更新及时性	Y_6
		预期的政府开放数据的时效性	Y_7
		预期的政府开放数据的可机读格式	Y_8
		预期的政府开放数据的分类科学性	Y_9
		预期的政府开放数据的时间、空间一致性	Y_{10}
用户感知质量	P	政府开放数据的全面性感知	Y_{11}
		政府开放数据的格式多样性感知	Y_{12}
		政府开放数据的更新及时性感知	Y_{13}
		政府开放数据的可机读格式感知	Y_{14}
		政府开放数据的分类科学性感知	Y_{15}
		政府开放数据的时间、空间一致性感知	Y_{16}
用户感知价值	V	政府开放数据的真实性感知	Y_{17}
		政府开放数据的可靠性感知	Y_{18}

① Cardozo R N. An experimental study of customer effort, expectation, and satisfaction[J]. Journal of Marketing Research, 1963, 2 (3): 244-249.

续表

潜变量	标识符号	测量项	标识符号
用户感知价值	V	政府开放数据的有用性感知	Y_{19}
		政府开放数据的时效性感知	Y_{20}
期望差异	D	使用后，真实性预期与感知的差距	Y_{21}
		使用后，可靠性预期与感知的差距	Y_{22}
		使用后，全面性预期与感知的差距	Y_{23}
		使用后，有用性预期与感知的差距	Y_{24}
		使用后，格式多样性预期与感知的差距	Y_{25}
		使用后，更新及时性预期与感知的差距	Y_{26}
		使用后，时效性预期与感知的差距	Y_{27}
		使用后，可机读格式预期与感知的差距	Y_{28}
		使用后，分类科学性预期与感知的差距	Y_{29}
		使用后，时间、空间预期与感知的差距	Y_{30}
用户满意度	S	相对于预期的满意度	Y_{31}
		相对于感知的满意度	Y_{32}
		整体满意度	Y_{33}

6.4.2　结构方程模型的构建

在 ACSI 模型中，用户预期、用户感知质量和用户感知价值是用户满意度的前置因素。与 ACSI 模型不同的是，本节新增了“期望差异”这一变量，通过用户实际感知与预期的差距来测量政府开放数据用户满意度。基于上述理论基础发现，用户对政府开放数据预期感受的高低影响着用户使用政府开放数据后的实际感知质量和感知价值的差异，用户将预期与实际的感知质量、感知价值进行比较后的差异影响用户满意度。经过梳理各潜变量之间的关系，根据结构模型，本节提出政府开放数据用户满意度的结构变量之间有如下假设。

假设 6.1：用户预期对用户满意度有正向影响。

假设 6.2：用户感知价值对用户满意度有正向影响。

假设 6.3：用户感知质量对用户满意度有正向影响。

假设 6.4：期望差异对用户满意度有正向影响。

假设 6.5：用户感知质量对用户感知价值有正向影响。

北美著名心理学家、行为科学家维克托·弗鲁姆于1964年在《工作与动机》一书中提出了期望理论①。他认为，人们采取行动的动机取决于他们对行动结果价值的评估和对实现结果可能性的估计。因此，能否满足用户的期望即感知价值，能否满足用户的感知和需求，是影响用户满意度的重要因素。本节基于期望理论作出如下假设。

假设 6.6：用户预期对用户感知价值有正向影响。

假设 6.7：用户预期对用户感知质量有正向影响。

假设 6.8：用户预期对期望差异有正向影响。

一些学者对顾客实际感知性能（perceived performance）的研究向期望差异理论提出了挑战。Liljander 和 Strandrik 的研究表明，顾客的实际感知对服务质量和顾客满意度具有非常强的直接决定性影响②。Cronin 和 Taylor、Brown 等和 Teas 也质疑将实际感知与期望之差作为服务质量的量度是否可行③，Cronin 和 Taylor 还开发了单纯基于实际的度量工具 SERVPERF。对于这一点，Parasuraman 等认为，实际感知本身并不能客观真实地反映服务质量④，只有实际感知与期望的差异才能让管理者知道顾客的期望是过高还是过低，最终导致了顾客对服务质量评价的下降⑤。可见，用户实际感知对期望差异也有着一定影响。

假设 6.9：用户感知价值对期望差异有正向影响。

假设 6.10：用户感知质量对期望差异有正向影响。

基于上述假设，本节根据各级潜变量之间的关系，构建了政府开放数据用户满意度评价模型。政府开放数据用户满意度评价模型是一种因果关系的结构方程模型，是比较具有代表性的结构方程关系。这种结构方程模型通过变量之间的相互作用关系，在设定的因果理论基础之上来表示该因果关系，然后通过具体的路径图等其他形式来具体阐述，以达到探索各变量之间因果关系的目的。具体结构变量关系和路径关系如图 6.12 所示。

---

① 马仁杰，王荣科，左雪梅. 管理学原理[M]. 北京：人民邮电出版社，2013.

② Liljander V，Strandrik T. The relation between service quality，satisfaction and intentions[R]. Swedish School of Economics and Business Administration，1992.

③ Cronin J，Taylor S A. Measuring service quality：a reexamination and extension[J]. Journal of Marketing，1992，56（3）：56-58；Brown P F，Della P S A，Della P V J，et al. The mathematics of statistical machine translation：parameter estimation[J]. Computational Linguistics，1993，19（2）：263-311；Teas R K. Expectations，performance evaluation，and consumers' perception of quality[J]. Journal of Marketing，1993，57（4）：18-34.

④ Parasuraman A，Berry L L，Zeitnaml V A. More on improving service quality measurement[J]. Journal of Retailing，1993，69（1）：140-147.

⑤ 刘俊，马风华，苗学玲. 基于期望差异模型的 RBD 顾客满意度研究——以广州市北京路步行商业区为例[J]. 旅游学刊，2004，（5）：14-19.

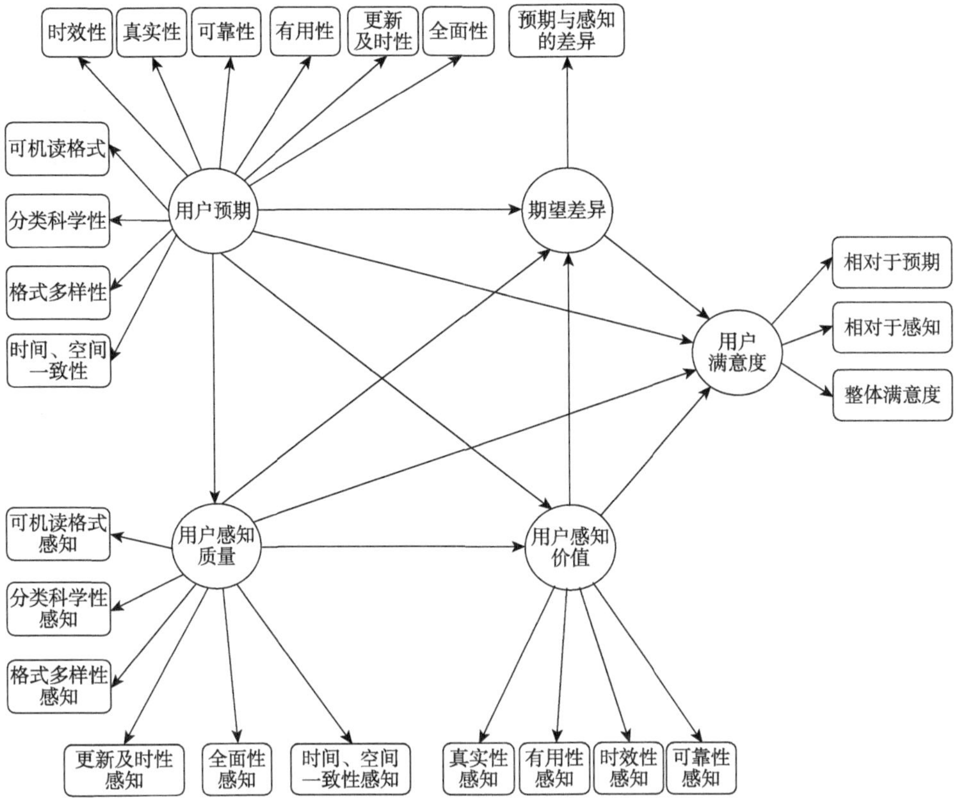

图 6.12　政府开放数据用户满意度变量关系和路径关系

6.4.3　问卷调查及数据调查分析

本节采用实证研究方法探究用户对政府开放数据的满意度，测量量表的设计参考了国内外学者的相关成果，首先通过小范围的调查，修正量表选项表述极不合理之处，之后利用“问卷星”平台下发问卷并回收。问卷包括个人信息收集和用户满意度调查两个部分，问卷第二部分关于满意度的测量量表采用成熟的李克特 7 级标度量表形式，每个问题由一组陈述句组成，每句都由“非常”、“比较”、“稍微”、“一般”、“稍微不”、“比较不”及“非常不”这 7 项组成，并分别赋予其相应的分数 7、6、5、4、3、2、1。

1. 数据收集方法

本节采用了问卷调查法收集数据，问卷调查法收集数据具有节省时间、经费和人力，以及调查结果易于量化、统计处理与分析，调查样本较大等优点。

2. 统计结果分析

本次调查共收集问卷 554 份，整体满意度均分为 5.21，表现为“稍微满意”。用户预期整体上满意度评分为 4.84 分，表现为“稍微满意”；用户感知质量整体满意度评分为 4.99 分，整体表现为“稍微满意”；用户感知价值整体满意度评分为4.88，整体表现为“稍微满意”；期望差异整体评分为3.4分，表现出用户预期与用户感知之间存在一些差距。

3. 信度检验

在结构方程分析之前，为保证测量结果的可靠性，首先对数据进行信度和效度检验。本节选取测量项的 Cronbach's α、因子负荷量两个指标进行信、效度分析。信度即可靠性，是指测量工具对所测指标测量的一致性和稳定性。本节采用美国教育学家 Lee Cronbach 提出的内部一致性系数，即 Cronbach's α值检验数据可靠性，该方法用一组变量来测量同一信息的信度。美国统计学家 F.H.Joseph、E.A.Rolph 等指出，Cronbach's α 值大于 0.7，表示数据的可靠性比较高。本节利用 SPSS 25.0 软件计算各潜变量及观察变量的 Cronbach's α值，计算结果如表 6.19 所示。

表 6.19　政府开放数据用户满意度问卷信度检验

潜变量	Cronbach's α 值	测量项	删除项后的 Cronbach's α值
用户预期	0.936	预期的政府开放数据的真实性	0.930
		预期的政府开放数据的可靠性	0.930
		预期的政府开放数据的全面性	0.933
		预期的政府开放数据的有用性	0.927
		预期的政府开放数据的格式多样性	0.928
		预期的政府开放数据的更新及时性	0.929
		预期的政府开放数据的时效性	0.933
		预期的政府开放数据的可机读格式	0.929
		预期的政府开放数据的分类科学性	0.929
		预期的政府开放数据的时间、空间一致性	0.929
用户感知质量	0.885	政府开放数据的全面性感知	0.866
		政府开放数据的格式多样性感知	0.859
		政府开放数据的更新及时性感知	0.872
		政府开放数据的可机读格式感知	0.870

续表

潜变量	Cronbach's α 值	测量项	删除项后的 Cronbach's α值
用户感知质量	0.885	政府开放数据的分类科学性感知	0.858
		政府开放数据的时间、空间一致性感知	0.868
用户感知价值	0.834	政府开放数据的真实性感知	0.793
		政府开放数据的可靠性感知	0.809
		政府开放数据的有用性感知	0.743
		政府开放数据的时效性感知	0.814
期望差异	0.873	使用后，真实性预期与感知的差距	0.860
		使用后，可靠性预期与感知的差距	0.862
		使用后，全面性预期与感知的差距	0.865
		使用后，有用性预期与感知的差距	0.855
		使用后，格式多样性预期与感知的差距	0.859
		使用后，更新及时性预期与感知的差距	0.860
		使用后，时效性预期与感知的差距	0.868
		使用后，可机读格式预期与感知的差距	0.861
		使用后，分类科学性预期与感知的差距	0.860
		使用后，时间、空间预期与感知的差距	0.859

由表 6.19 可知，调查数据的各个层面量表的 Cronbach's α 值均在 0.649~0.940，因此问卷具有非常高的信度。在信度检验中，如果某一变量删除后的量表总体信度系数远高于删除前的信度系数，则该变量所要度量的属性可能与其他变量不同，在项目分析中可考虑删除①。这 33 个变量的“删除项后的 Cronbach's α 值”如表 6.19 所示，去掉观测变量对整体信度影响偏小，因此保留所有观测变量。

4. 效度检验

效度是指测量指标的有效性，在效度检验中，效度可分为内容效度和结构效度。其中，结构效度是最常用的测度方法之一，结构效度分析是观察测量结果变现出来的某种结构与测评值之间的对应程度，通常用因子负荷来体现量表的结构

① 莫祖英，马费成. 数据库信息资源内容质量用户满意度模型及实证研究[J]. 中国图书馆学报，2013，39（2）：85-97.

效度。因子负荷量说明潜在变量对观测变量的影响程度，在结构方程分析中，其数值可用测量模型的标准化路径系数表示。因子负荷量越大，说明观测指标与潜在变量的相关性越高。如果测量模型中的因子负荷均达到显著性标准，说明被测指标变量能够有效反映潜在的观测变量，测量具有较好的效度。反之，如果因子负荷达不到显著标准，则意味着指标变量不能有效反映待测变量，其有效性也不好。

在做因子分析前，首先需要检验问卷的 KMO（Kaiser-Meyer-Olkin）和 Bartlett 值，以判断量表是否能做因子分析。本节通过 SPSS 25.0 分析得出，问卷的 KMO 值为 0.975，大于 0.9，这表明变量之间具有极强的相关性，同时 $p< 0.05$，表明各变量之间在一定程度上相互独立，问卷通过Bartlett 表明结构效度较好。

同样，将 33 个观察变量分为 5 组进行因子分析。在进行因子分析前，需要计算每组变量的 KMO 值，以确定样本数据是否适合进行因子分析。通过分析得出，用户预期、用户感知质量、用户感知价值、期望差异、用户满意度这五组变量的 KMO 值分别为 0.936、0.885、0.834、0.873 和 0.798，符合统计学家 Kaiser 给出的大于 0.7 这一标准，说明这五组适合作因子分析。运行 SPSS 25.0，对这五组变量进行因子分析，将“待提取的因子数”设置为 1，即只允许提取一个公共因子，以检验每项测量的一致性。下列成分矩阵表格中显示了这五组变量的因子负荷量，它表示各变量与公因子的相关程度。计算结果如表 6.20~表 6.21 所示。

表 6.20 用户预期成分矩阵

变量	成分
	1
Q1. 预期的真实性	0.790
Q1. 预期的可靠性	0.787
Q1. 预期的全面性	0.737
Q1. 预期的有用性	0.847
Q1. 预期的格式多样性	0.851
Q1. 预期的更新及时性	0.814
Q1. 预期的时效性	0.740
Q1. 预期的可机读格式	0.811
Q1. 预期的分类科学性	0.812

续表

变量	成分
	1
Q1. 预期的时间、空间一致性	0.812

注：提取方法为主成分分析法。提取 1 个成分

表 6.21　用户感知质量成分矩阵

变量	成分
	1
Q2. 全面性感知	0.801
Q2. 格式多样性感知	0.844
Q2. 可机读格式感知	0.832
Q2. 分类的科学性感知	0.776
Q2. 时间、空间一致性感知	0.784
Q2. 更新及时性感知	0.766

注：提取方法为主成分分析法。提取 1 个成分

表 6.22　用户感知价值成分矩阵

变量	成分
	1
Q3. 真实性感知	0.827
Q3. 可靠性感知	0.796
Q3. 时效性感知	0.779
Q3. 有用性感知	0.886

注：提取方法为主成分分析法。提取 1 个成分

表 6.23　期望差异成分矩阵

变量	成分
	1
Q4. 真实性的差距	0.710
Q4. 可靠性的差距	0.681
Q4. 全面性的差距	0.633
Q4. 有用性的差距	0.754

续表

变量	成分
	1
Q4. 格式多样性的差距	0.730
Q4. 更新及时性的差距	0.692
Q4. 时效性的差距	0.608
Q4. 可机读格式的差距	0.680
Q4. 分类科学性的差距	0.695
Q4. 时间、空间一致性的差距	0.711

注：提取方法为主成分分析法。提取 1 个成分

表 6.24　用户满意度成分矩阵

变量	成分
	1
Q5. 相对于使用前预期的满意度	0.803
Q5. 相对于使用后感知到的满意度	0.844
Q5. 整体满意度	0.885

注：提取方法为主成分分析法。提取 1 个成分

由表 6.20~表表 6.24 可知，变量的因子负荷量均大于 0.45 这一标准，说明它们所测度的行为或心理特质具有一致性通过效度检验。

6.4.4　结构方程模型检验与计算

本节采用结构方程模型（structural equation modeling，SEM）分析软件 Amos 22.0 对模型进行分析验证。Amos 采用的是一种协方差结构分析，它结合了传统的一般线性模型与共同因素分析技术，可以用来分析各种结构方程模型。结构方程模型处理的是整体模型的拟合程度，注重整体模型的比较。在检验整体模型适配度时，需要检验总体的协方差矩阵（$\sum$ 矩阵）与假设模型所代表的函数，即假设模型隐含的变量间的协方差矩阵（$\sum(\theta)$矩阵），二者区别的虚无假设如下：$\sum$ 矩阵=(θ)矩阵。由于在实际情况下无法得知总体的方差与协方差，或者从总体中推导出的参数(θ)，由样本数据推导出的参数估计值只能替换由总体推导出的参数(θ)，以及实际样本数据推导出的协方差矩阵替换总体的$\sum$ 矩阵。在适配度检验中，使用了$\alpha=0.05$ 这一显著水平，即显著性检验概率值 $p<$

0.05 时，达到显著水平，可以拒绝虚无假设，这说明样本数据的协方差矩阵与假设模型中隐含变量间的协方差矩阵之间存在显著性差异，二者无法拟合；若显著性检验概率 $p>0.05$，则未达显著水平，接受虚无假设，说明假设模型与样本数据契合度较好。在因子分析的基础上，本节得到的模型路径系数如图 6.13 所示。

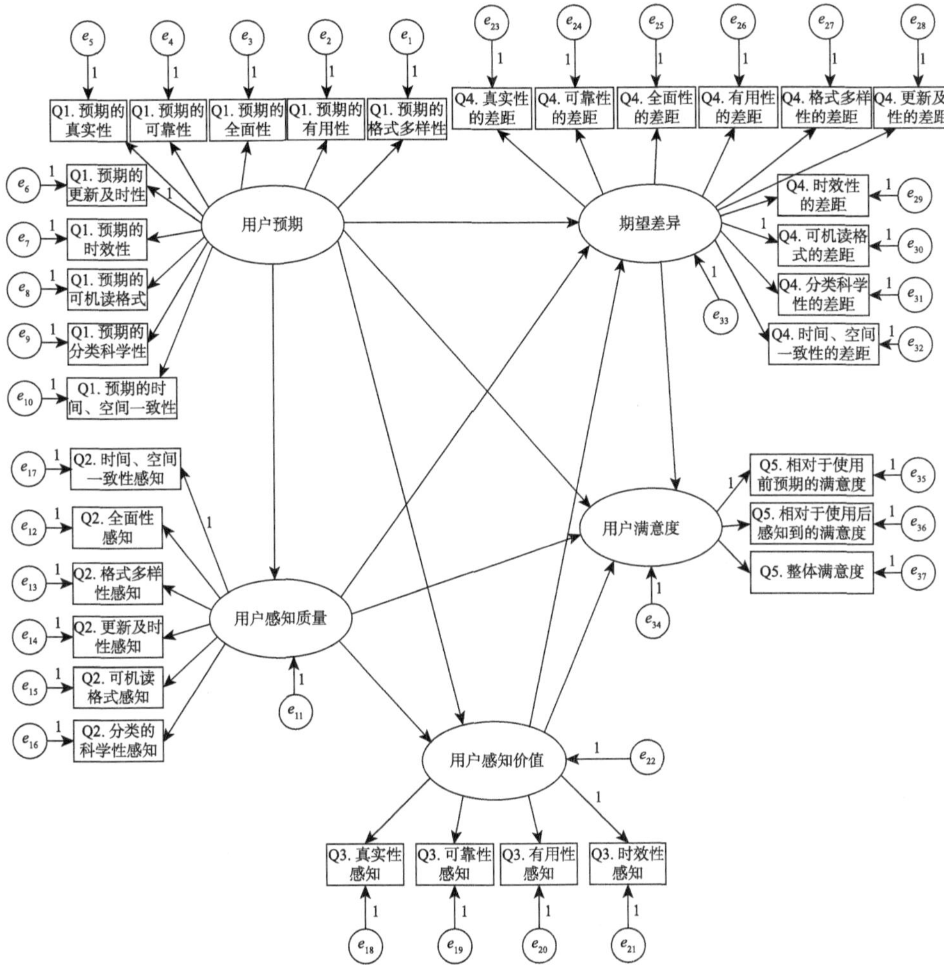

图 6.13　结构方程模型路径系数

1. 模型的拟合度检验及路径分析

模型拟合好坏的主要评价指标一般分为两类：一类是绝对适配指数，包括 CMIN/DF（卡方值比自由度），CMIN/DF 小于 3 可以接受，但一般小于 2 为宜；还有 p 值，卡方检验中的 p 值一般要大于 0.05，表明结构模型对数据的拟合良好。另一类为相对适配指数，评价标指标包括 AGFI（修正的拟合优度指数），RMSEA（近似误差的均方根），RMR（残差平方和平方根），NFI（规范适配指数），IFI（增值适配指数）和 GFI（拟合优度指标）等指标。RMSEA 最佳状态为小于 0.05，一般要求不应超过 0.08。NFI、IFI、CFI 这些指标越接近 1，模型拟合得越好。如果这些指标大多都大于 0.9，表示观测数据支持假设构想，大于 0.95 表示拟合非常好。

模型的路径系数可以反映潜变量间的互相影响程度，通过 Amos 22.0 得到两个模型的标准化回归系数，即路径系数、C.R.值、p 值如表 6.25 所示（C.R.值是 Amos 提供的一种简便地进行显著性检验的方法，是非标准化系数比上标准误的比值，一般大于 0.7，伴随出现的 p 值是其相伴概率，一般 p 小于 0.01 则认为显著，检验则通过）。

表 6.25　路径检验结果

潜变量相互关系	标准化回归系数	C.R.值	p 值	检验结果
用户预期→用户感知质量	0.761	18.102	***	检验通过
用户预期→用户感知价值	0.223	3.369	***	检验通过
用户感知质量→用户感知价值	0.667	7.545	***	检验通过
用户感知质量→期望差异	0.588	3.060	0.002	检验通过
用户感知价值→期望差异	−0.206	−0.855	0.392	检验不通过
用户预期→期望差异	0.185	3.015	0.003	检验通过
用户预期→用户满意度	0.014	1.152	0.008	检验通过
用户感知质量→用户满意度	0.752	2.176	0.003	检验通过
用户感知价值→用户满意度	0.099	2.326	0.004	检验通过
期望差异→用户满意度	0.003	1.11	0.01	检验通过

***代表 1%显著性水平

2. 结论

从结构方程模型的潜变量之间的相互关系系数可以看出，4 个潜变量对用户满意的影响程度次序是用户感知质量、用户感知价值、用户预期、期望差异。由以上结果可得，提高政府开放数据用户满意度需要从用户感知、用户预期及期望差异这几个方面考虑。提高用户感知价值和用户感知质量，提高对用户感知影响较大的因素水平，如政府开放数据的真实性、可靠性、全面性、有用性等因素。用户在使用时能够便捷及时地获取和运用是用户体验的基础，这也是保证用户感知的前提。另外政府开放数据的更新及时性、格式多样性、分类科学性等作为政府开放数据网站的质量，是用户评价政府开放数据的关键意义所在，也是用户取其所需的根本保障。

由此，本节认为政府部门需要从用户需求这一根本出发点考虑，从保证不涉及国家机密的层面来及时有效地在政府开放数据平台上更新数据，同时保障其真实性、可靠性、全面性、格式多样性及分类科学性等诸多影响因素。

附　　录

附录一　81个政府开放数据质量评价训练模型样本网站列表

详情请见链接 https://maiimg.com/dec/d96283712433@pdf

附录二　2019政府开放数据质量评分情况表

详情请见链接 https://maiimg.com/dec/d96967712936@pdf